KB200345

아모스
어떻게 설교할 것인가

두란노 HOW주석 시리즈 31

아모스 어떻게 설교할 것인가

엮은이 | 목회와신학 편집부

펴낸곳 | 두란노아카데미
등록번호 | 제302-2007-00008호
주소 | 서울시 용산구 서빙고로 65길 38 두란노빌딩

편집부 | 02-2078-3484   academy@duranno.com http://www.duranno.com
영업부 | 02-2078-3333   FAX 080-749-3705
초판1쇄발행 | 2009. 1. 9.   6쇄 발행 | 2016. 9. 12.

ISBN 978-89-6491-081-8   04230
ISBN 978-89-6491-045-0   04230(세트)

책값은 뒤표지에 있습니다.

두란노아카데미는 두란노의 '목회 전문' 브랜드입니다.

아모스
어떻게 설교할 것인가

· 목회와신학 편집부 엮음 ·

두란노 HOW 주석

HOW
COMMENTARY
SERIES
31

두란노아카데미

설교는 목회의 생명줄입니다

설교는 목회의 생명줄입니다. 교회 공동체를 향한 하나님의 음성입니다. 그래서 목회자는 설교에 목숨을 겁니다. 하나님의 말씀을 가감 없이 전하기 위해 최선을 다합니다.

이번에 출간한 「두란노 HOW주석 시리즈」는 한국 교회의 강단을 섬기는 마음으로 설교자를 위해 준비했습니다. 「목회와신학」의 별책부록 「그말씀」에 연재해온 것을 많은 목회자들의 요청으로 출간한 것입니다. 특별히 2007년부터는 표지를 새롭게 하고 내용을 더 알차게 보완하는 등 시리즈의 질적 향상을 추구하였습니다. 독자 여러분의 끊임없는 관심과 격려를 부탁드립니다.

「두란노 HOW주석 시리즈」는 성경 본문에 대한 주해를 기본 바탕으로 하면서도, 설교에 결정적으로 중요한 '적용'이라는 포인트를 놓치지 않았습니다. 또한 성경의 권위를 철저히 신뢰하는 복음주의적 관점을 견지하고자 노력했습니다. 또한 성경 각 권이 해당 분야를 전공한 탁월한 국내 신학자들에 의해 집필되었습니다.

학문적 차원의 주석서와는 차별되며, 현학적인 토론을 비껴가면서도 고밀도의 본문 연구와 해석이 전제된 실제적인 적용을 중요시하였습니다.

이 점에서는 목회자뿐만 아니라 성경공부를 인도하는 평신도 지도자들에게도 매우 귀중한 지침서가 될 것입니다.

오늘날 교회에게 주어진 사명은 땅 끝까지 이르러 예수 그리스도의 복음을 전파하는 것입니다. 사도행전적 바로 그 교회를 통해 새롭게 사도행전 29장을 써나가는 것입니다. 이 시리즈를 통해 설교자의 영성이 살아나고, 한국 교회의 강단에 선포되는 말씀 위에 성령의 기름부으심이 넘치기를 바랍니다. 이 땅에 말씀의 부흥과 치유의 역사가 일어나고, 설교의 능력이 회복되어 교회의 권세와 영광이 드러나기를 기도합니다.

바쁜 가운데서도 성의를 다하여 집필에 동참해 주시고, 이번 시리즈 출간에 동의해 주신 모든 집필자들에게 이 자리를 빌어 감사의 뜻을 전합니다.

두란노서원 원장

contents *

II. 본문연구

I. 배경 연구

01

아모스서 서론과 설교

인간 아모스

인간 아모스는 사회적으로 어떤 계층에 속하였을까? 몇몇 학자들은 아모스를 소개하는 아모스 1:1에서 그의 아버지 이름이 거명되지 않는 것과 목자라는 신분을 근거로 하여 아모스를 하층 계급에 속한 사람이었을 것으로 본다.[1] 예를 들어 하이델베르그대학의 구약학자 바이페르트(H. Weippert)는 아모스가 사용하는 이미지와 언어 표현, 그리고 그의 경험적 지평들에 비추어 '아모스는 농부였다'[2]는 결론을 내린 바 있다. 또한 브라질의 구약학자 슈반테스(M. Schwantes)도 아모스를 계절에 따라 다양한 일에 종사했던 '계절노동자'(Saisonarbeiter)로 간주하였다.[3] 즉 아모스는 가난에 짓눌려 살던 사람이었는데 하나님이 그를 부르셔서 무자비한 상류층에 의해 고통을 당하는 자기 민족의 정당한 이익을 대변하게 하셨다고 보는 것이다. 그러나 이는 바른 판단으로 보이지 않는다. 사실 라틴 아메리카의 몇몇 구약학자들을 제외한다면 오늘날 이러한 견해를 받아들이는 구약학자는 소수에 불과하다. 왜 그런지 그 이유를 살펴보자.

첫째, 12 소예언자들 가운데 절반에 해당되는 예언자들의 아버지 이름이 거명되지 않고 있다. 미가, 오바댜, 나훔, 하박국, 학개, 말라기가 여기에 속한다. 아버지 이름의 언급 유무를 가지고 예언자의 사회적 신분을 논하는 것은 설득력이 떨어진다.

둘째, 아모스 1:1에 나오는 '목자'에 해당되는 히브리어 '노케드'(קֵֹד) 때문이다. 이 단어는 구약성경 전체에서 단 두 번만 나온다. 여기에서 한 번 쓰였고, 열왕기하 3:4에서 또 한 번 나온다. "모압 왕 메사는 양을 치는 자(노케드)라 새끼 양 십만의 털과 숫양 십만의 털을 이스라엘 왕에게 바치더니"(왕하 3:4). 즉 '노케드'는 주인의 목축을 돌보는 고용된 목동이 아니라, 가축을 대규모로 소유한 자를 가리킨다. 따라서 아모스 자신은 그가 신랄하게 비판했던 재력이 있는 지주층에 속한 사람이었을 것이다.[4]

셋째, 아모스는 이방 민족들에 대한 신탁(1:3~2:16)에서 '아무개의 서너 가지 죄로 인하여 내가 그 벌을 돌이키지 아니하리니'라는 표현을 무려 8번이나 반복하여 사용한다. '서너 가지'라는 표현구는 지혜 문학적 용어에 속한다. 구약 지혜 문학에 속해 있는 잠언 30:18 "내가 심히 기이히 여기고도 깨닫지 못하는 것 서넛이 있나니"에서도 같은 표현을 사용한다. 이러한 '서너 가지'라는 표현구를 '숫자잠언'(Zahlenspruch)이라고 부른다. 지혜 문학이 고대 이스라엘의 학문이었음을 고려한다면, 이러한 고대 학문의 용어를 구사하는 아모스는 상당한 교육 수준에 도달해 있었음을 알 수 있다(예를 들면, 지혜 문학과 관련된 화법으로 추정되는 '논쟁의 말'을 사용하고 있는 암 3:3~9). 또한 아모스의 출신지인 남유다의 드고아가 지혜와 깊은 연관이 있는 도시였다는 사실도 이를 뒷받침해 준다. "드고아에서 보내어 거기서 슬기 있는 여인 하나를 데려다가"(삼하 14:2). 게다가 그는 주변 나라들의 정치적 상황을 정확히 알 정도로 당시 세계 정세에도 정통하고 있었다(1:3~2:3).

넷째, 아모스는 스스로를 '뽕나무를 배양하는 자'로 소개한다. 뽕나무 열매는 가난한 사람들의 양식이기도 하지만 가축의 사료이기도 했다. '뽕나무를 배양하는 자'라는 표현은 양식을 위한 뽕나무보다는 사료로 쓰이는 뽕나무 농장의 소유주임을 언급한 것이다. 드고아는 예루살렘에서 남쪽으로 18km 떨어진 곳이며, 농경지와 스텝 지역의 경계에 위치한 약 830m 높이의 지역이다. 뽕나무는 드고아 같은 고지대가 아니라 해안 평야와 사해 인근

에서 재배되기 때문에 아모스는 아마도 그러한 지역들에 뽕나무 농장을 소유하고 있었을 것이다.[5]

이상의 내용들로 보아 아모스는 대규모 가축과 토지를 소유한 그 지역 유지로, 상당한 교육 수준의 지식인이었을 것이다.[6] 아모스는 남유다에서 상당한 지위에 속한 사람으로 편안한 삶을 보장받았으나, 하나님의 강권에 붙들려서 북이스라엘에서 예언자 활동을 감당해야 했다(3:8).

아모스서의 역사적 배경

아모스는 북왕국 여로보암 2세(주전 787~747년) 때 활동했다(1:1). 아마도 여로보암 2세의 전성기인 주전 760년경에 활동한 것으로 보인다. 당시 국제 정세는 북왕국과 남유다에게 유리하게 돌아가고 있었다. 리비아 출신 왕들이 통치하고 있었던 이집트(제22~23왕조, 주전 950~730년)는 오랫동안 무기력한 시기를 보내고 있었다. 이 시기가 끝날 무렵 나일 강 삼각주 지역의 여러 도시들이 이집트 중앙 정부로부터 독립하기도 하였다. 따라서 이스라엘과 유다는 남쪽의 이집트로부터 거의 간섭을 받지 않게 되었다.[7] 주전 769년에 북쪽 경계 지역 아람의 다메섹은 앗시리아의 아닷 니나리(Adad Ninar) 3세에 의하여 패망하였다. 북동쪽의 강국 앗시리아는 우라르투(Urartu, 현 아르메니아)의 심각한 위협과 바빌로니아의 문제들에 주의를 돌릴 수밖에 없었다. 여로보암 2세의 아버지 여호아하스(또는 아하스)는 다메섹이 패배한 틈을 타서 아람 인들에게 빼앗겼던 이스라엘의 옛 영토를 회복하기도 하였다. 따라서 여로보암 2세의 통치기는 짧지만 이스라엘이 자신의 정치적 운명을 스스로 관리할 수 있었던 독립된 시기였다.[8] 이 시기는 이스라엘과 유다에게 평화와 영토 확장의 황금기였다.

이런 국제 정세에 힘입어 당시 북왕국은 경제적으로나 정치적으로 한창 번영을 구가하고 있었다(왕하 14:23~29). 국제 무역은 육로와 해상에서 활발하였고(6:13), 포도주와 곡식을 팔아 부자가 된 부유한 계층이 생겨났고 (8:4~6), 사치스러운 여름 별장과 겨울 별장이 등장하기도 하였다(3:15). 이러한 집들은 수입품인 상아용품으로 장식되기도 하였다(6:4). 그러나 이스라엘 내부에서는 위화감이 조성되었으며 급기야 빈익빈 부익부 현상이 생겨나게 되었다(2:6~7). 나아가 최후 보호 장치인 법정조차 권력층과 부유층의 물질에 매수되자, 억울한 약자들은 고충에서 벗어날 길이 없어 막막해하였다 (5:10~12). 당시 이스라엘은 겉으로 보기에는 최선의 상황으로 여겨졌지만, 안으로는 사회적 불의와 도덕적 타락이 만연해 있었다. 국가적 풍요로움이 일부 고위층과 부유층에 집중되었고, 가난한 자에게는 차단되었다. 아모스가 그토록 격렬하게 증오했던 사회적 죄악의 분위기를 설정한 것은 특히 주전 8세기에 두드러진 부(富)의 불공평한 분배였다.

아모스서의 내용과 구조

아모스서는 역사적 배경과 예언자의 이름을 알려 주는 표제(1:1)와 아모스 선포의 모토(1:2)를 소개하고, 유다를 포함하여 이스라엘과 이웃한 일곱 이방 민족들에 대한 고발과 심판의 말씀으로 시작한다(1:3~2:16). 이어지는 아모스 3~6장의 내용은 이스라엘에 대한 고발과 심판의 말씀이다. 선포의 중심에는 폭력 행위나 사마리아 탄압과 같은 사회적 비판, 제의 및 법의 왜곡에 대한 비판이 있다. 도래하는 이스라엘의 파국은 다섯 개의 환상에서 분명히 드러난다(7:1~9; 8:1~3; 9:1~4). 책의 말미에는 다윗 왕조가 재수립되고 땅이 재건된다는 구원의 말씀이 선포된다(9:11~15).

아모스서는 대략 다음과 같이 구분할 수 있다.

표제(1:1)

아모스 선포의 모토(1:2)

이방 민족들에 대한 신탁(1:3~2:16)

이스라엘에 대한 심판의 말(3~6장)

아모스가 본 다섯 가지 환상(7~9장)

구원의 말(9:11~15)

아모스서의 주요 메시지

1. 이방 민족을 향한 심판(1:3~2:16)

1) 아람에 대한 고발과 심판: 잔인한 행위(1:3~5)

아모스의 이방 신탁은 이스라엘 주변의 일곱 나라를 언급하고 있다. 아모스는 주변 나라의 죄목을 지적하고 이에 따르는 하나님의 심판을 묘사한다. 여기에는 일정한 패턴이 반복되고 있다. 고발 부분에서는 '아무개의 서너 가지 죄로 인하여 내가 그 벌을 돌이키지 아니하리니'라는 표현이 반복되고, 심판 부분에서는 '~에 불을 보내리니', '~의 궁궐을 사르리니'라는 표현구가 동원된다. 심판 대상으로 그 나라의 통치자가 지적되고, 그 통치자의 집(궁궐)이 거론된다. 이는 통치자에게만 심판이 내리는 것이 아니고, 그 나라 전체에 심판이 임함을 표현한 것이다.

아람과 블레셋이 이방 민족에 대한 고발과 심판에서 첫머리에 언급된다(3~8절). 아마도 이 두 나라가 이스라엘이 국가를 이룩한 초기부터 원수 관계를 맺고 있었기 때문일 것이다. 다메섹은 아람의 수도이다. 다메섹의 죄는 이스라엘에 속한 길르앗 사람을 무자비하게 파괴했다는 데 있다(3절). 철로 된 타작기에 관한 표현은 문자적으로 특히 잔인한 방식으로 사람을 살해하는 것을 의미할 수도 있고, 비유적으로 땅의 황폐화를 가리키는 것으로도 볼 수 있다.[9]

아람은 적국인 길르앗 사람에 대한 잔인한 행위로 인하여 야웨의 심판을 받게 될 것이다. 이들에게 임할 하나님의 심판은 다메섹의 왕과 궁궐에서 그치지 않는다. 아람 사람들이 이전에 살았던 땅인 "길"(9:7)로 추방될 것이다(5절). 이 말은 아람의 역사가 끝장났다는 의미이다. 열왕기하 16:9은 주전 732년 앗시리아를 통해서 아모스의 아람 심판 예언이 성취되었음을 알려 준다. 아무튼 이 대목에서 우리는 이방 민족들도 하나님의 통치권에 예속되어 있음을 알 수 있다.

2) 블레셋에 대한 고발과 심판: 노예사냥과 매매(1:6~8)

가사는 블레셋을 이루는 다섯 도시 가운데 하나이다. 여기서는 가사, 아스돗, 아스글론 그리고 에그론이 지목되고, 어떤 이유에서인지 명확하게 알 수는 없지만 아무튼 갓만이 생략되어 있다. 가사의 잘못은 사로잡은 자를 에돔에 팔아넘긴 것이다(6절). 여기서 '사로잡다'(סגר사가르)는 대체로 '생명을 위협받는 도주자인 피난민을 낚아채는 것'을 뜻한다. 즉 사로잡은 자를 강압적이고 거칠게 다루었음을 가리킨다.

이는 율법에서도 금하는 사항이다. '종이 그의 주인을 피하여 네게로 도망하거든 너는 그의 주인에게 돌려주지(사가르) 말고'(신 23:15). '사가르'라는 동사는 에돔 사람들이 주전 587년 예루살렘 피난민을 원수인 바빌로니아 사람들에게 넘겨줄 때도 사용되었다. '네거리에 서서 그 도망하는 자를 막지 않을 것이며 고난의 날에 그 남은 자를 원수에게 넘기지(사가르) 않을 것이니라'(옵 1:14). 가사의 죄는 노예를 사고파는 인간성 상실에서 비롯된 것이다. 이들에게도 왕국의 종말이 선포된다(7~8절).

3) 두로에 대한 고발과 심판: 언약 위반과 인신매매(1:9~10)

두로는 이전부터 이스라엘과 형제의 계약을 맺은 화친 관계였다. 고대 근동의 외교 언어에서 '형제'는 '계약 상대자'를 의미한다. 이는 두로의 히람과 솔로몬이 맺은 동맹을 가리키는 것으로 추정된다(왕상 5:12, 참고 왕상 5:1; 9:12~13). 아합과 두로 공주 이세벨의 결혼으로 이들 동맹 관계는 지속되었다(왕상 16:31). 그러나 두로는 이러한 언약을 위반하고, 에돔에게 이스라엘 사람들을 매매하였던 것이다(9절). 이들에게도 심판이 선고된다(10절).

4) 에돔에 대한 고발과 심판: 형제에 대한 분노와 잔인함(1:11~12)

에돔의 시조는 에서이고, 이스라엘의 시조는 야곱이다. 에서와 야곱은 한 형제이다. 따라서 에돔과 이스라엘은 형제국가 관계다. "너는 에돔 사람을 미워하지 말라 그는 너의 형제니라"(신 23:7, 참고 창 25:24~26). 조상 때부터 혈연 관계를 유지하며 형제국가로써 존재했음에도 불구하고 에돔은 이스라엘에 대하여 '맹렬한 노와 끝없는 분'을 품었다(11절). 이렇게 한 백성이 이웃 백성에게 지속적으로 노와 분을 품고 잔인하게 행동하는 것은 하나님의 심판을 초래할 수밖에 없다(12절).

5) 암몬에 대한 고발과 심판: 비인간적인 야만 행위(1:13~14)

암몬 사람들은 얍복 강 남쪽 지역에 있는 그들의 거주지를 확장시킬 목적으로 요르단 동쪽 지역에서 전쟁을 일으켰다. 이들은 길르앗 사람의 아이 밴 여인의 배를 갈랐다(13절). 이와 같은 잔인한 행위는 전쟁 때 흔히 일어나는 일로 보복의 씨를 제거하기 위한 조치였다(왕하 15:16; 호 13:16). 그러나 생성되고 있는 생명에 대한 경외심조차 상실해 버린 이 야만 행위는 하나님의 심판을 피하지 못한다(14절).

6) 모압에 대한 고발과 심판: 시체의 능욕(2:1~3)

모압 사람은 에돔 왕의 뼈를 불살라 회를 만들었다(1절). 뼈에도 생명이 남았다고 생각하는 이 당시의 사고에 따르면(참고 왕하 13:20~21), 이 행위는 '완전한 멸망'을 의미한다. 또한 한 인간의 뼈를 건축 자재로 사용했다는 것은 최악의 모독 행위이다.

아모스는 모압이 에돔에게 행한 범죄를 고발한다. 이스라엘과 에돔의 적대 관계를 고려한다면, 이러한 행위는 이스라엘에게 나쁜 일이 아닐 수 있다. 그러나 이러한 관계와 무관하게 모압의 행위는 죄악으로 고발되고 있다. 이는 하나님이 이스라엘과 상관없는 이방 민족 사이의 죄악에도 개입하고 심판하는 분이심을 보여 준다(2~3절).

7) 유다에 대한 고발과 심판: 율법의 멸시(2:4~5)

유다는 하나님의 계명을 생활 태도의 지침으로 삼으면서도 그대로 따르지 않고 냉담하게 경시하는 죄를 저질렀다(4절). 또한 불충하게 하나님을 배반하고 조상들이 행하던 우상숭배에 빠져들었기 때문에 마땅히 심판을 당해야 했다(5절). 유다의 중심 죄는 하나님의 백성이란 자들이 야웨께서 계시하신 의지(율법)를 거절한 것에 있다.

8) 이스라엘에 대한 고발과 심판(2:6~16)

지금까지 이방 민족들의 죄악을 한두 가지 언급했다. 반면, 이제부터 이스라엘의 범죄에 대해 네 가지나 언급한다. 이스라엘의 죄목은 다음과 같다. 첫째는 자국민의 인신매매(6절), 둘째는 가난한 자에 대한 압제(7상절), 셋째는 성적 타락(7하절), 넷째는 채무자에 대한 착취(8절) 등이다. 이방 신탁 단락이 그 정점에 이르는 순간이다. 이방 신탁의 초점은 사실 이스라엘에 대한 고발과 심판에 맞춰졌다.

하나님은 연약한 이스라엘을 위하여 강력한 아모리 사람을 진멸하고(9절), 이들을 애굽에서 이끌어 내고, 광야에서 인도하고, 가나안 땅을 내주고(10절), 이들 가운데 선지자와 나시르 사람을 세워 주셨다(11절). 그러나 이들은 나시르 인들을 유혹하여 서약을 깨뜨리도록 하고, 하나님의 메신저인 예언자를 침묵하게 만들었다(12절). 아모스 2:9~12는 야웨의 선행에 대한 이스라엘의 배은망덕한 태도를 제시한다.

아모스 2:13~16은 이스라엘에 내린 심판을 묘사한다. 이스라엘에 대한 체벌은 다른 민족보다 훨씬 가혹하다. 야웨께서 이제 더 이상 불을 보내지 않고, 직접 심판을 행하시기 때문이다(13~16절). 이스라엘은 하나님의 체벌에서 도망할 수 없다. 이는 구원이 없는 끝을 의미한다.

9) 메시지: 우주적인 공의의 하나님

이방 민족에 대한 신탁이 예언 선포의 처음 부분에 소개되는 것은 낯선 일이다. 이는 이스라엘의 죄를 부각시키기 위한 의도로 보인다. 즉 이방 민족들에 대한 언급은 단지 이스라엘의 죄를 강조하기 위한 배경이라는 것이다. 사실 일곱 국가에 대한 이방 신탁 뒤에 이어서 나온 이스라엘 신탁은 하나님의 백성이 오히려 더 많은 죄를 범하고 있음을 드러낸다. 아모스 2:6~16은 훨씬 더 많은 지면을 할애해서 이스라엘의 죄상이 이방 민족보다 더하고 타락도 더함을 강조한다. 이는 이스라엘에게 더 큰 심판이 내릴 수밖에 없음을 보여 준다. 또한 야웨는 한 민족이나 국가에 한정된 신이 아니며, 모든 열방을 통치하는 우주적인 하나님이심을 보여 준다. 하나님의 통치권은 특정 지역이나 민족에 국한될 수 없다. 하나님은 야웨 신앙의 유무를 떠나서 하나님의 공의가 왜곡되는 곳에서는 정의의 왜곡을 바로잡는 공의와 심판의 하나님으로 역사하신다.

2. 선택과 의무(3:1~2)

아모스는 하나님이 땅의 모든 백성 가운데 이스라엘을 선택하신 은혜의 사건을 언급한다. 즉 출애굽 사건을 말한다(1절). 출애굽 사건은 이스라엘 백성들이 집단적으로 구원의 하나님을 경험한 '뿌리 체험'(root experience)이다. 아모스는 북왕국 신학의 근간인 출애굽 전승을 언급함으로 자신이 청중인 이스라엘과 동일한 신앙 전승에 서 있음을 상기시킨다.

땅의 '모든' 족속 중에 너희'만' 알았다는 2절의 진술은 하나님과 이스라엘의 긴밀한 관계를 강조한 것이다. 여기서 '알다'(עָדַיʼ아다)라는 히브리어 동사는 단순한 이해 차원에 그치지 않는다. 이 단어는 친밀감 형성에서 성관계까지(창 4:1) 표현한다. 이 본문과 신명기 9:24에서처럼 하나님이 주어인 경우는 하나님이 이스라엘에만 관심을 쏟고 돌보심을 의미한다.[10] 더 나아가 이 단어는 하나님의 '선택 행위'를 가리킬 때 사용되기도 한다(창 18:19의 아브라함; 출 33:12, 17; 신 34:19의 모세). 그런데 이스라엘은 하나님의 선택을 받은 이의 '자기 안전'으로 잘못 이해하였다. 이는 "내가 너희 모든 죄악을 너희에게 보응하리라"(3:2)는 진술에서 지적된다.

선택된 이스라엘은 하나님의 특별한 용서를 기대하였던 것으로 보인다. 그들은 하나님의 선택을 자신의 특권으로만 인식하고, 선택받은 자로서의 의무를 등한시했다. 선택은 특권임에 틀림없다. 그러나 선택은 특권과 동시에 그에 버금가는 책무를 요구한다. 하나님은 선택을 통하여 특별한 순종을 요구하신다. 선민(選民)은 만민(萬民)을 위한 하나님의 도구일 때 그 존재 의미를 갖는 것이다. 선민은 만민을 위한 존재이다.

3. 예배 비판(4:4~5; 5:21~24)[11]

1) 변질된 예배(4:4~5)

이 본문은 보통 '제의비판'(Kultkritik)으로 분류된다. 문서 예언자 가운데 최초의 예언자인 아모스(주전 760년경)가 첫 포문을 연 제의비판 주제는 이후 후배 예언자들에게도 깊은 영향을 끼친다(예를 들면, 사 1:10~17; 미 3:9~12; 렘 7:1~15 등).

여기서 '가서'라고 옮긴 히브리어는 원래 '오라'는 뜻이다(4절). 이 말은 제사장이 백성에게 성소를 찾아오라고 초대할 때 쓰는 말이다. 이 초대의 말에 뒤이어 나올 말은 당연히 '그리고 그곳에서 죄를 씻으라', 즉 '제사를 드려 너희의 죄를 속하라'이다. 그러나 아모스의 말은 상식을 뒤집어 놓는다. '성소에 가서 죄나 실컷 지어라'는 것이다. 그들의 제사는 하나님을 기쁘시게 하는 것이 아니라 저희들이 기뻐하는 의례적인 행사가 되어 버렸다("너희 희생", "너희 십일조", "너희의 기뻐하는 바"). 즉 이스라엘 백성의 제사는 '하나님을 섬기는 예배'(Gottesdienst, 하나님 섬김)가 아니라, 자신의 뜻을 이루기 위한 수단으로 변질되어 결국 '자신들을 섬기는 일'(Selbstbedienung)이 되어 버린 것이다.

이렇게 변질된 예배는 하나님과는 무관한 종교 형식주의에 빠진 사람들의 자기 만족감을 채워 줄 뿐이다.

2) 공법과 정의가 결여된 예배(5:21~24)

아모스 5:21~24의 제의비판 선포는 아마도 벧엘 성소에서 행해진 것으로 보인다. 벧엘의 제사장 아마샤가 북왕국의 왕 여로보암에게 보내는 아모스 7:11하의 "이스라엘은 정녕 사로잡혀 그 땅에서 떠나겠다 하나이다"라는 보고는 아모스의 이 선포를 가리키는 것으로 볼 수 있기 때문이다. 아모스 5:21상의 '내가 미워하고(שׂנאתי 사네), 내가 버린다(מאסתי 마아스, "멸시하다")'라는 심한 거절 표현이 반복해서 나타나는 것은 드문 경우로, 강한 거부감을 드러낸다. 대개 야웨의 버리심(마아스)은 야웨에 대한 사람들의 배반(버림)에 대한 대응으로 나타난다. '왕이 야웨의 말씀을 버렸으므로(마아스) 야웨께서도 왕을 버려(마아스) 왕이 되지 못하게 하셨나이다'(삼상 15:23 등). 하나님의 절기 거부는 이스라엘의 하나님 거부에 대한 응답이었다. 또한 "너희 성회들을 기뻐하지(ריח 라바흐) 아니하나니"(21하절)에서 '기뻐하다'는 본디 '흠향하다'라는 뜻이다. 이 단어는 제물과 관련되어 쓰이는 용어다. '야웨께서 그 향기(제물의 향기)를 흠향하시고(라바흐)'(창 8:21, 참고 레 26:31; 삼상 26:19 등). 하나님은 이스라엘이 모이는 절기와 성회뿐만 아니라 그들이 드리는 제물도 거부하신다.

세 개의 전통적인 핵심 제사인 번제(레 1장), 소제(레 2장), 화목제(레 3장)가 모두 거부된다. 여기서 "내가 받지 아니할 것이요"(5:22)에서 '받다'라는 히브리어 동사 '라차'의 주어가 하나님인 경우는 희생제사나 제사 행위의 열납 여부를 표현한다. '너희는 화목제 희생을 야웨께 드릴 때 열납되도록 드리고'(레 19:5). 하나님은 이스라엘이 드리는 제사를 합당한 것으로 인정하지 않을 뿐 아니라 거들떠보지도 않으신다("내가 돌아보지 아니하리라"). 이스라엘의 핵심적인 제사들도 이를 명령하신 하나님에 의해서 철저히 거부된다.

또한 하나님은 제사를 드릴 때 함께 드려지는 노래도 집어치우라고 말씀하신다. 이들의 노래와 악기(비파)의 연주는 한낱 '소리'에 불과하다. 하나님의 귀에는 이 소리가 전쟁할 때나 수많은 사람들이 한꺼번에 외칠 때 생기는 '소음'과 다를 바 없었다(참고 왕상 20:13; 욜 3:14). 하나님은 '코'로 냄새 맡는 것 ('흠향하지 아니하나니' 21하절), '눈'으로 보는 것('돌아보지 아니하리라' 22하절), '귀'로 듣는 것('듣지 아니하리라' 23하절) 모두를 거부하신다. 하나님은 차라리 코를 막 고 눈도 감고 귀도 막고 싶어 하신다. 하나님의 백성이라는 작자들이 하는 일체의 제사 행위가 꼴도 보기 싫어서 엄청나게 괴로워하신다.

24절은 이스라엘의 제사가 어쩌다가 이 지경에 이르게 되었는지를 밝혀 준다. 하나님께 제사를 드리면 드릴수록 하나님은 더욱더 화가 나신다. 왜 그럴까? '공법'(שׁפָּט미쉬파트)과 '정의'(צְדָקָה체다카)가 결여된 예배는 하나님과의 만 남을 불가능하게 만들기 때문이다. 아모스는 "오직 공법을 물같이, 정의를 하수같이 흘릴지로다"(5:24)라고 외친다. 여기에서 미쉬파트와 체다카는 동 의평행법으로 쓰인 용어로 서로의 의미를 엄격하게 구분할 필요는 없다. 미 쉬파트와 체다카는 '공동체 의식'(Gemeinschaft)이라는 의미가 가장 적절한 것 으로 보인다.

이러한 공동체 의식은 인간과 하나님의 관계, 인간과 동료 인간의 관계, 그리고 인간과 자연의 관계라는 삼중적인 관계를 포함한다. 이러한 삼중적 관계는 세 가지로 나누어지지만 사실은 한 가지이다. 하나님과의 공동체 의 식은 이웃 동료와의 공동체 의식 그리고 자연과의 공동체 의식과 서로 구분 은 되지만 상호 분리되지 않는다. 예를 들면, 사람이 하나님의 말씀에 불순 종하므로 하나님과 멀어지고, 인간관계에 소외가 자리잡고, 자연과 적대적 인 관계가 된다(참고 창 3장; 호 4:1~3 등). 이 가운데 한 가지인 인간관계만 보자 면, 서로가 한 몸이라는 공동체 의식이 사회 전반에 흐를 때 인간관계는 가 장 이상적인 것이 된다. 그럴 때에 사회가 건강해지고 특히 약한 사람들이 보호된다. 따라서 한 사회의 공법과 정의의 척도는 약자가 얼마나 보호되고 있는가 하는 것에 있다.

여기서 '흐르다'라는 동사의 본뜻은 '강력하게 흐르다'이다. 그리고 하수 로 번역된 히브리어 '나할'(נַחַל)은 쉽게 말라 버리는 겨울의 시내와는 다르게 일 년 내내, 심지어 건기 때도 물이 마르지 않고 흐르는 강을 가리킨다. 공동체 의식(공법과 정의)은 풍부한 수량으로 넘쳐 쉼 없이 지속적으로 흘러내려야 한다. 공동체 의식은 마치 인간의 피와도 같다. 피는 인체 내부 모두에 연결되어 있는 혈관을 통해 흐르다가, 만약 멈추거나 부족하면 인체에 치명적인 해를 준다. 종교적이며 하나님의 영역에 속한다고 믿는 제사(cult) 혹은 예배(worship)가 하나님에 의해서 철저하게 배척당하고, 오히려 비종교적이고 세속적인 개념으로 받아들이기 쉬운 공법과 정의(공동체 의식)가 하나님의 일차적인 관심사라는 사실에 주목해야 한다. 공동체 의식이 결여된 이기적인 사람은 예배를 통하여도 하나님과 만날 수 없다. 하나님이 만나 주지 않으신다. 공동체 의식이 결여된 사람은 하나님도 만나기 싫어하는 죄인이다.

3) 메시지: '공동체 의식'(미쉬파트)의 영성

아모스를 일컬어 흔히 '정의(正義)의 예언자'라 한다. 이는 아모스의 핵심 메시지라 할 수 있는 "오직 공법을 물같이, 정의를 하수같이 흘릴지로다"(5:24)에서 비롯된 것이다. 하나님이 원하시는 것은 희생제물이나 곡식제물, 십일조 따위가 아니라 매일매일의 생활 속에서 공법과 정의를 행하는 것이다. 애굽에서 탈출한 이후 광야에서의 사십 년은 실로 야웨와 이스라엘의 허니문(honeymoon) 기간이었고, 이 시기에 양자는 가장 친밀한 관계에 있었다. 그러한 기간에도 희생제물이나 곡식제물이 없었다. '이스라엘 가문아, 사십 년을 광야에서 사는 동안에, 너희가 나에게 희생제물과 곡식제물을 바친 일이 있느냐?'(5:25). 하나님과의 관계에서 제물은 일차적인 것이 아니라는 사실을 말하고 있다. 사실 제물 자체가 하나님을 기쁘시게 하는 것이 아니다. "내가 수소의 고기를 먹으며 염소의 피를 마시겠느냐"(시 50:13).

아모스는 예배자들이 망각하고 있는 보다 더 근본적인 것을 설파한다. 그것은 공법과 정의이다. 이 둘은 '공동체 의식'을 뜻한다. 예배를 통하여 하나님의 임재를 경험한 사람은 이웃을 형제로 인식하게 된다. 즉 다른 사람들과 연대 의식 혹은 공동체 의식을 갖게 된다. 하나님 앞에 바로 선 사람은 이웃을 자신의 형제로 여기는 공동체 의식을 갖게 된다는 것이다. 이웃 사랑 없는 예배는 하나님 없는 예배이다. 야웨 신앙의 핵심은 예배 의식 자체보다는 공동체 의식을 실천하는 삶에 있다. 따라서 하나님의 백성이 예배를 통하여 얻은 하나님과의 공동체 의식은 그들의 일상적인 생활 속에서 다른 사람과의 공동체 의식으로 표출되어야 한다. 예언자 아모스가 자신의 생업을 뒤로 한 채 추방을 각오하고 이웃 나라 북이스라엘로 가서 전한 것이 바로 이러한 '공동체 의식의 영성'이었다. 한국 교회 예배자의 삶 속에서도 아모스가 애써 선포한 이러한 영성이 보다 더 풍성해졌으면 한다.

4. 환상 시리즈(7:1~6, 8~9; 8:1~3; 9:1~4)

1) 메뚜기 환상(7:1~3)

아모스서에는 다섯 가지 환상이 있다. 내용과 형식상 첫 번째(7:1~3)와 두 번째 환상(7:4~6)이 한 쌍을 이루고, 세 번째(7:7~9)와 네 번째 환상(8:1~3)이 또 하나의 쌍을 이룬다. 첫 번째와 두 번째 환상에서는 아모스의 중보기도가 받아들여져서 하나님의 심판이 지연되는 결과를 얻는다. 그러나 세 번째와 네 번째 환상에서는 하나님의 심판 의지가 확고함을 통지받고 오히려 아모스가 설득을 당한다. 마지막 다섯 번째 환상(9:1~4)에서는 하나님의 심판에서 그 누구도 벗어날 수 없음이 구체적으로 묘사된다.

첫 번째 환상인 메뚜기 재앙은 두 번째 움돋는 '늦은 풀'에 임한다. 늦은 풀은 4월 동안 추수된 것을 가리킨다. 첫 번째의 수확은 왕의 것이며, 두 번째로 움돋기 시작한 것은 백성의 몫이다(1절). 이스라엘 지역은 5월부터 약 반년 동안 비가 오지 않기 때문에 이때 닥친 메뚜기의 재앙은 심각한 재난을 뜻한다. 이 재앙의 대상은 왕이나 고위층이 아니라 연약한 백성이다. 따라서 아모스는 곧바로 이스라엘 백성을 위하여 중보기도 한다. "주 야웨여 청하건대 사하소서 야곱이 미약하오니 어떻게 서리이까"(2절). "사하소서"라는 간구에는 이 재앙이 단순한 자연재해가 아니라 죄로 인한 하나님의 심판이라는 사실이 전제되어 있다. 하나님은 아모스의 중재기도를 들으시고 심판의 뜻을 돌이키신다(3절). 이는 심판의 완전 철회가 아니라 심판의 지연을 의미한다.

2) 불 환상(7:4~6)

두 번째 환상은 첫 번째 환상과 동일한 지평에 서 있다. 이스라엘은 5월이 되면 뜨거운 남풍을 통해서 수면이 낮아지고 바닥까지 드러나기 십상이다. 아모스가 여기서 본 환상에 따르면 한여름의 찌는 듯한 더위가 땅 밑의 대양에 근원을 두고 있는 지하수를 삼켜 버린다(4절). 지하수가 말라 버리면 논밭의 초목들은 시들어 죽을 수밖에 없다. 농부들은 살아남을 수 없는 위기에 처한다. 존재의 터전이 파괴되고 말 것이다. 그런데 이러한 무서운 재앙이 이미 진행되고 있다. 아모스는 바로 이 순간 또다시 중보한다. "주 야웨여 청하건대 그치소서 야곱이 미약하오니 어떻게 서리이까"(5절). 이번에도 하나님은 심판을 정지하고 유예조치를 취한다(6절).

여기서 예언자의 중보기도에 대하여 생각할 점이 있다. 아모스의 중보기도가 하나님의 의지를 변화시켰다는 점이다. 구약성경의 하나님은 완고하신 분이 아니라 얼마든지 인간의 영향을 받을 수 있는 존재이다.[12] 하나님은 인간의 역사를 독단적으로 이끌지 않으시고 인간의 기도를 통하여 진행의 완급을 조절하신다. 이는 모세의 중보기도가 하나님께 강한 영향을 주었다는 사실에서도 확인된다(참고 출 32:10; 신 9:14; 시 106:23). 하나님은 오늘날도 우리의 기도에 마음을 여신다. 그리고 기도를 요구하신다(렘 33:3).

3) 다림줄 환상(7:7~9)

다림줄 환상에 와서 지금까지와는 다른 하나님의 의지를 만나게 된다. 즉 하나님이 더 이상 용서할 수 없다는 것이다. 하나님이 아모스에게 보여 주신 '다림줄'(기)(아나크)은 구약성경에서 이곳 외에는 등장하지 않는다(7절). 따라서 이 환상의 의미를 이해하기란 쉽지 않다. 오늘날 많은 학자들은 '아나크'란 히브리 단어를 '다림줄'(측량 추)보다는 '쇳덩어리'(납 혹은 주석)로 이해한다.[13] 따라서 '아나크'는 넓은 의미에서 '무기'를 가리킨다. 하나님이 무기를 이스라엘 가운데 베푼다는 것은 그들을 치시겠다는 심판을 상징한다(8~9절). 하나님의 심판 의지는 단호하다. "다시는 용서하지 아니하리니"(8절). 아모스의 반문이 없다. 아모스도 하나님의 심판 통보에 더 이상 토를 달 수 없었다.

4) 여름 실과 환상(8:1~3)

이번에 하나님은 아모스에게 여름 실과를 보여 주신다(1절). 하나님은 '여름 실과'(קיץ카이츠)를 보여 주면서 이스라엘에게 '종말'(קץ케츠)이 왔다고 선언하신다. "내 백성 이스라엘의 '끝'(케츠)이 이르렀은즉 내가 다시는 그를 용서하지 아니하리니"(2절). 하나님은 '카이츠'를 통하여 이스라엘의 '케츠'를 깨닫게 해 주신다. 여름 실과는 일 년 가운데 추수 때 거두는 것이다. 가장 흥겨운 추수의 순간, 축제 분위기에서 아모스는 소름끼치는 이스라엘의 종말 소식을 받아들여야 했다(3절).

추수를 심판의 은유로 사용한 것은 아모스가 처음일 것이다.[14] 아모스는 하나님의 확고한 심판 선언에 설득당하고 만 것으로 보인다. 결국 아모스는 세 번째와 네 번째 환상을 통하여 '저승사자'(죽음의 메신저)가 되었다.[15] 어떻게 '끝'이 오게 될 것인지는 마지막 환상이 말해 준다.

5) 제단 파괴 환상(9:1~4)

마지막 환상은 이제까지의 환상들과는 다른 형식을 취한다. '야웨께서 내게 보이시니'가 아니라, '내가 제단 위에 서 있는 야웨를 보았다'로 시작한다(1절). 또한 예언자와의 대화도 더는 나타나지 않는다. 아모스 7:8과 8:2에서와 같이 "나의 백성 이스라엘"에 대해 더 이상 언급하지 않는다. 하나님은 당신의 백성과 최대한의 거리를 두고 있다.

하나님은 제단 위에 서 계신다. 그리고 제단의 기둥을 쳐서 성전을 흔들어 그곳의 사람들을 죽이려고 하신다(1절). 도피의 가능성은 완전히 차단되었다. 지진에 의해 희생되지 않은 사람은 칼에 맞아 쓰러지게 된다(1절). 스올도 하늘도(2절), 수풀이 우거진 높은 산(갈멜산)도 깊은 바다도(3절), 구출될 수 있는 마지막 가능성, 즉 다른 신들의 영역인 이방 나라로 망명하는 것으로도 야웨의 권능을 피할 수 없다(4절).

세상은 하나님이 은퇴한 세상이 아니라, 세 번째 환상 이후(7:7~8) 이스라엘의 원수가 된 하나님이 현존하시는 세상이다. 하나님에게서 그 누구도 도주할 수 없다. 이 마지막 환상은 다가오는 재난의 불가피성을 실감나게 보여 준다.

6) 메시지: 하나님과 세상의 중보자

이 다섯 가지 환상 사건이 어제 어디서, 서로 어떠한 시차를 두고 아모스에게 주어졌는지는 본문에서 알려지지 않는다. 다만 처음 두 번에 걸친 메뚜기와 불 환상에서 아모스는 중보기도를 통하여 하나님을 설득할 수 있었으나, 나중의 다림줄과 여름 실과 환상에서는 예언자가 하나님에 의해서 설득을 당한다. 그리고 마지막 환상에서는 심판의 불가피성에 대해서 쐐기를 박듯이 리얼하게 통보받는다.

아모스는 처음에는 중보자의 역할을 성실히 수행한다. 그리고 어느 정도 성과를 얻기도 한다. 그러나 결국 하나님의 확고부동한 심판 의지를 확인하기에 이른다. 이후 아모스서의 다른 부분을 볼 때 아모스는 심판을 대변하는 예언자로 서게 된다. 예언자는 먼저 자신이 상대해야 하는 대상을 위하여 '중보기도 하는 자'(Intercessor)다. 그리고 자신이 중보하는 사람들에게 '하나님의 메시지를 전하는 자'(Messenger)다. 예언자는 하나님과 사람들 중간에 끼여 있는 자다. 상대하는 자의 사정을 하나님께 자신의 문제와 같이 진정으로 아뢰고, 그에게 내리는 하나님의 뜻을 가감없이 알려 주는 자다. 하나님과 세상을 연결하는 중보자, 이것이 예언자 아모스의 역할이었고, 오늘날 하나님의 백성들의 임무이다.

5. 아모스와 아마샤의 대결(7:10~17)[16]

1) 아마샤의 보고(7:10~11)

아마샤는 아모스의 설교를 '정치적 선동'으로 간주하고 규탄한다. 여기서 지목된 아모스의 죄목은 북이스라엘 왕 여로보암 2세를 모반했다는 것이다. 이 '모반하다'(ܩܫܪ카샤르)라는 동사는 열왕기서에서 유혈 쿠데타를 지적할 때 쓰이던 용어다(왕상 15:27; 16:9). 즉 이 용어는 어떤 통치자 세력을 무력으로 제압하려는 목적을 가진 무리들이 반란을 일으키도록 선동하는 음모를 뜻한다. 여로보암 2세가 속한 왕조도 '모반'(카샤르)을 통하여 수립된 왕권이었기 때문에(왕하 9:14; 10:1 이하) 또 다른 세력의 정치적 모반을 극도로 경계하였음은 당연한 것이었다. 게다가 당시에는 예언자들이 정치적 모반에 가담한 일이 종종 있었다(실로 사람 선지자 아히야의 경우, 왕상 11:29 이하; 엘리사의 예후에 대한 기름부음, 왕상 19:16 이하; 왕하 9:2 이하). 당시의 이러한 배경을 고려한다면 국가 성소인 벧엘의 제사장 아마샤가 이러한 심각한 움직임에 대하여 왕에게 보고한 것은 당연한 임무였을 것이다.

아마샤는 11절에서 아모스의 예언 선포를 요약한다. 첫째는 북왕국의 왕 여로보암 2세의 죽음이며, 둘째는 이스라엘 백성이 포로로 끌려간다는 것이다. 그러나 아마샤가 여로보암 2세에게 보고한 이러한 내용은 아모스의 선포를 왜곡한 것이다. 아모스는 여로보암 왕 개인을 지목하여 그가 칼로 죽는다고 말한 적이 없으며, 여로보암의 집(가문)이 칼로 심판받는다고 선포하였다. "이삭의 산당들이 황폐되며 이스라엘의 성소들이 훼파될 것이라 내가 일어나 칼로 여로보암의 집을 치리라 하시니라"(7:9). 아모스의 이 예언은 열왕기서에 나타난 여로보암의 자연사(自然死, 왕하 14:29)와 그의 아들 스가랴의 처형(왕하 15:8~11)에 대한 기록과 일치한다. 아마샤는 '여로보암 가문'에 대한 아모스의 심판 예고를 '여로보암 자신'으로 바꾸었다. 즉 아모스의 예언을 왜곡한 셈이다. 아마샤는 또한 아모스가 하나님의 말씀이라고 밝힌 대목을 의도적으로 누락시킴으로 아모스의 선포를 하나님과 무관한 하나의 '정치적 선동'으로 폄하하였다. 결과적으로 아마샤는 예언자인 아모스의 선포를 왜곡하고 축소하여 보고하였다.

2) 아마샤의 예언 금지와 추방 명령(7:12~13)

벧엘 성소를 책임지는 제사장 아마샤는 북이스라엘의 수도 사마리아에 있는 왕 여로보암 2세에게 전령을 통하여 아모스를 고발한다. 사마리아는 벧엘에서 50km 이상 떨어져 있었기 때문에 왕의 명령이 전달되기까지는 최소한 하루 이상 기다려야 했다. 아마샤는 왕의 명령이 떨어지기 전에 사태를 수습하려고 한다. 이때 아마샤는 아모스를 '선견자'(חֹזֶה호제)로 호칭한다. 선견자는 하나님의 계시를 받은 사람에게 주어지는 존칭이다. 이로 보아 아마샤는 아모스의 예언직을 인정한 것으로 보인다. 아마샤는 아모스가 야웨에 의해서 세워진 예언자임을 알고 있었다.

아마샤는 여기서 심히 갈등하였던 것으로 보인다. 그는 왕이 지배하는 국가성소인 벧엘에 속한 제사장으로 사실상 여로보암 왕에게 예속된 신분이었다. 그의 주된 임무는 왕의 권위와 안위를 지키는 것이었다(13절). 그러나 그는 원래 하나님을 섬기는 제사장으로 야웨 하나님의 권위를 받들어 섬겨야 한다. 그는 현실적인 이해관계가 결부된 왕의 권위와, 제사장의 본질적인 임무와 관련이 있는 야웨의 권위 사이에서 갈등한다. 어느 한쪽을 택할 수밖에 없는 기로에 서게 되었다. 결국 그는 왕의 권위를 택한다.

아마샤는 아모스의 예언을 여로보암에게 '정치적 선동'으로 왜곡 보고했지만, 아모스를 '선견자'로 부르는 것에서 잘 나타나듯이 그 예언이 하나님의 의지 표명임을 알았다. 그럼에도 그는 아모스에게 추방 명령을 내린다(12절). 야웨 하나님의 명령에 정면으로 도전한 것이다. 예언자의 말은 인간에게서가 아니라 하나님에게서 나왔기 때문이다. 아마샤가 야웨의 권위를 등지고 왕의 권위를 따르는 순간이다. 그는 눈에 보이지 않는 주인인 하나님보다는 눈에 보이는 주인인 왕을 더 두려워한 것이다. 그는 원래 하나님의 뜻을 따라 세워진 하나님의 제사장이었으나, 현재는 하나님의 뜻에 반하는 왕의 권위를 따르는 사람으로 전락하고 만다. 그는 더 이상 진정한 왕이신 '하나님의 제사장'이 아니라, 인간인 '왕의 제사장'이 되어 버린 것이다.

아마샤가 여로보암의 최종 명령을 기다리지 않고 아모스에게 추방 명령을 내린 이유는 무엇인가? 여로보암의 명령은 당연히 아모스의 처형이었을 것이라는 사실은 누구나 짐작할 만하다(참고 렘 26:20~24 여호야김 왕의 명령에 의한 예언자 우리야의 처형). 그는 아모스가 야웨로부터 온 예언자라는 사실을 잘 알고 있었기 때문에 아마도 자신의 보고에 의하여 야웨의 예언자인 아모스가 처형당하는 것을 원치 않았을 것이다. 따라서 아마샤는 아모스에게 유다 땅으로 가서 예언 활동을 하여 생계를 유지하라고 말하며 추방 조치를 한 것으로 보인다. 이렇게 하는 것이 '왕의 남자'로서의 의무를 다하고, 하나님의 종은 억울한 죽음을 피하는 묘수라고 판단하였을 것이다.

3) 아마샤에 대한 아모스의 반박(7:14~15)

아마샤의 명령에 대하여 먼저 아모스는 "나는 '선지자'(נביא나비)가 아니며 '선지자의 아들'(בן־נביא벤 나비)도 아니요 나는 목자요 뽕나무를 배양하는 자다"라고 대답한다. 아모스는 자신이 아마샤가 보는 것 같은 직업적 예언자가 아니라고 말한다. 아모스는 떡을 먹기 위해, 즉 생계를 유지하기 위해서 예언 활동을 하는 것이 아니다. 아모스는 자신의 직업을 언급함으로써 자신이 경제적으로 부유한 자임을 밝힌다. 생계 유지를 위해서 예언 활동을 하는 자는 아니라는 것이다. 앞에서도 밝혔듯이 그는 대규모의 가축 떼를 거느린 목자요, 많은 토지를 소유한 부자였다. 사실 경제적으로 예속되어 있는 사람은 바로 아마샤 자신이었다. 물질을 위해 하나님의 일을 하는 사람은 아모스가 아니라 아마샤였다. 하나님의 일을 맡은 사람이 물질에 예속되면 결국 하나님을 떠나고 물질의 노예가 된다(딤전 6:10). '선지자의 아들'이라는 말은 예언자가 되기 위해서 훈련받는 사람들을 말한다(왕상 20:3, 5; 왕하 2:3; 4:1; 6:1; 9:1 등). 아모스는 자신은 '예언자 후보생도 아니다'라고 주장한다(참고 왕하 9:1).

아모스가 예언 활동을 하게 된 것은 경제적 문제 때문도 아니었고, 인간적인 노력이나 의도에서 시작된 것도 아니었다. 그것은 전혀 예기치 못했던 하나님의 엄습으로 유발된 것이다. '양 떼를 따를 때에 야웨께서 나를 데려다가 나아가 이르시기를 가서 내 백성 이스라엘에게 예언하라 하였나니' (7:15). 아모스에 대한 야웨의 부르심은 거역할 수 없는 강권적인 사건이다 (3:8).

4) 이스라엘에 대한 심판 예고(7:16~17)

16절은 아마샤의 죄를 지적하는 고발이며 17절은 그 고발에 다른 심판 예고이다. 아마샤의 죄목은 "내 백성 이스라엘에게 예언하라"는 야웨의 명령에 정면 도전하여 아모스에게 "이스라엘에 대하여 예언하지 말며, 이삭의 집을 향하여 경계하지 말라"고 예언선포를 금지한 것이다. 예언자 아모스에 대한 거부는 곧 그를 보내신 하나님에 대한 거부를 의미한다. 원래 하나님의 제사장이었던 아마샤는 여로보암의 제사장으로 변절되어 드디어는 하나님과 맞서는 위치에 서게 된다. 이러한 죄에 대하여 하나님의 심판이 선고된다. 그러나 이 심판 선포는 아마샤 개인에 대한 아모스 혹은 하나님의 복수가 아니다. 아마샤의 아내가 성읍에서 창기가 되고, 자녀들이 칼에 맞아 죽고, 토지를 탈취당하며, 이방인의 땅으로 포로로 끌려가 죽는 것 등은 아마샤 개인에게만 한정되어 닥칠 심판이 아니다. 이스라엘 백성 전체가 경험하게 될 것으로 전쟁의 상황에서 패망하여 포로로 끌려가는 심판을 묘사한 것이다. 아모스는 이스라엘 백성 전체에게 닥칠 운명을 아마샤의 가족을 예로 들어 구체적으로 묘사하고 있다. 이스라엘이 곧 맞이하여야 하는 심판은 백성 전체에게 오는 것이다.

5) 메시지: 마지막까지 소명의 삶으로

이 단락에서는 두 명의 주인공이 등장한다. 첫 등장인물인 아마샤는 하나님께 속한 야웨의 제사장으로 시작하였으나 결국 여로보암에게 예속된 인간의 사람으로 변질된다. 그에 반해 두 번째 등장인물인 아모스는 평범한 자

연인으로 시작하였으나 하나님의 강권에 의하여 하나님의 사람으로 운명
이 바뀐다. 아마샤는 신앙인(하나님의 사람)으로 시작하여 세속인(인간의 사람)으
로, 아모스는 그와는 정반대로 세속인에서 신앙인으로 변한다.

아마샤는 본래 하나님의 소명을 받은 자였지만 어느 새 직업인이자 하나
의 조직원으로 변질된다. 그는 그를 부르신 하나님께 봉사하기보다는 그의
생계에 직접적인 영향을 끼치는 여로보암에게 충성한다. 그의 제사장직은
더 이상 소명에 의한 것이 아니라 생계의 수단이 되어 버렸다. 그는 소명인
에서 직업인으로 추락한다. 그러나 하나님의 사람 아모스는 예언직을 직업
적(생계 수단용)으로 받아들이지 않고 소명에 입각하여 수행한다. 어떤 일에
종사하든간에, 하나님의 사람에게 일은 단순히 생계만을 위한 수단이 아니
라 하나님의 부르심에 응답하는 수단이다. 그런 면에서 소명의 삶을 사는 것
이다. 하나님의 사람은 직업인이 아니라 소명인으로 산다. 소명으로 삶을 시
작하여 마지막까지 소명으로 삶을 마칠 수 있다면 이는 하나님의 커다란 은
혜라 아니할 수 없다.

02

아모스서의 역사적 배경과 특이성

아모스서의 중요성

아모스는 소선지서에 속하는 작은 책이지만(총 9장 146절), 많은 학자들의 관심을 끌어 왔다. 그 주된 이유로 다음의 세 가지를 들 수 있다.

첫째, 아모스는 성경에 기록을 남긴 선지자들 가운데서 연대적으로 최초에 해당되기 때문에 구약의 선지서를 이해하기 위해서는 아모스서부터 연구하는 것이 바람직하다고 생각하기 때문이다.

둘째, 아모스서는 뛰어난 문체로 학자들의 사랑을 받아 왔다. 아모스서를 히브리어 원어로 몇 번만 읽어 보아도 그의 놀라운 언어 표현에 우리는 경이로움을 표하게 된다.

셋째, 가장 중요한 것은 아모스서에 나타난 강한 사회 윤리적 메시지에 많은 기독교인들이 도전을 받았기 때문이다.

아모스는 그의 이전 시대와 비교해서 매우 독특한 메시지를 선포하고 있다. 이스라엘 백성이 죄를 지으면 심판을 받아서 하나님께서 허락하신 땅에서 길이 살지 못하고 추방을 당할 것이라는 메시지의 틀은 구약 성경 전체와 동일하다. 그러나 아래의 도표에서 보는 바와 같이 아모스 이전에는 죄의 내용이 주로 하나님을 떠나서 우상을 숭배하는 것이었다. 그러나 아모스는 우상 숭배에 대해서는 별반 언급하지 않고, 사회의 부정과 불의를 신랄하게 고발한다.

결국 북방 이스라엘 왕국은 "공법을 물같이 정의를 하수같이"(5:24) 흐르게 하라는 하나님의 말씀을 어긴 결과 아모스의 예언대로 주전 722년에 앗수르에 의해 멸망해 포로로 끌려감에 따라 그 땅에서 추방을 당하고 말았다.

〈아모스서의 독특성〉

아모스 이전	아모스
죄 (우상 숭배)	죄 (사회 불의)
↓	↓
심판	심판
↓	↓
추방	추방

역사적 배경

선지자의 메시지는 허공을 향하여 외치는 것이 아니라, 그 당시 사람들에게 꼭 필요하고 긴급한 내용을 전달하고자 하는 것이다. 따라서 선지자가 사역했던 당시의 역사적인 배경을 검토하는 것은 그의 메시지를 이해하는 일에 필수적이다. 편의상 아모스가 사역할 당시의 역사적인 상황을 정치·경제·사회·도덕·종교적으로 나누어서 간략하게 살펴보기로 한다.

1. 정치적 배경

아모스 선지자가 활동하던 시기는 북방 이스라엘이 마지막으로 번영을 구가하고 있을 때이다. 이스라엘은 여로보암 2세의 통치 하에 있었으며(1:1; 7:9), 통일 왕국 시대에 버금가는 영토를 회복하고 안정과 번영을 누리고 있었다. 여로보암 2세는 부왕 요아스가 이룩해 놓은 통치 업적을 기반으로 하여 재위 40년 동안 안정되고 부강한 이스라엘의 황금시대를 이끌었다.

당시 이스라엘의 영토는 하맛 어귀에서 아라바 바다에 이르렀는데(왕하 14:25), 이는 통일 왕국의 솔로몬 시대의 영토와 맞먹는 것이었다(왕상 8:65). 또한 여로보암 2세 때 이스라엘은 다메섹을 속국으로 삼았을 뿐 아니라 고대 이스라엘 근동지역의 무역 통로인 트랜스 요르단 지역을 확보함으로써 그 국력이 더욱 막강하여졌다.

아모스의 예언은 이 기간의 정치적 성공을 반영함을 볼 수 있다. 우리는 아모스 6:1에서 이스라엘에 대하여 '열국 중 우승하여'라고 한 말을 읽을 수 있다. 이 말을 보다 정확히 번역하면 '열국 중의 으뜸'이라는 말이다. 북방 이스라엘 가운데 넘쳤던 자신감은 아모스 6:2에도 보인다. 아모스 6:13에서는 여로보암 2세가 행했던 영토 정복에 대해 언급한다. 그 당시의 이스라엘은 아모스가 6:1에서 표현한 대로 '시온에서 안일한 자'와 '사마리아 산에서 마음이 든든한 자'였다.

이상에서 볼 수 있는 바와 같이 당시의 북방 이스라엘은 정치적으로 자신감 있고 낙관적인 분위기로 들떠 있었다.

2. 경제적 배경

정치적 성공과 더불어 여로보암 2세의 치세 중 이스라엘은 경제적으로도 번영의 시기를 맞았다. 전쟁에서의 약탈물로 적지 않은 부가 축적되었다. 이스라엘의 영토는 확장되었고, 뿐만 아니라 교역로들을 확보하고 통제하여 지나가는 대상들에게 통행세를 거둠으로 국고를 부요하게 했다. 이스라엘은 유다 왕국과 평화관계를 유지함으로써 홍해를 경유한 타국과의 자유로운 무역을 통해 많은 부를 더할 수 있었다. 활발한 상거래 행위를 통해서 상인들은 상당한 부를 축적할 수 있었다(8:5, 6).

우리는 아모스의 메시지 속에서 그 당시 이스라엘 상류층이 누리던 경제적인 부요도 충분히 엿볼 수 있다. 건축 활동도 활발해졌다. 특권 계층은 겨울 궁과 여름 궁을 지었고, 그 안에 상아로 장식한 침상을 놓았다(3:15; 6:4). 포도주는 대접으로 마셨고, 이러한 갈증을 채워 주기 위해 포도원 농사도 활발히 했다(5:11; 6:6). 그들은 가장 좋은 향유를 자기 몸에 발랐고(6:6), 경제적 번영에 따라 제사드리는 내용물도 풍성해졌음을 볼 수 있다(4:4, 5; 5:21, 22).

고고학적인 발굴을 통해 우리는 이스라엘의 상류층이 누리던 경제적 번영에 대해 아모스가 한 말들이 결코 과장된 것이 아님을 알게 되었다. 사마리아에서 발굴된 화려한 건물들과 값비싼 페니키아와 다메섹 산 상아 장식은 당시 이스라엘이 매우 번영했음을 보여 준다. 또한 데빌(Debir)에서의 직조 산업과 염색 산업의 흔적은 그 당시 매우 다양한 산업이 발달하였음을 보여 준다.

한 마디로 말해서 아모스 선지자가 활동하던 당시의 이스라엘은 경제적으로 큰 번영을 구가하고 있었다.

3. 사회적 배경

여로보암 2세 치하에서 이스라엘은 정치적인 강성과 경제적인 번영에 따라 사회적으로도 중요한 변화를 맞게 되었다. 국제적 교역과 상업의 번창에 따라 상인 계층이 발달하였고, 노동 인구가 시골에서 도시로 이동하는 현상도 나타났다. 그 결과 이스라엘의 사회 구조는 도시 사회로 바뀌게 되었다. 이와 관련해서 나타나게 된 사회적 현상이 빈부의 첨예한 대립이었다.

디르사(Tirzah)의 발굴에서 바로 이 기간 동안 생겨난 사회 변화의 증거가 발견되었다. 주전 10세기에는 도시의 집들이 한결같은 크기였는데, 주전 8세기에는 크고 잘 지은 집들이 있는 반면, 작고 보잘것없는 구조로 되어 있는 집들도 공존하였음을 보여 주었다. 이것은 당시 사회에 경제적인 불평등과 계급 구분이 존재했음을 보여 주는 증거가 된다.

부자들의 사치와 가난한 자들의 비참함의 대조적인 차이가 아모스의 메시지에서도 잘 나타난다. 아모스는 그 당시 사회 구조 속에서 핍박받는 자들에 대해 반복해서 설명하고 있다. 아모스는 이들을 의인, 가난한 자, 궁핍한 자, 겸손한 자 등으로 부르고 있다(2:6~7; 4:1; 5:12; 8:4, 6).

사회의 지배자들은 사치 속에 있는 반면(3:15; 5:11), 하층 계급의 빈민들은 착취를 당하여(5:11; 8:5) 결국은 적은 돈에 종으로 팔리기까지 했다(2:6; 8:6).

아모스 때의 사회적 상황은 착취하는 자와 착취당하는 자로 나누어져 있었다. 바로 이러한 때에 아모스는 약하고 가난한 자들이야말로 여호와의 긍휼과 관심의 대상이 됨을 선포했던 것이다.

4. 도덕적 배경

한 국가가 경제적으로 번영하고 안정될 때 오히려 도덕적으로 타락하기 쉽다는 것이 역사가 우리에게 보여 준 교훈이다. 아모스 시대도 예외는 아니었다(6:6). 부유한 자들은 기회가 있을 때마다 힘없는 자들을 착취하여 자신들의 배를 살찌워 갔다. 장사꾼들은 저울추를 속이고 됫박을 속여서 부당한 이득을 취했다(8:5, 6). 저들이 호화스러운 삶을 살 수 있었던 것은 결국 약자들에 대한 강압적 착취 때문이었다(3:10).

또한 당시 사회에는 정의가 결핍되어 있었다. 재판관들은 뇌물을 받고 부당한 판결을 내렸다(5:2). 불의한 재판관들로 인해서 백성들을 보호해야 할 공법은 오히려 백성을 죽이는 인진(쓴 쑥)으로, 쓸개로 변하고 말았다(5:7; 6:12). 바로 이와 같이 타락한 시대에 아모스는 "오직 공법을 물같이 정의를 하수같이 흘릴지로다"(5:24)라고 외친 것이다.

아모스에 따르면 부자는 신전에서 축제를 즐기며 시간을 보내거나(2:8), 호화로운 집에서 시간을 보냈다(6:4). 저들은 포도주를 대접으로 마실 만큼 폭음을 했다(6:6). 더욱이 그들은 나실인에게 포도주를 마시게 해서 금주하기로 한 서약을 깨뜨리게 하였다(2:12, 참고 삿 13:14; 민 6:3). 또한 여성들도 술마시는 일에 동참하였다는 데서 술취함이 그 나라에 통상적인 일이었음을 알 수 있다(4:1). 아모스의 예언에서 우리는 이스라엘의 성적인 타락에 대해서도 잘 알 수 있다(2:7).

이상에서 살펴본 바와 같이 아모스가 사역할 당시의 이스라엘은 도덕적으로 매우 부패한 사회였다.

5. 종교적 배경

이 당시의 종교 생활은 사회적·도덕적 상황보다 더 심했다. 바알 종교의 영향과 이스라엘 종교의 형식적인 예배로 종교 생활은 크게 부패해 있었다. 바알 종교는 원래부터 팔레스틴에 거하고 있던 가나안 사람들의 종교였다 (창 12:6). 이스라엘이 가나안을 정복한 이래 바알 숭배의 이교적인 요소가 이스라엘 사이로 스며들어왔다(삿 1:28). 또 이스라엘의 아합 왕과 이세벨이 통치하는 동안 바알 종교는 이스라엘에 급속하게 번져 나갔다(왕상 16:31~33; 21:25).

물론 이스라엘 왕 예후 이후 부분적인 개혁이 있었지만(왕하 10:28 이하), 거의 효과를 보지 못했다. 우리는 호세아서에서 여로보암 2세의 치세 동안 이스라엘이 바알을 숭배한 것을 볼 수 있다. 우리가 호세아서에서 읽을 수 있는 매춘의 관습은 가나안 종교의 공통적인 요소였다(호 2:8, 13, 17; 4:11, 14; 11:2). 따라서 비록 아모스가 분명하게 언급하지는 않았지만, 당시 많은 이스라엘 사람들이 바알을 숭배했고 여호와를 믿는 신앙이 오염되었음을 추정할 수 있다.

바알 종교와 더불어 이스라엘 백성들의 형식적이고 의식에 치중한 예배도 아모스 시대의 이스라엘을 위협하고 있었다. 겉으로 보면 저들은 종교적 활동에 대단히 열심이었다. 예를 들어 저들은 제사를 드리기 위해서 벧엘과 길갈에 있는 성소로 갔다(4:4, 5). 더욱 열광적인 사람들은 브엘세바에 있는 성소로 가기도 했다(5:5). 우리는 이외에도 또 다른 성소가 사마리아와 단에 있었음을 보게 된다(8:14). 제단 위에는 희생제물이 높이 쌓였고, 비파 소리와 다른 악기 소리가 흘러넘쳤음을 볼 수 있다(5:22, 23; 6:5).

그러나 저들이 성소에서 사용한 것들이 가난한 자들에게서 착취한 것임을 생각할 때, 저들의 예배 의식은 자기 만족을 위한 피상적인 종교 행위에 불과했다고 말할 수밖에 없을 것이다(2:8).

더욱 나쁜 것은 저들은 자기들의 열심 있는 종교 활동을 하나님이 기뻐하실 것이라고 생각했다는 점이다. 그러나 아모스는 하나님이 그러한 외적인 종교적 열심을 원하지 아니하심을 분명히 전했다(5:21). 하나님의 말씀에 순종하여 사회적인 정의를 실현하지 않는 한, 형식적인 종교 의식과 고백은 오히려 하나님을 노하게 만든다는 것을 아모스는 보여 주었다.

진정한 신앙은 이웃에 대하여 정직히 행하며, 특별히 곤궁한 자를 보살피는 일이 수반되어야 함을 일깨워 준 것이다.

맺는 말

선지자 아모스는 여로보암 2세 치하의 북방 이스라엘에서 사역했다. 이 시기의 상황은 물질적으로는 황금기였으나, 영적인 견지에서는 결코 바람직하지 못했다. 정치적으로는 국제 정세에 편승해서 비교적 평화로운 시기를 맞이했으며 경제적으로도 번성한 시대였다. 그러나 극심한 빈부의 차가 나타난 것도 바로 이때였다. 부자들은 가난한 자들을 억압하고 착취해서 더욱더 부를 쌓아 갔고, 힘없는 자들은 더욱더 몰락해 갈 수밖에 없는 처지였다. 부유한 자들의 사치와 향락, 부정과 부패로 이스라엘 사회는 도덕적으로 타락해 버렸다. 종교적으로는 바알 종교의 영향과 형식 위주의 종교 활동으로 인하여 순수한 신앙 노선에서 크게 벗어나 있었다.

하나님은 이러한 이스라엘 백성들을 일깨우기 위하여 기근, 가뭄, 병충해로 인한 수확의 감소, 전쟁에서의 패배, 염병 등으로 계속해서 징계하셨건만 저들은 끝끝내 회개하지 않았다(4:6~11). 그 결과 이스라엘은 이제 하나님의 무서운 심판을 기다릴 수밖에 없는 처지가 되었다.

여로보암 2세는 41년간의 통치를 끝으로 사망했고(왕하 14:23), 그로부터 25년도 채 지나지 않아 북방 이스라엘 왕국은 결국 멸망하고 말았다.

이 짧은 기간 동안 왕위는 여섯 번이나 바뀌었다. 이러한 대내적인 혼란과 더불어서 이스라엘은 대외적으로 앗수르의 위협을 받아야만 했다. 그리고 마침내 예언되었던 이스라엘의 멸망이 주전 722년에 이루어졌다. 이스라엘의 마지막 왕 호세아 9년에 앗수르는 수도 사마리아를 점령하고 이스라엘 백성들을 사로잡아 아모스가 예언한 대로 '다메섹 밖으로' 끌고 갔다(5:27).

그렇게 해서 북방 이스라엘의 정치적 역사는 종말을 고하게 된 것이다. 여기서 우리는 선지자 이사야의 외침을 떠올리게 된다. "풀은 마르고 꽃은 시드나 우리 하나님의 말씀은 영영히 서리라"(사 40:8).

03

북왕국의 멸망과
아모스의 심판 예언

북왕국의 멸망에 관한 역사는 단지 열왕기하에만 기록되어 있으며, 역대기는 북왕국에 대한 관심을 거의 보이지 않는다. 열왕기하의 기록에 따르면, 북왕국 이스라엘의 마지막 시대는 정치적으로 매우 불안정하였다. 대내적으로는 반란이 끊이지 않았고, 대외적으로는 앗시리아의 침공을 받아 피폐한 생활을 감내해야만 했다. 경제적으로 부유했던 여로보암 2세(주전 786~746년)의 죽음과 함께 예후 왕조는 실질적으로 끝이 난 것이라고 볼 수 있다. 여로보암 2세의 아들 스가랴(주전 746년)는 사마리아에서 단 6개월 동안만 통치하였고, 모반자 야베스의 아들 살룸(주전 746년)에 의해 살해당하고 말았다. 하지만 살룸은 한 달 후에 가디의 아들 므나헴(주전 746~735년)에게 죽임을 당하게 된다. 열왕기하 15:13~16은 이 혁명이 피비린내 나는 잔인한 살육을 통해 이루어졌음을 고발하는데, 므나헴은 딥사를 정복하고 도시의 모든 거주민들을 죽이고 심지어 임신중인 부녀자들까지 잔인하게 살해하였다. 므나헴은 비교적 긴 10여 년 동안 왕위에 있었고, 그의 아들 브가히야(주전 735~734년)에게 왕권을 계승하는 데 성공하였다. 그러나 브가히야는 불행하게도 2년여 후에 길르앗 사람 50명의 도움을 받아 반역을 일으킨 그의 군대 장관 르말랴의 아들 베가(주전 734~732년)에 의해 일생을 마감하고 말았다. 베가는 2년 동안 사마리아에서 이스라엘을 다스렸는데, 통치 기간 동안 앗시리아의 왕 디글랏 빌레셀 3세(주전 745~727년)가 침공하여 이욘, 아벨벳마

아가, 야노아, 게데스, 하솔, 길르앗, 갈릴리, 납달리를 빼앗았고, 북왕국의
백성은 앗시리아로 강제 이주를 당하게 되었다. 베가는 아람 왕 르신과 함께
반앗시리아 입장을 취하였다가 결국 앗시리아의 지원을 받은 엘라의 아들
호세아(주전 732~723년)의 반역으로 살해당하고 만다. 호세아는 9년 동안 왕
위에 있었다. 호세아는 처음에는 매년 앗시리아 왕에게 조공을 바치다가 그
것을 중단하고 친애굽 정책을 펼쳤는데, 이에 살만에셀 5세(주전 727~722년)
는 북왕국 온 땅을 침략하고 사마리아를 3년 동안 포위한 끝에 완전히 정복
한다.

이제 북왕국 이스라엘은 멸망하여 역사의 뒤안길로 사라져 버렸다. 신명
기 역사가는 북왕국 몰락의 원인을 신학적으로 설명하기 위해 열왕기하 곳
곳에 왕들이 행한 수많은 죄악의 목록을 소개하였다. 예루살렘 성전에 중요
한 신학적 의미를 부여한 신명기 역사가의 역사 신학에 따르면, 북왕국 멸망
의 가장 중요한 원인은 '종교적 분열', 즉 북왕국이 예루살렘의 제의로부터
이탈해 나간 것이었다(왕상 12:25~33). 신명기 역사가는 제의의 중앙 집중화
를 거부한 '여로보암의 죄'가 다양한 형태의 제의적 타락을 초래한 것으로 보
는데, 벧엘과 단에 금송아지 형상을 제조한 일, 산당을 건립하고 주상과 목
상을 제조한 일, 바알을 숭배하고 복술과 사술을 시행한 일, 몰록 제의를 드
린 일 등이 예루살렘에서 이탈한 북왕국의 왕들이 저지른 대표적인 악행에
속한다(왕하 17:7~23). 그 때문에 신명기 역사가는 북왕국의 모든 왕들을 매우
부정적으로 평가하였다. 그들은 모두 다윗 왕조와 예루살렘에서 분리해 나
간 여로보암의 원초적 범죄에서 결코 자유롭지 않았다는 것이다.

신명기 역사가의 역사서가 북왕국 멸망의 원인을 주로 신학적 차원에서
제시했다면, 주전 8세기에 활동한 예언자 아모스의 심판 선포는 새로운 차
원을 추가한다고 말할 수 있다. 즉 주전 9세기 예언자들은 지도자 개인의 악
행과 재앙을 선포한 반면, 아모스는 사회 구조와 정치 제도 자체를 날카롭게
비판하였다. 그의 새롭고도 과격한 예언적 저항은 북왕국 이스라엘의 붕괴
를 초래한 당시의 사회적 원인들과 깊이 관련되고 있다. 이 예언자의 급진적

인 고발 메시지는 동시대에 큰 반대에 부딪혀 폭넓은 지지를 얻어내지는 못했다. 하지만 그의 피 끓는 절규는 제한된 집단에서 받아들여졌고, 오랜 기간 동안 야웨 종교의 발전에 지대한 영향력을 행사하였으며, 후에는 현재의 예언서 탄생의 토대가 되었다.

이제 비교적 경제적 번영과 정치적 안정을 누리던 주전 8세기 초·중반 북왕국의 사회적 상황을 알아보고, 어떤 요인들이 이스라엘의 사회적 위기를 초래하였는가를 진단하고자 한다. 아울러 예언자 아모스의 심판 선포 속에 암시되어 있는 신학적 논쟁의 의미와 목회적 교훈을 찾아보고자 한다.

주전 8세기 초·중반 북왕국의 사회적 상황

이제 북왕국 멸망 직전의 사회적 상황을 분석해 보자. 예언자 아모스의 사회 고발과 비판 내용을 좀 더 정확히 파악하기 위해 주전 8세기 초·중반 북왕국의 사회적 형편을 살펴보는 것은 필수적인 연구 작업에 속한다. 예언자의 선포는 시대적 경험을 내포하기 때문이다.

1. 대지주 탄생으로 인한 평등주의 이상의 완전한 붕괴

여로보암 2세의 통치 기간 동안 북왕국은 그 어느 때보다도 정치적인 안정을 누렸고, 경제적으로도 상당한 번영을 구가하였다. 그 이유는 내부적 요인보다는 외부적 환경에 기인한다고 볼 수 있다. 앗시리아의 아닷니라리 3세(주전 810~782년)는 왕위에 오른 직후에 다메섹을 정복하고 조공을 바치도록 하는 데 성공하였고, 아람족은 이로 인해 극심한 쇠퇴기에 빠져 더 이상 북왕국을 위협하는 무서운 세력이 될 수 없었다. 앗시리아 역시 서쪽으로 세력을 확장한 것에 만족을 느끼고 있어 본질적으로 아직은 북왕국의 생존을 위협하는 세력으로 간주될 수 없었다. 이러한 국제적 세력 균형의 상태는 팔레스틴 지역에 대략 반세기 동안의 평화를 가져다주었고, 상업과 무역 활동을 촉진시켜 경제적 부흥의 시대가 열리게 하는 계기가 되었다.

하지만 이 기간 동안 발생한 새로운 경제적 이익과 부는 불행하게도 모든 백성들에게 균등하게 분배되지 못했다. 활발한 국제 무역을 통해 생겨난 경제적 혜택은 시골보다는 도시에, 시골 사람들보다는 도시민들에게 집중되었던 것이다. 국제적 평화 관계가 지속되고 무역이 활발해질수록 커지는 경제적인 이득은 오히려 빈부의 격차를 심화시켰고, 수많은 대지주와 큰 부자들을 탄생시키기에 이르렀다. 상업의 발달은 오히려 많은 백성들에게 상대적 빈곤을 초래하였고, 농민들의 심한 부채로 인한 토지 집중화 현상은 소작농의 생성과 대지주의 등장을 재촉하였던 것이다. 상업과 무역의 발달은 또한 화폐 경제의 발달을 촉진시켰다. 열왕기하 15:20은 므나헴 시대에 북이스라엘에 큰 부자들이 많이 존재하였음을 보도하는데, 그는 왕권을 유지하기 위해 이스라엘의 모든 큰 부자들로부터 은 50세겔씩을 걷어 앗시리아의 왕 디글랏 빌레셀 3세(이 왕은 바벨론의 왕 명단에서 '불'로 칭해지고 있다. 프톨레미의 연대기에서는 '포로스'로 소개되었다)에게 은 1000달란트를 조공으로 바쳤다. 므나헴의 조공에 대해서는 디글랏 빌레셀 3세의 비문에도 언급되어 있다(ANET, 282). 은 1달란트가 3,000세겔이므로 므나헴 당시에 북왕국에는 최소한 6만여 명의 부자들이 살았음을 알 수 있다. 물론 당시 시대적 상황을 종합해 볼 때 이 숫자는 너무 과하기 때문에 왕실에서 상당 부분을 감당했다고 볼 수 있지만 어쨌든 주전 8세기 초·중반 북왕국에는 큰 부자들과 대지주들이 많이 존재했다는 사실을 부인할 수는 없다. '큰 부자'란 원래 용감한 군사를 지칭하는 단어지만 본문에서는 경제적으로 힘 있는 사람, 즉 많은 토지를 소유한 대지주를 가리킨다. 군사적 의미의 단어가 경제적 의미의 단어로 사용된 셈이다. 큰 부자 내지는 대지주의 등장은 새로운 상류층의 탄생을 의미하는데, 이들은 이스라엘의 전통적인 평등 사회의 이상을 붕괴시키고 사회 계층의 심각한 불균형을 심화시키는 데 중심축을 이루게 되었다. 물론 이러한 사회 구조의 현저한 변화는 주전 8세기 초·중반에 갑자기 이루어진 것이 아니라, 왕국 탄생 이후부터 생겨난 계급적 사회 변화에 그 근본적인 뿌리를 두고 있다고 보아야 한다. 그렇지만 옛 지파 공동체가 왕국 이전 시대에 오랜 기간 동안 간직하였던 평등주의 이상이 북왕국에서 완전히 붕괴된 것은, 바로 여러 특권 계층들이 현저한 경제적 번영의 혜택으로 대규모 토지를 소유하게 된 주전 8세기 초·중반에 이르러서라고 말할 수 있는 것이다. 토지는 이제 더 이상 생계유지 수단이 되지 못했고, 시장 경제 논리의 지배를 받아야만 했다. 즉, 주전 8세기 초·중반에 이르러 토지는 조상에게 물려받아 매매가 금지된 '거룩한' 재산으로서의 가치가 있는 것이 아니라, 재산 증식과 부의 축적을 위한 수단으로서의 의미를 지니게 된 것이다. 상업 활동을 통해 얻어진 이득을 저축할 수 있는 가장 좋은 방법은 토지를 구입하는 일이었다. 그러므로 새로운 경제 계층은 합법적으로든 불법적으로든 가능하면 더 많은 토지를 매입하여 대지주가 되었던 것이다. 전통적인 소농민들 위에 군림할 수 있게 된 부유한 대지주 계층에는 그동안 특권을 누려 왔던 왕실뿐만 아니라, 평화 시대에 국제 무역과 시장 경제를 통해 잉여금을 손에 쥘 수 있었던 왕실의 관리들과 군인들과 상인들도 포함되었다. 왕실의 대규모 토지 소유는 나봇의 포도원 이야기(왕상 21장)에서 볼 수 있듯이 백성들의 모든 경제 생활이 왕의 독점적인 권력에 종속되어 있다고 보는 가나안의 절대적인 토지법의 적용을 통해 이루어졌다고 보아야 한다. 자신의 재산의 일부를 국가의 관리들에게 하사하기 위해서는 대규모의 토지가 필요했기 때문에 왕들은 더 이상 이스라엘의 전통적인 토지법을 고수할 수 없었던 것이다. 서기관, 궁내 대신, 관원 등이 포괄적 의미에서 왕실의 관리에 속한다고 볼 수 있다. 외교문서를 작성하고 보관하는 업무를 담당하는 서기관은 외국과의 활발한 외교관계로 인해 왕국에서의 지위가 향상되었다(왕하 18:18; 19:2; 사 36:3, 22; 37:2). 궁내 대신은 주전 8세기 당시 가장 높은 관직으로 왕궁에 속한 재산을 관리하고 왕궁에서 필요로 하는 물건을 매매하는 역할을 담당하였고(왕하 18:18; 19:2; 대하 28:7), 관원은 군사 지도자로 중요한 사회적인 계층을 이루게 되었다(사 1:10; 3:6~7; 22:3; 미 3:1, 9).

큰 부자들과 대지주가 여러 부류에서 많이 등장하였다는 것은 소농민들의 삶의 조건과 형편이 이전보다 훨씬 참담해졌음을 의미한다. 전통적인 평등주의의 이상이 완전히 붕괴된 주전 8세기 초·중반의 북왕국의 경제 구조는 극단적 이원화의 모습이었다고 볼 수 있다. 소수의 대지주들은 점점 더 많은 부를 축적하기를 원했고, 그러면 그럴수록 대다수의 소농민들은 점점 벼랑 끝에 몰리는 비참한 형국이 되었다. 사회적 구별은 거주지를 통해서도 나타났다. 부자들끼리 모여 사는 거주지가 생겨났던 것이다. 드보(R. de Vaux)는 디르사의 고고학적 발굴을 통해 부자들의 집과 가난한 자들의 집은 도시의 서로 다른 지역에 위치하고 있으며, 그 규모와 건축 재료에 뚜렷한 차이가 있음을 확인하였다. 부자들의 집은 가난한 자의 집보다 2배 정도 큰 규모였으며, 부자들의 집은 잘 다듬어진 돌을 가지고 두 줄로 기초공사를 시행한 반면 가난한 자들의 집은 깨진 돌을 가지고 한 줄로 토대를 쌓았을 뿐이다. 이러한 거주지의 구별은 신분 차별이 사회 깊은 곳까지 뿌리를 내리고 있었음을 증명하며, 전통적인 평등주의의 이상이 완전히 붕괴되었음을 시사한다. 당시의 모순적인 사회 구조를 더욱 견고하게 한 것은 전쟁이 사라진 이후 발생한 현저한 인구 증가와 가혹하고 무자비한 채권법이었다. 후손이 증가할수록 소농민들의 제한된 토지 사용 문제가 심각하게 배가되었는데, 특히 기본적인 식량 자급 자족과 일반적인 조세부담조차 불가능했다. 생계유지마저 어려워진 소농민들은 대지주에게 의존하지 않을 수 없게 되었고, 인색한 경제 조건 하에서 결국 채무노예가 되든지 가난의 굴레에서 벗어나지 못하는 저주받은 계층이 되고 말았다. 이들은 예언서에서 "약자"(2:7; 4:1; 5:11; 8:6; 사 10:2), "가난한 자"(2:6; 4:1; 5:12; 8:4, 6, 참고 렘 2:34; 5:28; 22:6; 겔 16:49; 18:22; 22:29), "겸손한 자/가없은 자"(2:7; 8:4; 사 3:14~15; 10:2, 참고 렘 22:16; 겔 16:49; 18:22; 22:29) 등으로 소개되는데, 토지를 잃어 항구적인 가난에 빠지고 경제적으로 내려앉은 자들인 것이다. 대규모 농장의 등장, 도시화의 진행, 화폐경제의 활성화, 행정의 중앙 집중화, 가족과 씨족 단위 농사의 어려움 등은 가난한 자들의 등장을 위한 전제 조건들이었던 셈이다. 게다가 당시의 채권법은 섬뜩할 정도였다. 상상할 수 없을 정도로 과중한 이자는 채

무자로 전락한 소농민들의 재산과 가족과 담보물을 합법적으로 강탈할 수 있도록 만들어 주었다. 경제력이 약했던 소농민들은 빌린 대부금을 위해 대지주들에게 자신의 토지나 수확물 등을 저당 잡혀야만 했고, 부담이 과중하여 값을 치르지 못하는 경우에는 토지를 완전히 빼앗기거나 채무를 변제하기 위해 일정 기간 동안 노예처럼 노동을 하거나 심한 경우에는 가족 중의 누군가를 노예로 팔아야만 했다(2:6; 8:4~6, 참고 출 21:5~6). 그러나 노동 대가가 지나치게 저렴하고 지불해야 하는 채무 비용이 터무니없이 불어나서 처음의 빚을 갚을 수 없었기 때문에 채무 노예 상태로부터 벗어날 기회는 거의 주어지지 않았다. 대지주들은 값싸고 유익한 노동력을 확보하기 위해 채권법을 잘 활용하여 가능한 한 많은 소농민들을 영속적인 채무상태에 묶어 두길 원했다. 대지주들은 농산물 수입을 증대시키고 재산을 증식시키기 위해서 그들에게 예속되어 있는 농민들로부터 가능한 많은 소작료를 징수해야만 했던 것이다. 어쨌든 큰 부자와 대지주의 현저한 증가와 함께 나타난 전통적인 소농민들의 생존 위기는 주전 8세기 초·중반의 뚜렷한 사회적 현상으로 자리를 잡았다고 보아야 할 것이다.

2. 전통적인 공동체적 유대 관계의 붕괴

상업 발달로 인한 대지주의 탄생과 소작농의 증가는 가족의 연대감을 약화시키고 전통적인 공동체적 유대 관계에 현저한 변화를 초래하였다. 토지 상실로 인한 경제적 곤란은 도시화를 촉진시키고 개인주의를 확대시켰다. 가난한 자들은 생존을 위해서 물려받은 조상의 토지와 고향과 가족을 버리고 도시로 이동해야만 했고, 대부분 도시의 가난한 일용 노동자로서 살아가야 했다. 이러한 극빈의 생활에서 벗어나지 못한 자들에게서 가족 간의 끈끈한 유대감과 공동체적 유대 관계를 기대하기란 처음부터 불가능했다. 빈익빈 부익부 현상이 극명하게 나타난 주전 8세기 초·중반에 이르러 전통적인 대가족 제도는 특히 도시에서 상당 부분 느슨해졌음에 틀림없다.

뿐만 아니라 전통적인 질서를 보존하고 상업의 발전으로 인한 이익을 정의롭고 균형 있게 분배해야 할 각종 사회 제도는 경제적 이득을 추구하는 새로운 시대 상황 앞에서 속수무책이었다. 예를 들면, 지파 구성원 중의 누군가가 극심한 가난이나 갚을 수 없는 빚 때문에 어쩔 수 없이 물려받은 토지를 팔게 되었을 경우 '구속자'(고엘)로 나선 가까운 친족 중 하나에게 이를 되돌려 살 수 있는 특별한 권리를 부여하는 옛 게울라 규정(레 25:25~28)은 아무런 역할을 감당하지 못했다. 레위기 25:25~28에서는 어쩔 수 없이 토지를 팔아야만 하는 자를 계속해서 "형제"로 지칭하는데, 이 단어는 문맥상 좁은 의미에서의 친형제를 말하는 것이 아니라 넓은 의미에서 지파 내지는 친척이라는 의미로 사용된다고 보아야 한다. 예레미야 32:6~9은 친족이 다른 사람에게 팔아 버린 토지를 되돌려 구입한다는 게울라 규정이 아니라, 가난한 친족이 팔려고 내놓은 토지에 대한 우선적인 매입권에 대한 게울라 규정에 대해 보도한다. 예레미야는 숙부인 살룸의 아들 하나멜이 찾아와 자신이 소유한 토지를 매입해 달라는 부탁을 하자 매입의 우선권을 행사하였던 것이다. 게울라 규정의 본래 의도는 이미 팔린 친족의 토지를 되찾아오는 것이었는데, 후대에 가서는 토지 매입의 우선권이 친족에게 있는 것으로 바뀌었다. 구속자의 서열은 형제-삼촌-사촌의 순으로 이동하게 되어 있는데(레 25:48~49), 좀 더 상세한 연대 책임의 순서적 계보에 대해서는 더 이상 알지 못한다.

롯기는 친족 구속자의 순서적 계보가 역사적으로 실행되었다는 증거를 제시한다(롯 2:20; 3:12; 4:1~9). 롯은 보아스에게 구속자 역할을 요구하였지만, 그보다 먼저 더 가까운 친족에게 롯의 구속자 역할이 주어지게 되었다. 어쨌든 구속자의 의무는 잃어버린 조상의 토지에 대한 친족의 소유권을 되찾는 일이다. 게울라 규정이 가까운 친족에게 구속자의 역할을 수행하도록 의무를 부과하고 있는 것은 조상으로부터 물려받은 토지에 대한 연대 책임을 의미한다. '게울라' 규정에 의하면, 되돌려 구입한 토지는 돈을 지불한 친족에게 돌아가야 하는 것이 아니라, 그 토지의 원래 소유주에게 돌려줌으로 대가족이나 지파의 연대감을 증명해 보여야 하는 것이었다. 페더슨

(J. Pedersen)은 우가릿 문헌에 근거하여 되돌려 구입한 토지가 즉시 원래의 주인에게로 돌아가는 것이 아니라, 희년이 될 때까지 친족 구속자가 관리하는 것이라고 주장한다. 하지만 이 주장은 게울라 규정의 취지를 오해한 것이다. '구속'이란 토지가 원래의 주인에게로 완전히 귀속되었음을 암시하는 단어이다. 그리고 구속자가 가난에 처한 친족의 토지를 되찾아와 관리한다면, 그것이 어떻게 가난한 친족을 돕는 행위이며 친족적 유대감을 형성하는 일이 되겠는가! '게울라' 규정의 의미는 조상으로부터 물려받은 토지를 다른 가문에 넘기지 않으려는 데 있었다. 하지만 이 제도는 주전 8세기 초·중반에 이르러 철저히 악용되어 부유한 사람들이 가난한 친족들의 토지를 합법적으로 매입하고 재산을 증대시키는 수단이 되고 말았다. 되돌려 구입한 토지가 원래의 주인인 가난한 친족들에게 되돌아가지 않았던 것이다. 비참한 상황에 처한 친족을 위해 가까운 친족이 자신의 책임을 성실하게 수행하는 것을 더 이상 기대할 수 없는 삭막한 시대가 되고 만 것이다.

이스라엘의 전통적인 사법제도로 간주될 수 있는 성문에서의 재판제도 역시 주전 8세기 초·중반에 이르러 그 의미가 현저히 퇴색했다. 소송 당사자의 사회적 신분과 경제적 형편에 따라 판결이 달라지는 정의롭지 못한 상황이 전개된 것이다. 옛 지파 체제에 속한 재판권은 왕실을 비롯한 정치 권력자나 대지주와 같은 경제적 실권자에 의해 오염되어 사회를 지탱할 힘을 잃었다. 신분 차별은 공의로운 재판을 무력화시켰고, 성문은 오히려 가난한 자가 굴복당하는 불의의 장소가 되었다. 가난한 자는 재판관에게 뇌물을 바칠 수 없었기 때문에 그로부터 어떠한 법적 보호를 얻어낸다는 것은 불가능에 가까웠다. 전통적인 사법 체계가 권력자들의 주장 앞에서 어이없이 무너져 내린 것이다. 주전 9세기에 아합과 같은 왕권의 공격이 전통적인 사법권을 무력화시켰다면(왕상 21장), 주전 8세기 초·중반에 이르러는 권력을 쥐고 있는 여러 사회 계층들과 대규모 토지 소유자들까지도 전통적인 사법 제도를 파괴하는 일에 앞장섰다. 여기에 일반 백성들은 뇌물을 받고 거짓 증인으로 나서는 등 총체적인 사법 타락의 모습을 보이게 되었다고 말할 수 있다.

예언자 아모스는 무죄한 자들과 가난한 자들을 억압하고 법을 왜곡하는 자들에 대한 비판을 서슴지 않았는데, 특히 성문에서의 재판제도가 무너져 내렸음을 한탄하고 있다.

"무리가 성문에서 책망하는 자를 미워하며 정직히 말하는 자를 싫어하는도다"(5:10).

"너희의 허물이 많고 죄악이 중함을 내가 아노라 너희는 의인을 학대하며 뇌물을 받고 성문에서 궁핍한 자를 억울하게 하는 자로다"(5:12).

주전 8세기 초·중반은 공적인 재판 장소인 성문에서 법에 따라 정의로운 판결을 내려야 하는 재판관들과 진실을 증언해야 하는 증인들은 권력과 돈으로 법을 왜곡하려는 자들에게 미움을 받는 시대였던 것이다. 법을 통한 진실의 빛은 자신만의 이익을 추구하는 자들에 의해 심하게 가려졌다. 부조리한 재판이 진행되는 상황에서 소작농과 같은 가난한 자는 최소한의 권리조차 주장할 수 없게 되었고, 많은 일반 백성들은 벗어날 수 없는 극심한 채무자의 신분으로 전락하는 경우가 빈번해졌다. 재산이 없다는 것은 권리를 상실했음을 의미하였다. 억울한 재판 때문에 한 맺힌 백성들이 많은 사회는 결코 건강할 수 없는 법이다. 소수의 권력자들과 대토지 소유자들은 왜곡된 재판을 통해 무죄한 다수의 백성들의 행복을 짓밟고 그들을 비참하게 만들었다. 성문에서의 재판이 올바르게 적용되지 않는 한 사법적 권위는 더 이상 주전 8세기 초·중반의 시대를 책임질 수 없었던 것이다.

사법적 권위의 타락으로 인한 사회적 위기를 지적한 예언자들의 비판적 메시지를 소수의 불경건한 상류층과 일부 몰인정한 부자들을 향한 고발로 단정해서는 안 된다. 뇌물로 재판관을 매수하고 전통적인 채권법이 악용되어 가난한 자들이 빚의 노예로 팔리는 것은 드문 일이 아니었다. 그러한 일들은 경제 발전의 이익을 모든 사회 구성원에게 균등하게 배분하지 못하여 일어난 사회구조적 모순의 필연적 결과였다. 평화로운 시대에 상업 발달로 인한 경제 성장의 혜택이 모든 백성에게 돌아가지 못하고 일부 상류층과 부자들에게만 집중되었던 것이다. 대다수의 상류층과 대규모 토지 소유자들이 자신들의 재산과 권력을 유지하기 위해 법적인 수단을 동원하였다는 것에 대해서는 이미 대부분의 학자들이 동의한다. 사회 지배층들은 자급자족을 추구하는 소농민들의 전통적인 경제 활동 방식을 시대에 뒤떨어진 것으로 판단하고, 자신들의 이익 추구 방법을 새로운 시대에 적합한 신식 경제활동으로 합리화하였을 것이다. 대다수의 상류층은 발전된 왕정의 상업주의를 통해 취득한 경제적 부유함에 신학적 정당성을 부여하기를 원했는데, 놀랍게도 신명기는 경제적 부유와 풍부한 결실이 야웨 하나님이ㆍ허락하여 생겨난 복이라는 사실을 인정한다(신 14:24, 29; 15:14; 23:21; 24:19). 잠언의 많은 지혜 격언들조차도 부자들을 전혀 비판하지 않으며, 부에 대해 긍정적 태도를 취하고 있음에 유의할 필요가 있다(잠 3:16; 10:4, 15; 11:16; 12:27; 14:20; 19:4). 잠언의 몇몇 구절들은—사회적인 갈등의 존재를 암시하기는 하지만—부자들과 가난한 자들의 현실적인 공존을 충분히 인정하고 있는 실정이다(잠 18:23; 22:7). 하지만 이러한 신학적 입장이 과연 사회 윤리적인 차원에서 부익부 빈익빈 현상이라는 극단적 경제 구조를 제대로 설명하고 있는지는 의문스럽다.

3. 앗시리아의 침략으로 인한 사회적 혼란

주전 8세기 중·후반 북왕국에서 연속적으로 발생한 왕위 유혈 찬탈 사건과 사회적 혼란은 앗시리아의 디글랏 빌레셀 3세의 등장으로 인해 야기된 국제 정치의 급속한 변화와 밀접한 관련이 있다. 그는 시리아-팔레스틴을 두 번 침공하였는데, 첫 번째 침공(주전 738년) 때에 므나헴은 조공으로 은 1000달란트를 바치고(왕하 15:19~20) 결국 앗시리아의 속국이 되고 말았다. 당시 북왕국의 정치체계가 허약했다는 것은 이러한 외부의 침략에 맞서 싸울 정치 군사적 저항이나 자발적인 백성들의 항거를 전혀 찾아볼 수 없었다는 점에서 확인할 수 있다. 사회적 응집력의 부재는 정치적 불안정을 의미하였다. 므나헴의 아들 브가히야가 친앗시리아 정책을 견지하자 베가는 그를 살해하고 왕위에 올라 다메섹의 르신과 함께 앗시리아에 대한 반역 운동을 전개하였는데, 이 사건은 백성들 전체의 반앗시리아 움직임과 관련된 것이 아니라 서로 다른 외교정책을 가지고 있던 두 경쟁적 정치 집단 간의 갈등이 외적으로 강하게 표출되었음을 의미하는 것이다.

디글랏 빌레셀 3세의 두 번째 팔레스틴 원정은 시리아와 에브라임 사이의 전쟁(주전 734년)이 그 빌미가 되었다. 사마리아의 베가와 다메섹의 르신(앗시리아의 문헌에서는 '르손'으로 언급된다)은 반앗시리아 동맹 체제에 가담하지 않은 예루살렘의 아하스를 무너뜨리고 자기들과 같은 성향을 가지고 있는 다브엘의 아들을 왕으로 옹립하기 위해 유다를 공격하였다(사 7:6). 오므리 왕조 이후에 다시 한 번 사마리아와 다메섹 사이에 동맹이 체결된 것이다. 이에 아하스는 앗시리아에 도움을 요청하였는데, 디글랏 빌레셀 3세의 즉각적인 개입으로 전쟁은 아무런 소득도 얻지 못하고 끝을 맺게 되었다. 오히려 베가와 르신은 앗시리아 반역 행위에 대한 충분한 대가를 지불해야만 했다. 앗시리아에 대한 반역 운동의 주동자였던 다메섹은 북왕국보다 훨씬 혹독한 보복을 받아야만 했다. 르신은 여지없이 죽임을 당하였고, 아람의 영토는 지독한 약탈을 당한 후에 앗시리아의 주로 편입되었다(왕하 16:9). 북왕국은 상당히 넓은 영토를 빼앗기고, 그 지역의 백성들은 포로로 잡혀갔다(왕하 15:29). 그리고 친앗시리아 세력의 후원을 받은 호세아는 베가를 죽이고 왕위에 올랐다. 디글랏 빌레셀 3세는 직접 호세아를 사마리아의 왕으로 임명하였다. 호세아는 집권 초기에 친앗시리아 입장을 견지하였으나, 주전 724년에 애굽의 도움을 받아 앗시리아에 반기를 들었다. 하지만 이러한 시도는 앗시리아의 살만에셀 5세의 징벌을 초래하고 말았고, 결국 사마리아는 함락당하고 약 28,000명이 포로로 잡혀가게 되었다(왕하 17:1~6). 이로써 북왕국은 여로보암에 의해서 건국된 지 200여 년 만에 역사의 뒤안길로 사라져 버린 것이다.

주전 8세기 중·후반의 북왕국은 앗시리아의 계속된 침략으로 인해 극심한 사회적 불안정과 정치적 혼란을 경험하였고, 그로 인해 결국 정치적 종말을 고하게 되었다. 북왕국 사회는 외부의 침략에 저항할 만한 강력하고도 안정된 힘을 소유하지 못했으며, 정치인들은 강대국들 사이에서 시소게임을 벌이며 자신들의 권력만을 유지하는 데 혈안이 되어 있었다. 사마리아가 함락을 당한 후에 북왕국은 앗시리아의 주로 편성되어 '사마리아'로 불리게 되었고, 앗시리아는 정복한 지역 백성들을 혼합시킴으로 저항세력들을 미리 분쇄시키고, 그들을 앗시리아의 지방 조직 속에 완전히 편입시키기 위한 목적으로 바벨론과 구다와 아와와 하맛과 스발와임 사람들을 북왕국의 여러 성으로 강제 이주시켰다. 이것은 후에 민족혼합이라는 이유로 사마리아인들이 경멸당하는 근본적인 원인이 되고 말았다(왕하 17:24). 주전 720년에 사마리아는 다메섹을 비롯한 몇몇 다른 지방과 합세하여 앗시리아에 반란을 일으켰으나 성공하지 못한다. 결국 북왕국의 백성들은 유다로 망명하게 되었고, 이로 인해 예루살렘의 인구는 급속도로 증가하기에 이르렀다.

예언자 아모스의 사회 고발과 비판

주전 8세기 초·중반에 경험한 북왕국의 발전과 성장을 주전 760년경에 활동했던 드고아 출신의 아모스는 매우 위험한 것으로 간주하고 전면적인 저항과 비판을 가하기 시작하였다. 그는 제도권에 예속되어 있지 않은 개별 예언자로, 조합을 만들어 공동생활을 하면서 예언 활동을 하는 직업적인 예언자는 아니었다(7:14). 아모스는 경제적 독립성을 지니고 있었던 것으로 보인다. 그가 자신의 토지를 소유한 중산층 농부로 추측되기 때문이다. 이러한 아모스의 경제적 독립성은 사회 지배계층을 향해 강한 비판을 가능하게 하는 원천이었고, 사회 구조적 모순을 파악하는 통찰력을 제공하였다고 평가할 수 있다. 아모스는 이전의 어떤 예언자들보다도 대담하고 가차 없이 사회 지도층의 경제적·사회적 죄악을 폭로하였다.

1. 저당법과 채권법의 악용에 대한 비판

여로보암 2세의 통치기간 동안 대외 정치적 세력 균형으로 인해 성립된 국내 정치적 안정과 경제적 번영은 백성들로 하여금 더 이상의 무서운 전쟁의 가능성을 예측하지 못하도록 하였다. 하지만 예언자 아모스는 풍요와 번영 속에 내재되어 있는 북왕국의 멸망의 징후들을 발견하였고, 사회 구조의 근원적인 모순을 제거하기 위해 고발과 비판의 예언을 선포하였다. 그는 사회 지도층에 속한 자들의 범죄 행위를 폭로하고, 그들의 잘못된 행위가 초래하는 심각한 파괴적인 결과들을 선포하였다. 아모스의 도발적인 메시지는 사회 지도자들의 분노를 야기하였고, 그는 결국 북왕국에서 추방되기에 이른다(7:10 이하). 하지만 북왕국 사회를 거부하고 부정하는 그의 예언은 소수의 제자 그룹을 통해 받아들여졌고, 이 저항 집단은 후에 이스라엘 역사에서 최초로 야웨 종교적 저항 문헌으로서의 예언서를 탄생시키게 되었다.

아모스 예언의 가장 두드러진 특징은 그가 북왕국 상류층에 의해 실행된 저당법과 채권법의 무차별적인 악용을 신랄하게 비판하고 있다는 점이다. 예언자는 방대한 토지를 소유한 대지주들이 경제적 이득을 위해 지나친 탐욕을 부리고 있음을 지적하였는데, 그들의 과도한 토지 증식 욕구가 가난한 소농민들을 학대하고 조상들로부터 물려받은 땅에서 몰아내는 결과를 초래하였음을 고발하였다(8:4). 예언자 아모스는 돈을 탐내는 부자들이 야웨 하나님의 뜻이 담겨 있는 전통적인 저당법과 채권법을 악용하였음을 비난하였던 것이다. 야웨 하나님에 대한 경외심의 부재는 인간 상호간의 존경심의 상실로 이어지는 법이다. 부자들은 가난하고 힘없는 소작인들에게 부당한 곡물세를 부과했으며, 심지어는 사소한 빚으로 인하여도 그들을 노예로 팔아 버리거나 주저 없이 유린하는 만행을 서슴지 않았다(2:6; 5:11; 8:6). 아모스는 가진 자들의 이러한 강도질과 같은 잔인한 약탈 행위를 중대한 사회적 범죄로 규정하였다. 그는 부자들의 양심 없는 경제적 이기주의가 미칠 수 있는 사회적 영향력을 알고 있었으며, 그들의 사회 윤리적 무책임이 공동 사회를 파멸시킬 수 있음을 인식하였다. 곡물세는 가난하고 비천한 자들이 대토지 소유자들의 땅을 빌려서 농사를 지은 후에 현물로 갚아야 하는 막대한 지대(地代)인데, 정작 소작인 자신에게 돌아오는 몫은 형편없이 적었던 것이다. 아모스는 북왕국의 부유한 자들이 야웨 하나님의 법도를 무시한 채 이웃에 대한 배려와 인간의 존엄성을 전혀 느끼지 않고, 위태로운 사기와 위선적인 부정직에 몰두하고 있음을 비난하였다. 즉, 그는 사회적 불의와 야웨 하나님을 향한 경건 사이에 존재하는 빈틈을 예민하게 감지하였던 것이다. 아모스는 북왕국의 가진 자들의 행위는 야웨 하나님의 실제적인 거룩성을 여지없이 모독한 것이라고 단언하고 있는 것이다. 그는 억압당하는 가난한 백성들의 계급적 증오를 대변하는 자가 아니었다. 가진 자들은 사회적 의무를 수행해야 한다는 아모스의 민족적 윤리에 대한 강조는 보다 깊고 넓은 야웨 종교적 배경 가운데 이해되어야 한다. 예언자는 사회의 상류층과 가진 자들이 느끼지 못하는 야웨 하나님의 현존과, 자기 행동에 아무런 양심의 가책을 갖고 있지 않은 자들의 행동이 철저히 대립된다는 사실을 선포한 것이다. 아모스는 감추어진 야웨 하나님의 모습은 절대적 침묵이 아니라, 이제 곧 다가올 대재난의 강력한 징후임을 간파하였던 자이다.

2. 사치와 방탕에 대한 비판

아모스는 상류층 사람들의 사치스러운 생활을 강도 높게 비난하였는데, 이러한 사회 지도자들의 죄악이 바로 북왕국 멸망의 직접적인 원인이 되었다고 설파하였다. 사치와 방탕에 대한 아모스의 비판은 소박한 시골 목자 출신의 순진무구함이나 지나치게 세련된 도시 문화에 대한 몰이해에서 나온 것이 아니다. 상류층의 호화스러운 생활은 가난한 자들을 착취하고 그들의 인권을 유린하여 얻은 부산물이기 때문에 아모스의 예언은 귀족들의 호화로운 향락에 대한 거룩한 분노였던 셈이다. 그런 이유로 인하여 사치스러운 생활을 영위하는 거만한 자들은 야웨 하나님의 심판의 칼날을 피해갈 수 없다는 것이다. 예언자는 살아 계신 야웨 하나님에 대한 경외를 측정할 때 인간의 삶의 모습과 행동을 그 척도로 삼고 있다. 인간을 향한 책임을 다하지 못하는 자는 야웨 하나님에 대한 경외심을 상실한 자라는 말이다. 예언자는 북왕국의 귀족들의 사치스러운 생활 배후에 자리잡고 있는 불신앙의 요소를 꿰뚫고 있다. 아모스는 북왕국의 정치 지도자들과 부유한 자들이 건축한 겨울 궁, 여름 궁, 상아 궁과 같은 사치스러운 궁궐들을 고발한다(3:15). 이 궁궐들은 진흙 대신에 잘 다듬은 돌로 지어진 일종의 화려한 저택 별장이었는데(5:11), 그들은 그곳에서 철따라 업무를 보면서 방탕한 술잔치를 벌였다. 아모스는 귀족들의 향락 생활에 대해 다음과 같이 보도한다.

> "상아 상에 누우며 침상에서 기지개 켜며
> 양떼에서 어린 양과 우리에서 송아지를 취하여 먹고
> 비파에 맞추어 헛된 노래를 지절거리며
> 다윗처럼 자기를 위하여 악기를 제조하며
> 대접으로 포도주를 마시며 귀한 기름을 몸에 바르면서
> 요셉의 환난을 인하여는 근심치 아니하는 자로다"(암 6:4~6).

이 구절에서 귀족들의 사치스러운 생활은 "신들과 같은 생활"로 풍자적으로 묘사된다. 양떼와 송아지를 잡아먹는 귀족들의 사치스러운 식사 모습은 신에게 드려져야 하는 제물을 연상시키며, 술자리에서 비파에 맞추어 부르는 시끄러운 노래는 포도를 압착하며 풍요의 신을 부르는 광포한 외침소리와 관련된다(참고 렘 25:30). 그리고 귀족들은 신에게 제사 드릴 때에 사용하는 대접으로 포도주를 마신 것이며, 신에게 드려져야 하는 처음 몫의 귀한 기름을 자기 몸에 바른 것이다. 예언자는 귀족들의 사치스럽고 방탕한 죄악을 비난하면서 '신과 같아지려는' 인간의 교만함을 풍자한다.

아모스 4:1~3은 사마리아 귀부인들의 무분별한 사치와 방탕에 대한 고발인데, 예언자는 여기서 예리한 통찰력을 가지고 북왕국의 가장 부패한 모

습을 대담하게 폭로한다. 그는 사마리아의 거리를 활보하는 최고 지배 계층의 귀부인들을 "바산의 암소들"이라는 모멸적인 어투를 사용하여 부른다. '바산'은 헤르몬 산과 길르앗 산지 사이의 요르단 동편 지역에 위치하고 있는데, 비옥한 목초지로 유명하다(렘 50:19; 미 7:14). "바산의 암소들"이라는 용어의 사용은 매우 의도적이다. "바산의 암소들"은 힘이 세며 살진 소를 지칭하는데(신 32:14; 시 22:12; 겔 39:18), 아모스는 사마리아의 귀부인들을 이 방목 짐승에 비유하여 허영과 사치로 물든 그녀들의 방자한 행동을 강하게 비판한다. 사마리아의 귀부인들에 대한 아모스의 가혹한 비판은 사실은 그녀들의 남편들을 겨냥하고 있음을 간과해서는 안 된다. 남편들이 가난한 백성들을 학대하고 농락하고 압제하는 궁극적인 이유는 사치스러운 향락과 방탕생활에 만족할 줄 모르는 부인들의 탐욕을 채워 주어야 하는 데 있다는 것이다. 귀부인들의 이러한 탐욕의 본성은 일반 여인들이 지니고 있는 절제와 양보와 이해의 본질적인 상과 얼마나 다른가! 아모스는 여기서 북왕국 사회의 타락의 극점을 묘사하려고 시도한다. 북왕국 사회에는 더 이상 희망의 여지가 없다는 말이다. 부인들은 백성들을 억압하는 '가정의 주인'의 잘못된 행동을 억제시키지 못하고, 오히려 남편들에게 지나친 요구를 함으로써 사회를 더욱 강력하게 파괴하는 간접적인 역할을 하고 있다는 것이다. 남편의 악행이 억제되는 것이 아니라, 부인의 탐욕이 남편의 악행을 증폭시키는 장으로 왜곡되어 버린 가정의 모습은 당시 북왕국 사회의 타락의 최고점을 보여 준다고 말할 수 있다.

3. 재판에서의 정의의 파괴에 대한 비판

아모스는 정의가 여지없이 파괴되는 재판 모습 속에서 북왕국에 다가오는 파멸의 어두운 그림자를 발견하였다. 당시 재판 장소는 많은 사람들이 지나다니는 공공장소인 성문이었다. 아모스는 협박과 뇌물로 인하여 성문에서는 더 이상 공정한 재판이 이루어질 수 없음을 확인하였다. 재판을 통해 의로운 자는 악인이 되었고, 가난한 자는 더욱 비참해졌다(5:10). 진실을 말하는 증인들과 의로운 재판관들은 법을 왜곡하려는 가진 자들과 높은 자들의 미움을 받아야만 했다. 그들은 정의로운 법의 빛을 싫어하였고, 오직 자신들의 이익이 손실되는 것을 방지하는 데 혈안이 되어 있었다. 중형을 선고 받아야 하는 사악한 부자가 뇌물을 주고 법정에서 오히려 무죄한 자로 풀려나는 경우도 발생하였다(5:12). 성문은 사회질서를 지키고 공동체의 안녕을 보장하는 최후의 보루가 아니라, 힘 있는 자들과 가진 자들의 탐욕과 착취의 장소로 변질되었다. 재산이 없다는 것은 곧 권리가 없음을 의미하는 법정이었다. 성문은 무죄하고 의로운 자들의 희망의 장소가 아니라, 부패하고 타락한 상류층에 충실한 하수인으로 전락하고 만 것이다.

아모스는 가난한 자들은 뇌물을 주고 재판관을 매수할 수 없기 때문에 아무런 법적인 권리를 얻을 수 없다는 사실에 분노한다. 물론 이러한 파렴치한 법적 사건이 아주 일반적으로 일어나는 것은 아니라 할지라도 억울한 재판으로 인해 가난한 자들이 노예로 팔리는 경우는 자주 있어 왔다(출 22:2~3; 왕하 4:1). 아모스는 권력과 뇌물의 결탁이 인간의 역사 속에서 얼마나 악하고 위험한 결과를 초래하는지를 잘 알고 있었다. 그래서 그는 법과 뇌물의 유착관계를 무서운 죄로 단정하고 과감히 폭로하는 것이다. 아모스의 외침은, 야웨 하나님에 대한 경외는 가난한 형제 이웃들에 대한 정직한 책임에 있다는 사실로부터 출발함을 알 수 있다. 그런 면에서 아모스의 법 정신은 언약서(출 21~23장)의 내용에 근거하고 있다고 말할 수 있다. 법을 무시하고 가난한 자를 착취하는 것은 야웨 하나님과 그분의 구속사를 통해 세워진 세계질서를 반역하는 것이다.

목회적 명상

지금까지 우리는 북왕국 멸망의 사회적 원인들을 살펴보고, 예언자 아모스가 동시대인들을 향해 어떤 예언을 선포하였는지를 살펴보았다. 아모스의 선포와 그의 예언자적 삶이 21세기 한국 교회와 사회를 책임지고 있는 우리 목회자들에게 어떤 시대적 깨달음을 줄 수 있는지 생각해 보기로 하자.

1. 신앙적 열정과 시대적 통찰 능력을 균형 있게 갖춘 목회자의 모델

아모스는 사회적이고 국제적인 상황을 이해하는 데 필요한 자의식과 이성적 통찰 능력을 소유하고 있었다. 그는 토지를 소유한 중산층에 속한 자로 나름대로의 경제적 능력이 있었지만, 빈부의 극심한 대조를 통해 나타난 비극적 상황을 그냥 넘기는 무감각한 사람은 아니었다. 그는 자신의 이익을 확대하는 일에 전혀 무관심했고, 도리어 백성 전체의 삶의 모순적 상황을 조명하는 데 관심을 가졌다. 아모스는 경제적 풍요 속에 드리워진 어두운 그늘을 찾아냈고, 대지주들과 정치 권력자들의 과도한 탐욕 속에 내재된 사회적 위기를 인지하였다. 그는 새로운 의식의 소유자였고, 사회 경제적 이익이 소수의 특정 계층에게 배타적 소유물이 되고 있음을 투시하였다. 더 나아가 그의 야웨 신앙적 열정은 자신이 속한 공동체의 문제점과 사회 구조적 악행에 관심을 갖게 하는 데 결정적인 동기를 부여하였다. 아모스의 예언은 단순히 하나님의 부르심에 대한 수동적 반응으로 나타난 것이 아니라, 철저한 야웨 신앙에 깊이 뿌리를 내리고 북왕국의 근본적인 사회악에 대한 능동적 반작용으로 출현한 것이다. 그는 신앙에 기초하여 북왕국의 왜곡된 사회구조에 전면적인 항거를 시도한 자이다. 빈부의 차이를 초래하는 사회 구조적 악행들을 투시할 수 있는 정신적 성숙함과 하나님 앞에서 모든 인간들은 정의롭게 행동하고 평등한 삶을 영위해야 한다는 야웨 종교적 전통의 만남이 아모스의 예언에서 최고의 정점에 도달했던 것이다. 이러한 새로운 자의식의 경험과 종교적 열망은 예언자 자신의 안락한 삶의 현장을 벗어나서 비참한 소농민들의 생활상을 바라보며 동질감을 느끼도록 해 주었고, 왕국의 성장과 부흥이 가져온 경제적 이득과 부의 불균형에 관해 비판적 질문을 던지도록 충동하였다. 특히 예언자의 종교적 경험과 확신은 사회적 악행을 행사하는 정치 권력자들과 상류층을 향해 예언 선포의 신적 권위와 신학적 정당성을 주장할 수 있도록 해 주었다.

　예언자 아모스는 외견상 매우 발전하는 것처럼 보였던 북왕국 사회의 내부적인 사회 붕괴의 원인들을 통찰하고 있었다. 그는 경제적인 부흥과 왕국의 성장은 상류층의 불의한 범죄들로 인하여 곧 파국을 맞이할 것임을 하나님의 이름으로 고발하였다. 그들은 북왕국 사회의 전통적인 기본 가치체계를 붕괴시킨 자들이며, 평등주의적 유대관계를 추구하는 야웨 종교적 가치관을 파괴하면서도 아무런 책임감을 느끼지 못하는 몰염치한 자들이라는 것이다. 그들은 이스라엘 사회의 기초를 이루는 '공의'(미쉬파트)와 '정의'(체다카)를 파괴하면서 어떠한 죄의식도 느끼지 못하는 무감각한 자들이었다. 아모스가 주창했던 이 '공의'와 '정의'라는 단어는 가진 자들과 높은 자들이 악용했던 경제적이고 법적인 억압 수단들이 불법적인 것이라는 사실을 밝히는 데 중요한 이론적인 잣대로 작용하였다. 북왕국 발전의 실질적인 이득은 '미쉬파트'와 '체다카'라는 기본 규범을 무시하는 사악한 상류층에게 집중되었고, 그들은 힘없고 가난한 이웃들의 권리를 특별히 보호해 주지 못하는 불의한 자들이었다는 것이다. 그들은 야웨 하나님의 사회 윤리적 요청을 거부한 자들이었다. 아모스는 사회 발전 과정에서 생겨난 희생자들의 힘없는 저항과 항변을 대변하였고, 그들이 억울하게 당하는 불의한 고난을 폭로하였다. 아모스는 야웨 하나님께서 이 부조리한 상황을 좌시하지 않으시고, 지나간 역사에서 증명해 보였듯이 정의와 해방의 에너지를 다시 분출하여 불의한 북왕국 사회를 전면적으로 심판하실 것임을 선포하였다. 아모스는 사회적인 악행을 이스라엘 역사의 전체 틀 안에서 이해하였다고 볼 수 있는데, 그는 야웨 하나님과 북왕국 이스라엘의 관계가 이제 사회 내부에서 발생한 불의로 인하여 심각한 위기에 처하게 되었음을 인지하고 있었다 .

　예언자 아모스야말로 신앙적 열정과 시대적 통찰 능력의 균형적 조화를 갖춘 목회자의 모델이라고 평가할 수 있다. 21세기를 이끌어갈 목회자는 예언자 아모스처럼 하나님을 향한 열정적인 믿음뿐만 아니라, 동시대적 사건 속에 숨어서 역사하시는 하나님의 손길을 감지할 수 있는 예민한 통찰력을 지녀야 한다. 오늘날의 목회자는 한국 사회가 교회를 향해 무엇을 요청하고 있는지, 교인들이 무엇에 목말라하고 있는지, 그리고 교회는 사회를 향해 어떻게 다가가야 하는지를 잘 알고 창조적으로 대처할 수 있어야 한다. 오늘날의 목회자는 믿음의 열정을 사회적 요구에 맞추어 분출시킬 수 있는 조정과 조절 능력을 지니고 있어야 하는 것이다.

2. 아모스의 영성과 예언 선포: 현대 목회자의 영성과 설교의 길라잡이

아모스는 북왕국의 백성들에게 하나님이 역사를 주관하시는 분이라는 사실을 '여호와께서 이처럼 말씀하시니라'(כה אמר יהוה 코 아마르 아도나이)라는 사자(使者) 양식을 통해 선포하는데, 아모스는 15회에 걸쳐 이 표현을 사용하였다. 이 선포 양식 다음에 하나님의 말씀은 1인칭으로 예언자의 입을 통해 전달되었다. 아모스가 하나님의 말씀을 사자(使者) 양식을 통해 선포하였다는 것은 자신이 철저히 하나님의 대변자임을 인정하고 있음을 의미한다. 아모스는 결코 하나님보다 앞서 행동한 인물이 아니며, 아모스를 심부름꾼으로 보내 주신 하나님의 말씀 이상을 선포한 자가 아니었다. 아모스는 자신에게 주어진 하나님의 말씀을 선포하면서 미래는 하나님의 계획에 따라 결정된다는 사실을 굳게 믿고 있었다. 아모스는 다가오는 하나님의 역사의 전개 과정을 선포하는 것에 관심을 가졌으며, 자신이 전하는 하나님의 말씀은 선포된 바대로 효력을 발휘한다는 강한 확신을 지니고 있었다. 실제로 아모스가 선포한 말씀은 임박한 미래 속에서 구체화되고 성취되었다.

아모스는 당대의 설교가이며 목회자이다. 하나님을 대신하여 그분의 말씀을 선포하였다는 점에서 설교가이며, 삶의 고통과 시련 속에 신음하는 백성들을 치유하고 하나님의 미래를 보여 주려고 노력했다는 점에서 목회자이다. 그런데 아모스는 자신의 인생철학이나 역사관이나 신변잡기의 삶의 경험을 선포한 설교가는 아니었다. 아모스는 하나님의 말씀을 희화화하거나 미래의 일을 가볍게 생각하며 외친 설교가도 아니었다. 하나님의 말씀은 아모스에게 언제나 진지하게 다가왔고, 아모스는 그 받은 말씀을 언제나 진지하고 심각하게 백성들에게 전달하였다. 선포되는 하나님의 말씀에는 미래의 사건들을 결정짓고 인간의 운명을 결정하는 강한 힘이 있었기 때문이다. 한 걸음 더 나아가 아모스가 영성 있는 목회자였다는 사실을 간과해서는 안 된다. 그는 하나님과 직접 교통하는 목회자였다. 그는 하나님의 말씀을 직접 받아 심판과 위로의 말씀을 전달한 영성 있는 목회자였던 것이다. 인간적인 방법이나 수단을 동원하여 백성들에게 다가가거나 그들에게 아부하고 아첨하여 안락한 미래를 보장받으려는 그 어떠한 시도도 하지 않았다. 아모스는 진실로 하나님의 마음으로 백성들에게 다가갔으며, 하나님의 마음으로 백성들을 감싸기도 하고 질책하기도 하였다.

현대 목회자들은 하나님과 직접 교통하며 말씀을 선포한 아모스의 경건과 영성의 모습을 깊이 성찰해야 한다. 우리는 좀 더 깊이 하나님의 말씀으로 들어가야 한다. 우리는 좀 더 깊이 하나님과 교제해야 한다. 하나님과의 표피적인 만남이 아니라, 규칙적이고 빈번한 인격적인 만남을 기초로 '여호와께서 이처럼 말씀하셨다'라고 확신 있게 선포할 수 있어야 한다. 자신의 주관적 삶의 경험을 토대로 한 설교가 아니라, 하나님과의 깊은 영적인 교류를 전제로 한 선포가 이루어져야 한다. 이것이 가능할 때 말씀을 듣는 자의 상처와 아픔은 치료되고, 다가오는 미래는 심판이 아니라 축복과 구원이 되는 것이다.

3. 아모스의 사회 비판: 현대 기독교인의 사회적 역할의 이정표 제시

아모스는 안타까운 심정으로 북왕국 이스라엘의 사회 정의와 공의를 부르짖은 예언자이다. 이스라엘을 향한 하나님의 심판의 출발이 사회 불의와 사회악에 있다고 보았기 때문이다. 아모스는 먼저 하나님의 정의를 파괴한 이스라엘 지도자들의 죄를 고발한다. 그는 국가 지도자들의 무분별한 부의 취득과 사치스러운 삶이 국가 멸망의 중요 원인이 될 수 있음을 선포하였다. 그는 호화스럽게 치장한 궁궐 안에 두 가지 음침한 세력, 즉 폭력과 파멸이 가득 차 있음을 꿰뚫어보았다. 높은 자리를 차지한 자들과 많은 재산을 가진 자들이 법을 교묘히 이용하여 가난한 자들을 착취하고 인권을 유린하는 것에 아모스는 분노하였다. 아모스는 부유층의 사치가 가난한 자들의 희생에 기초한다고 결론짓는다. 그는 빚 때문에 노예가 되어야 하는 일종의 인신매매 행위가 지나칠 정도로 확산되어 인간의 소중한 권리가 박탈되는 것을 용납할 수 없었다. 다른 착취 행위들, 예를 들면 전당물인 옷이나 포도주를 채무자에게서 부당하게 빼앗는 행위와 마찬가지로 사람을 노예로 취급하며 팔고 사는 행위는 당시 이스라엘 사회의 파멸적인 상황을 보여 주는 증거이다. 또한 정의라는 이름으로 상류 계층이 낮은 계층 사람들의 '길'을 굽게 하는 일들이 빈번하게 발생하였다. '길'로 번역되는 히브리어 '데레크'(דֶּרֶךְ)은 한 개인의 행위와 삶의 궤적이 하나임을 의미하는 단어이다. 그것은 조화롭고 균형 잡힌 건강한 인생을 누릴 수 있는 자들에게서만 발견될 수 있다. 한번 구부러진 데렉은 다시는 반듯하게 펴지지 않는다. 의미 있는 행복한 삶이 불가능하다는 말인데, 지배 계층의 욕심으로 인하여 사회적 약자들의 데렉이 굽어져 땅에 짓밟히게 된다는 것이다. 아모스는 사마리아의 불의한 재판관들이 하나님의 법을 무시하고 뇌물을 받고 재판을 왜곡하고 있는 현실에 대해서도 안타까워하였다. 사회적 약자들은 힘 있는 자들의 탐욕에 완전히 내맡겨진 상태이다. 성문에서 공정한 재판이 이루어지지 못하고 있는 것이다. 하나님의 법을 무시하고 사회적 약자들을 착취하는 것은 하나님과 그분의 구속의 역사를 통해 세우신 세계 질서를 반역하는 것임을 아모스는 철저히 인식하고 있었다. 아모스는 또한 백성들의 도덕적이고 윤리적인 의식의 마비를 고발하였다. 성적인 타락은 사회의 근본 질서를 흔드는 무서운 독소이기 때문이다.

아모스는 죄에 대해 지극히 엄격하신 하나님에 대해 선포하고 있다. 하나님은 사회악에 결코 중립적인 입장을 취하지 않으시는 분이며, 백성들의 삶 속에 하나님의 정의와 공의가 실현되기를 바라시는 분임을 알린 것이다. 아모스는 사회적인 불의와 악행을 범하는 자들이 드리는 제의를 하나님이 결코 받으실 수 없음을 선언하였다. 그들이 길갈이나 벧엘과 같은 제의장소에서 제의를 드린다고 할지라도 하나님은 그 제의를 받으실 수 없다는 것이다. 그들이 하나님의 제의에 참석하는 것은 어떻게 보면 소작농들에게 악을 행하는 것보다 더 나쁘게 보인다는 것이다. 아모스는 제의의 올바른 내적 형식을 주창하는데, 백성들에게 진실한 마음으로 여호와 하나님을 찾을 것을 요청하고 있다(5:4~6). 불의를 동반한 제사는 비뚤어진 종교 생활의 모습이며, 거짓되게 하나님을 추구하는 모습일 뿐이라는 것이다. 아모스는 하나님의 백성들의 철저한 사회적 책임과 고차원적인 윤리를 강조하면서 무조건적으로 하나님이 그의 백성들과 함께 하신다는 확신을 뒤집어엎는다.

아모스의 사회 비판 의식은 21세기를 살아가는 우리 모든 기독교인에게도 요구된다. 아모스가 외친 사회 비판은 지극히 신앙적인 삶의 태도와 관련된다. 여호와 하나님을 찾는 행위는 공동체적 생활에서 의로운 자의 삶을 사는 것을 의미한다. 우리는 하나님을 찬양하고 예배하는 거룩한 장소 밖에서도 온전한 '신-인(神-人) 교제'를 이루어야 한다. 이 교제가 가능하려면 도덕적인 행동 능력을 통해 공의와 정의를 실천해야 한다. 이것은 하나님의 거룩함을 이 땅에 실현하는 행위이다. 땅에 속한 법들을 무시하고 나약한 자들을 착취하는 행위는 전능하신 하나님과 그가 구원의 역사를 통해 세우신 정의로운 세계 질서에 반역하는 것을 의미한다. 하나님은 인간의 반역이 물결처럼 번지는 곳에서는 더 이상 기다리시지 않는다. 하나님은 그들에게 고통을 안겨 주신다. 그러므로 성공적이고 조화로운 삶의 조건들과 미래의 긍정적 가능성들은 오직 정의로운 세계 질서의 실천을 통해서만 제공된다는 사실을 잊지 말아야 한다. 한국 교회와 기독교인들은 하나님의 세계 질서가 내재하는 거룩한 사회를 만들기 위해 좀 더 충실하게 하나님의 법을 실천하는 모습을 보여 주어야 할 것이다.

04

아모스의 하나님

아모스가 문서를 남긴 첫 선지자로 인식되면서, 아모스서는 선지서의 본질을 이해하는 데 결정적이라고 해서 학계의 주목을 받아 왔다. 뿐만 아니라 최근에는 사회 윤리 문제가 대두되면서, 당시 사회적 부패에 대해 강한 비판을 한 아모스와 그의 메시지에 대한 연구가 활발히 진행되고 있다. 주석가 메이스(Mays)는 1959년에 학계의 동향을 분석하면서 "아모스서 연구에 대한 자료는 이미 그 나름대로 하나의 작은 도서관을 이룰 정도"라고까지 하였다.[1] 그 후 오늘에 이르기까지 더 많은 연구가 이루어졌다.[2]

아모스가 하나님을 어떻게 묘사하고 있으며 그가 묘사한 하나님은 어떠한 하나님인가는 아모스의 메시지를 바르게 이해하는 데 있어서 매우 중요하다. 왜냐하면 아모스는 하나님의 메시지를 전한 대언자에 지나지 않으며 그의 메시지의 실제적 선포자는 하나님 자신이기 때문이다. 아모스가 하나님의 말씀을 전달한 대상은 이스라엘 민족뿐만 아니라 변방의 나라들까지 포함할 정도로 광범위하며, 그 말씀이 지적하는 범죄의 항목도 매우 다양하다. 한편 하나님이 의도하신 종말론적 프로그램 역시 매우 포괄적이다. 그러므로 이러한 모든 것을 담고 있는 아모스의 메시지를 이해하는 데 있어서 메시지의 실제적 선포자인 하나님의 실체를 정확하게 이해하는 것은 필수적이다.

그동안 아모스서를 비교 종교학적 안목에서, 근간에는 사회 윤리적 안목에서 이해하면서 아모스가 그리는 하나님이 다각도로 소개되어 왔다. 이들에 의하여 아모스의 하나님은 우주적 하나님, 민족적 하나님, 윤리적 일신론에 입각한 하나님, 혹은 가나안의 전통적인 신의 변형으로서의 하나님 등등의 이론이 제기되어 왔다.

아모스가 사용하는 하나님의 명칭, 그가 자신의 시대에 만연하였던 각종 범죄를 지적할 때 기초하였던 전통들을 분석해 볼 때 아모스가 그리는 하나님은 단순히 우주적인 하나님이나 혹은 민족적인 하나님으로 양분하여 규정할 수 없음을 발견하게 된다. 오히려 아모스의 하나님은 이스라엘 민족과 특별한 관계를 맺고 있는 민족적인 하나님이면서도 다른 고대 근동의 민족신(民族 神)과는 다르게 세계를 통치하시는 우주적인 하나님으로서, 우주적 종말론적인 구속의 계획을 성취해 가시는 분이심을 알 수 있다.

여기서 지면의 제한상 이러한 문제에 관계된 논쟁들을 일일이 다룰 수는 없다 하더라도 아모스서 자체의 자료를 바탕으로 하여 아모스 자신이 그리는 하나님의 본질을 설명해 보고자 한다.

아모스가 사용하는 하나님의 이름과 칭호

먼저 아모스가 사용하는 하나님의 이름과 칭호를 살펴봄으로써 아모스가 도대체 하나님을 어떤 하나님으로 인식하고 있었는가를 가늠해 볼 수 있다. 그리고 아모스는 이러한 이름과 칭호들을 어떠한 문맥과 더불어 사용하고 있는가를 살펴봄으로써 그가 대언하는 하나님의 메시지를 어떻게 이해하고 선언하고 있는가를 이해하게 된다.

아모스가 사용하는 하나님의 이름과 명칭을 대별하면 다음과 같다.

'아도나이'(יהוה 여호와, 52회)

'아도나이 아도나이'(אדני יהוה 주 여호와, 19회)

'아도나이 엘로헤이 체바오트'(יהוה אלהי צבאות 여호와 만군의 하나님, 5회; 4:13; 5:14, 15, 27; 6:8)

'아도나이'(אדני 주, 3회; 7:7, 8; 9:1)

'엘로힘'(אלהים 하나님, 2회; 4:11, 12)[3]

'아도나이 엘로헤이 체바오트 아도나이'(אדני צבאות אלהי יהוה 주 만군의 하나님 여호와, 1회; 5:16)

'아도나이 엘로헤이 하체바오트'(הצבאות אלהי יהוה 만군의 하나님 여호와, 1회; 6:14)

'아도나이 아도나이 하체바오트'(הצבאות יהוה אדני 주 만군의 여호와, 1회; 9:5)

'아도나이 아도나이 엘로헤이 하체바오트'(הצבאות אלהי יהוה אדני 주 여호와 만군의 하나님, 1회; 3:13)

'아도나이 엘로힘'(אלהים יהוה 하나님 여호와, 1회; 9:15)

아모스는 하나님의 명칭을 상기의 여러 가지 방식으로 사용하는데 그 회수는 모두 86회이다.[4] 여기에서 관찰할 수 있는 것은 아모스가 사용하는 하나님의 명칭과 칭호 가운데 가장 핵심적인 하나님의 이름은 '아도나이'(יהוה)임을 알 수 있다. '아도나이'를 사용하는 회수가 다른 모든 이름들을 합친 것보다 더 많다는 것도 그러하겠지만, 다른 하나님의 명칭도 이 핵심적인 이름에다 하나님을 가리키는 다른 전통적인 명칭들을 조합해서 이루어진 것임을 볼 때도 그렇다. 이 핵심적인 이름과 전혀 독립된 이름으로서 '아도나이'(אדני)와 '엘로힘'(אלהים)이 사용된다. 그러나 문맥을 통해서 볼 때 이 이름들도 이 핵심적인 이름의 별칭에 지나지 않음을 알 수 있다.

그리고 뎀스터(Dempster)가 분석한 바대로 이러한 하나님의 명칭이 아모스의 메시지의 문단을 구분하는 데뿐만 아니라 아모스서의 문서적 통일성(literary unity)을 입증해 주는 데에도 매우 중요한 요소가 되기 때문에, 아모스가 이 명칭을 어떠한 의미로 또 어떠한 기능을 가지고 있는 것으로 이해하면서 사용하고 있는가를 결정하는 것은 아모스의 전체 메시지의 이해에 결정적임을 부인할 수 없다.

'아도나이'는 구약 성경에서 유일한 하나님의 고유 이름으로 사용된다. 이 이름 외의 이스라엘의 하나님에 대한 다른 모든 이름들은 하나님에 대한 직함이나 하나님을 묘사하는 표현에 지나지 않는다.[5] 이 이름은 출애굽 이래로 이스라엘의 전통에 있어서 그들의 언약의 주(the Lord of the Covenant)로 정착, 계승되어 왔다. 그러므로 이 이름은 이스라엘 민족에게 가장 친근한 이름이자, 하나님에 대한 신뢰와 경외 및 두려움을 불러일으키는 이름이다. 왜냐하면 하나님은 시내산 언약 이래 이 이름으로 이스라엘 민족에게 자신을 계시하시면서 특별한 언약의 관계의 틀 속에서 축복과 저주를 통하여 그들을 통치해 오셨기 때문이다. 이 이름에 붙여진 상기의 여러 칭호들은 이 '아도나이' 하나님을 모든 인간과 자연, 심지어 천상의 영적 존재들까지도 다스리시는 초월적이며 주권적인 왕으로 격상시키는 것이다.

아모스는 이러한 이스라엘의 역사적 인식을 바탕으로 하여 그의 모든 메시지에서 이 이름을 주도적으로 사용하므로, 그의 메시지에서 그리는 하나님은 이스라엘의 전통적인 언약의 하나님임을 명백히 하며 또한 그의 메시지의 성격을 언약적인 메시지로 규정하고 있다.

이러한 특성을 가진 이름이 이스라엘과 관계한 선언(oracle)에서만 사용된 것이 아니라 이스라엘 이외의 다른 민족에 관한 선언에서도 사용됨은 매우 주목할 만한 일이다.[6] 아모스가 이들 민족에게까지 확장하여 사용한 것은 이스라엘의 하나님 여호와가 단순히 이스라엘 민족 신의 차원을 넘어선다는 것을 나타낸다.

이러한 방식으로 아모스는 여호와의 이름을 통하여 아모스의 하나님은 이스라엘과 특별한 관계를 가진 언약의 하나님이면서도 이 하나님은 여기에만 국한되지 않고 세계의 민족에게 그 관계가 확장되어 세계의 주권을 행사하는 하나님임을 분명히 한다.

이스라엘의 언약의 주 하나님

아모스가 선포한 메시지가 독창적인 것인가 아니면 존재하는 어떠한 전통에 따르는 것인가에 대해서는 학자들 간에 논란이 있어 왔다. 즉 아모스의 정신적인 고향(geistige Heimat)의 확인에 관한 논란이었다. 그러나 오늘날 대체로 아모스의 메시지가 그의 독창적인 창조물이 아니라 이미 존재하는 일정한 전통에 기초한 것이라는 데에 의견이 모아지고 있다. 그럼에도 전통의 본질에 대해서는 여전히 논란이 진행 중이다.[7]

이제 아모스가 그의 메시지에서 하나님과 이스라엘의 실제적 관계를 어떻게 묘사하는가를 살펴보면 상기의 주장은 더욱 분명해진다. 아모스가 이스라엘과 하나님의 관계를 설명함에 있어서 '언약'(ברית베리트)이라는 단어를 사용하지 않는다 하여[8] 하나님과 이스라엘의 관계를 언약의 관계로 설정하지 않았다고 주장할 수는 없다. 왜냐하면 아모스는 그의 전 메시지에서 매우 다양한 방법으로 이스라엘과 하나님의 기본관계가 언약적 관계임을 분명히 하기 때문이다.[9] 아모스는 오히려 이러한 단어를 직접 사용하는 대신 언약의 법, 특별히 애굽에서 노예 생활하던 이스라엘 민족을 하나님의 신정 왕국으로 형성하게 해 준 시내산 언약의 법을 직간접으로 인용하면서 이스라엘의 범죄를 지적하고, 또 그 언약의 법에 따른 하나님의 징벌을 선포하면서 하나님에게로 돌아올 것을 강력하게 촉구한다. 뿐만 아니라 아모스는 여기에 머물지 않고 그 시내산 언약의 뿌리가 되는 아브라함의 언약과, 분열된 이스라엘 왕국의 모체가 되는 다윗 언약에 상관된 문제를 자주 언급하면서 그의 메시지가 무엇에 뿌리를 두고 있으며 그가 제시하는 종말론적 미래상이 이러한 언약과 어떠한 상관관계가 있는지 분명히 한다. 이러한 구조 속에서 아모스는 그가 대언하는 말씀의 근본적인 주체가 되는 여호와 하나님이 어떠한 하나님인지를 분명히 하는 것이다.

이제 아모스가 자신이 선언한 메시지 속에서 이러한 언약의 전통들을 어떻게 반영하고 있는지, 또한 이러한 언약의 전통들에 여호와는 어떻게 관계되어 있는지 살펴보기로 하겠다.

시내산 언약과 여호와

아모스서의 본문을 검토해 보면 아모스가 시내산 언약의 법을 기초로 하고 있음을 나타내는 자료를 무척 많이 발견할 수 있다. 최근 니하우스(Niehaus)가 그의 주석에서 분석한 바대로 아모스가 대언한 메시지의 구조는 전통적인 고대 근동 언약의 고소 문서 구조를 그대로 반영한다. 이런 점에서 볼 때 아모스는 언약의 고소를 이행한 선지자임을 부인하기 어렵다.[10] 더욱이 그가 사용한 어구(phrase)와 개념(concept) 대부분이 모세 오경의 것들을 반영하는 것으로 보아 아모스가 모세의 법에 기초하여 이스라엘을 정죄하고 있음을 부인하기 어렵다.[11]

이들을 모두 검토할 수 없다 하더라도 특별히 아모스는 이스라엘이 여호와 하나님의 특별한 백성이 되고, 여호와 하나님이 그들의 하나님이 된 것을 여호와가 이스라엘을 애굽에서 인도해 낸 구속사적 사건(2:10; 3:1; 4:10; 9:7), 이스라엘 민족을 다른 많은 민족 가운데 특별히 선택한 사실(3:2), 광야 생활하는 40년 동안 친히 이스라엘 민족을 인도하신 일(2:10; 5:25), 또 이 기간 동안 아모리 족속을 친히 멸하시면서까지 그들의 땅을 이스라엘 민족에게 주셔서 오늘에 이르게 한 사건(2:9~10)과 연관시키면서 이러한 하나님에게 이스라엘은 충성을 다해야 한다는 종교적·윤리적 책임을 강조한다. 그러면서 이의 실패에 임박한 하나님의 진노를 선언한다는 사실을 주목해야 한다. 이러한 사실들은 모두 시내산 언약과 불가분의 관계에 있는 것들이다. 그러므로 아모스가 이처럼 여호와와 이스라엘의 관계를 출애굽 때 여호와 하나님이 이스라엘을 선택하신 것과 연관시킴은 그 관계의 기원이 시내산 언약에 뿌리를 둔다는 인식을 단적으로 보여 준다. 이러한 아모스의 인식이 독창적인 것이 아님은 동시대의 선지자들 즉 이사야, 호세아, 미가 등의 글에서도

동일한 인식이 표현되고 있다는 데서 분명해진다.[12]

　아모스가 당시의 사회적·윤리적·종교적 부패를 지적하면서 시내산 언약의 핵심인 십계명의 문구를 직접 인용하지는 않지만 이 십계명을 적용하고 있음은 분명하다.[13] 이중 몇 가지만 들어 보면, 특히 북방 이스라엘이 우상을 만들어 섬기는 문제(5:26)는 1계명의 '여호와 이외에 다른 신을 두지 말아야 할 것', 2계명의 '우상을 만들지 말 것'과 관계된다. 가난한 자를 억압하고 착취하고(5:12) 저울눈을 속이는 등 시장 교란을 통해서까지 재물을 탐닉하는 문제(8:5)는 10계명의 '이웃의 집을 탐내지 말아야 할' 계명과 관계된다. 또한 저울눈을 속이는 문제(8:5)는 9계명의 '이웃에 대하여 거짓 증거하지 말아야 할 것'과도 관계됨을 잘 알 수 있다. 또한 시내산 언약에서 형성된 이 십계명의 판례법에 해당하는 언약의 책의 법(출 20:23~23:33) 중에서 특히 "너는 가난한 자의 송사라고 공평치 않게 하지 말며 거짓 일을 멀리하며 무죄한 자와 의로운 자를 죽이지 말라 나는 악인을 의롭다 하지 아니하겠노라 너는 뇌물을 받지 말라 뇌물은 밝은 자의 눈을 어둡게 하고 의로운 자의 말을 굽게 하느니라"(출 23:6~8)는 아모스가 당시의 이스라엘 민족이 공의를 굽게 하여 가난한 자를 착취하고 또 의인을 학대하며 뇌물을 받아 가난한 자를 억울하게 하는 각종 사회 윤리의 범죄를 정죄하는 기초가 됨을 알 수 있다.

　아모스는 이스라엘이 십일조, 번제, 소제, 절기, 성회 등의 제의적 제도를 지키지만 형식에 치우친 나머지 여호와께 진정한 예배를 드리지 않음을 언급한다. 아모스가 지적하는 이러한 제도도 모두 시내산 언약을 통하여 제정된 것들이다. 따라서 이러한 이스라엘의 범죄에 대한 아모스의 정죄의 근거는 시내산 언약의 규범이 아닐 수 없다.

　"여호와의 시키심이 아니고야 재앙이 어찌 성읍에 임하겠느냐"(암 3:6하)는 이스라엘이 경험하게 될 재앙은 모두 여호와에게서 기원되었음을 분명히 한다. 그리고 이어서 "주 여호와께서는 자기의 비밀을 그 종 선지자들에게 보이지 아니하시고는 결코 행하심이 없으시리라, 사자가 부르짖은즉 누가 두려워하지 아니하겠느냐 주 여호와께서 말씀하신즉 주가 예언하지 아니하겠느냐"(3:7, 8)고 한다. 그러므로 1:2에서 아모스는 자신의 신분과 사역의 성격을 '이스라엘과 세계의 언약의 종주 왕이신 여호와가 통치의 좌소 시온에서 사자의 포효하는 음성을 발하시는 그 저주를 대언하는 작은 사자'로 천명한다. 이 본문에서 아모스는 자신이 선포하는 이스라엘의 재앙에, 하나님께서 이미 선포하신 일정한 형태가 있음을 분명히 한다. 아모스가 선포하는 이러한 재앙의 내용에는 모세 오경에 기록된 시내산 언약의 축복과 저주의 중심 주제들이 그대로 반영되어 있음을 알 수 있다. 따라서 아모스는 시내산 언약에 입각하여 여호와를 배약한 이스라엘에게 내려질 여호와의 징벌과 종말론적 소망을 선언한다.[14] 이러한 면을 종합할 때 윌리엄스(Williams)가 말한 바대로 "아모스의 메시지는 기본적으로 모세 신앙의 재현"이다.[15]

이상에서 살펴본 바와 같이 아모스에게 시내산 언약은 이스라엘과 여호와의 공식적인 관계의 기원이자 이스라엘의 하나님에 대한 충성의 척도이며 이스라엘의 생존의 관건이다. 또한 이러한 시내산 언약과 관계된 사건을 언급할 때 아모스가 일관성 있게 하나님의 이름을 여호와 자체나 혹은 앞에서 살펴본 그 확장형을 사용하고 있다는 사실은 그의 '아도나이'가 시내산 언약에 지배되어 있음을 단적으로 말해 준다.

이러한 면들은 아모스의 여호와는 시내산 언약의 여호와임을 말한다. 이여호와는 이스라엘과 특별한 언약의 관계를 맺고 그들을 통치하시며, 그들을 통하여 타락한 그의 모든 창조세계를 구원하신다. 그러기에 이 여호와는 이스라엘의 언약의 종주 왕으로 그들 가운데 거하시면서 그들을 축복하시고 또 그들의 배약에 대하여 저주하신다.

아브라함의 언약과 여호와

그러나 아모스는 시내산 언약에만 국한하지 않는다. 시내산 언약의 뿌리가 되는 아브라함의 언약에 관한 문제도 자주 언급하면서 그 언약을 메시지의 근거로 삼고 있음을 보여 준다.

하나님과 아브라함 사이에 맺어진 언약의 중심은 아브라함에게 씨를 주어 민족을 이루신다는 것과 그들에게 가나안 땅을 주신다는 것이었다. 그러므로 이스라엘 민족이 가나안 땅에서 민족을 이루어 살고 있음은 하나님과 아브라함 사이에 맺어진 언약이 성취된 결과이다. 아모스는 이스라엘 민족의 범죄를 지적하고 그들에게 임박한 하나님의 심판을 선언함에 있어서 땅의 문제와 민족 멸절의 문제를 자주 언급하며, 또한 그들의 족장 아브라함, 이삭, 야곱의 시대에 관한 사건을 언급한다. 이러한 사실은 아모스와 그의 청중들이 모두 아브라함의 언약에 관한 전통을 이미 알고 있음을 나타내 준다. 이제 그 내용을 자세히 살펴보기로 하겠다.

아모스는 4:6 이하에서 지난날 이스라엘의 범죄에 대하여 하나님이 애굽에 내린 방식으로 징치하였으나 여전히 이스라엘이 하나님에게로 돌아오지 않았고, 소돔과 고모라에 내린 방식으로도 징치하였으나 여전히 이스라엘이 하나님에게로 돌아오지 않았음을 지적한다. 이스라엘 성읍 중 소돔과 고모라처럼 멸망한 사건은 성경에 기록되지 않음을 볼 때 이는 완전한 파멸을 상징하는 것으로,[16] 하나님의 징치의 혹독함을 나타내기 위한 상징적 묘사라고 할 수 있다. 더욱이 소돔과 고모라의 멸망이 흔히 언약의 파기에 대한 문맥에서 언급되므로 신과의 언약 파기에 대한 고전적 징벌의 원형(paradigmatic model)으로 인식되고 있다.[17] 우리가 간과해서는 안 될 것은 이스라엘 민족이 애굽에 내린 하나님의 징치가 무엇인지 알고 있듯이 그들의 족장 아브라함 시대에 있었던 소돔과 고모라에 대한 하나님의 심판도 이미 알고 있었다는 사실이다. 특히 오경에서 모세는 하나님과 아브라함 사이에 언약이 맺어지고 난 다음 그 관계 속에서 아브라함이 하나님에게 소돔과 고모라를 위하여 간구하는 내용을 기록한다. 이것은 소돔과 고모라의 멸망과 그에 대한 아브라함의 중보기도가 하나님과의 언약 관계 속에서 설정된 아브라함의 위치와 무관하지 않다는 것을 의미한다. 그러므로 아모스가 이스라엘이 경험한 하나님의 징벌을 언급함에 있어서 소돔과 고모라의 멸망을 언급한 것은 그들이 이미 알고 있는 아브라함의 언약을 새삼스럽게 상기시키기 위함이다. 나아가 아브라함의 언약은 더 이상 그들의 생존을 보장하는 대책이 되지 못함을 강조하는 것이다.

아모스는 또한 이스라엘의 족장들을 자주 언급하면서 이스라엘 민족에게 내릴 하나님의 징벌과 연결한다.[18] 이들 족장들은 모두 아브라함의 언약과 불가분의 관계에 있다.

아모스는 이삭과 관계하여 "이삭의 산당들이 황폐"될 것을 선언하며(7:9), "이삭의 집"(7:16)을 언급한다. 또 이삭의 이름을 직접 거론하지는 않지만 이삭의 전통과 불가분의 관계가 있는 산당 브엘세바를 언급한다(창 5:5; 8:4).[19]

야곱과 관계하여 아모스는 "야곱의 족속"(3:13), "야곱의 영광"(6:8; 8:7), "야곱"(7:2, 5), "야곱의 집"(9:8)을 언급한다. 그리고 야곱의 이름을 직접 거론하지는 않지만, 야곱의 전통과 불가분의 관계에 있는 벧엘을 언급한다(4:4; 5:5, 6).[20]

또한 아모스는 요셉과 관계하여 "요셉의 집"(5:6), "요셉의 남은 자"(5:15), "요셉의 환난"(6:6) 등을 언급한다. 요셉 역시 이스라엘의 족장으로서 아브라함의 언약에 따라 하나님의 구속의 역사를 이루어 나간 인물이다.

비록 이러한 언급들이 모두 이스라엘 민족 전체를 가리킨다 하더라도 이들과 근본적으로 관계한 족장들의 언약의 문제를 결코 간과할 수 없다. 허버드(David A. Hubbard)가 언급한 바대로 아모스가 이러한 족장들을 언급하는 것은 이스라엘 민족이 불행하게도 족장들의 언약과 관계된 자신들의 과거와 결별하고 있음을 선언하며, 그것을 통한해하고 있음을 보여 준다.[21]

아모스는 이외에도 이스라엘이 경험하게 될 하나님의 징벌에 있어서 그들이 현재 생활하고 있는 "땅"에서 쫓겨나 다른 나라의 포로로 잡혀 갈 것에 대하여 여러 가지 표현 방식으로 자주 언급한다(2:13~16; 3:2, 11~15; 4:1~2; 5:27; 6:7, 8; 7:17; 9:4). 땅과 그 땅에서 이스라엘이 한 민족으로 존속하는 문제는 아브라함 언약의 핵심이다. 하나님은 아브라함과 언약을 맺으시고 아브라함에게 가나안 땅을 기업으로 주시며 그의 후손을 번성케 하여 그 땅에서 영원히 살게 하실 것을 맹세하였다(창 15장). 구약에 기록된 구속의 전 역사는 이러한 아브라함의 언약이 하나님의 주권적 은총에 의하여 어떻게 성취되었는가를 기록하고 있다. 모세는 이스라엘 민족이 애굽에서 구원받아 가나안 땅에 정착한 일련의 모든 구속사적 사건은 모두 이러한 아브라함의 언약의 성취로 설명하며, 가나안 정복 이후 이스라엘 민족의 가나안에서의 삶의 역사 또한 아브라함의 언약과 불가분의 관계에 있음을 성경 저자들은 일관성 있게 설명한다.

이스라엘 민족의 범죄에 대한 징벌로 하나님께서 그들을 땅에서 쫓아 내세계 만방에 분산시켜 버리실 것이라는 아모스의 선언은 이러한 아브라함의 언약에 따른 직접적인 위협이다.

아모스는 이처럼 저주적인 맥락에서만 아브라함의 언약을 관련짓지 않고, 역설적으로 이스라엘의 장래 소망에 대하여도 아브라함의 언약과 관련하여 보장해 주었다. "보라 주 여호와 내가 범죄한 나라에 주목하여 지면에서 멸하리라 그러나 야곱의 집은 온전히 멸하지는 아니하리라"(9:8)고 선언하였다. 이것은 범죄한 이스라엘을 징벌하되 아브라함의 씨를 완전히 멸절하지는 않을 것이며, 이스라엘의 남은 자를 통하여 종말론적인 메시야 왕국을 형성하실 것임을 선언하는 것이다. 이 선언에서 아모스는 특히 야곱의 집이라는 명칭을 사용하므로 하나님의 종말론적 구속의 성취가 아브라함의 언약과 상관하여 이루어질 것임을 명백히 하고 있다. 이러한 종말론적 약속과 상관하여 9:11 이하에서 아모스는 하나님께서 다윗의 무너진 천막을 재건하여 만국을 다스리게 하실 것임을 부연해서 언급하고 있다. 이는 다윗 왕조의 복원에 대한 말씀으로, 메시야의 오심과 메시야적 왕국의 도래에 대한 예언이다. 이것은 기본적으로 다윗 언약에 기초한 새 언약에 관한 문제지만 그 내용은 아브라함의 언약과 불가분의 관계가 있다. 그 이유는 다윗 언약이 근본적으로 아브라함 언약의 성취로 이루어진 것이기 때문이기도 하지만(대상 16:15~18)[22] 그 내용에 있어서 지난날 하나님께서 아브라함과 언약을 맺으며 맹세하였던 그 약속—아브라함의 씨를 통하여 모든 민족이 복을 받게 하

시겠다는-을 반영하고 있기 때문이다.[23]

아모스는 그의 메시지를 이러한 족장들의 언약과 관련지으면서 하나님의 이름을 여호와로 사용하고 있다. 이것은 아모스의 하나님은 아브라함과 야곱과 이삭과 더불어 언약의 관계를 맺고 그 언약을 성취해 오신 언약의 주 여호와임을 천명하는 것이다.

다윗의 언약과 여호와

아모스는 앞에서 살펴본 대로 아브라함 언약과 시내산 언약에 호소하면서 그의 하나님은 이스라엘의 역사적인 언약의 하나님임을 명백히 하고, 더 나아가 이스라엘이 이러한 하나님과의 역사적인 관계로 복귀하는 데에 참된 살 길과 미래가 있음을 천명하였다. 아모스는 여기에서 멈추지 않고 비록 분열된 왕국이라 할지라도 남북 이스라엘 왕조의 기초가 되는 다윗 언약에 호소하면서, 그의 하나님은 다윗과 더불어 언약을 맺어 이스라엘을 이끌어 오신 분임을 아울러 강조한다.

아모스의 이러한 연결은 메시지 앞머리에서부터 시작된다. 1:2에서 아모스는 그가 전하는 전체 메시지의 출처가 시온과 예루살렘에 좌정하신 여호와임을 밝힌다. 본문에서 시온과 예루살렘은 병행법에 의하여 하나님이 좌정하신 동일한 장소임을 나타낸다. 사무엘하 5:6~10의 예루살렘 정복에 관한 기록에 의하면 예루살렘은 일명 시온 산성으로도 불리었음을 알 수 있다 (참고 7, 9절). 예루살렘은 여호수아의 정복 이후 다윗 때까지 이스라엘 민족과 여부스 족속이 함께 살아 오던 도성이었으나 다윗이 완전히 평정하여 그의 도성으로 삼고, 그동안 기럇여아림(일명 바알레유다, 참고 삼하 6:1; 수 15:9, 60)에 있었던 언약궤를 이곳으로 이동해 왔다. 하나님은 이러한 다윗과 언약을 맺고서 그의 왕조를 영속화할 것을 보증하였고 또 그의 후대 왕을 통하여 자신의 거처지 성전을 세우실 것을 맹세하였다. 그 후 다윗을 계승한 솔로몬이 이곳에다 성전을 세우므로 명실상부하게 이스라엘 언약의 주 여호와의 공식적인 지상 거처지로서 신정 왕국의 정치적·종교적 중심지가 되었다. 그러므로 시온/예루살렘은 특별히 다윗 언약과 불가분의 관계에 있다.[24]

학자들 사이에 이 본문의 순수성을 의심하는 견해도 나타나고 또 이 본문의 기능을 제한적으로 이해하려는 시도도 있지만 프랜시스 앤더슨(Francis I. Andersen)과 프리드먼(David Noel Freedman)이 최근 그들의 주석에서 밝힌 바대로 아모스서 전체의 표제(superscription)라고 봄이 바람직하다.[25] 만약 이러한 주장이 성립되는 경우 아모스는 그의 전 메시지를 다윗 언약의 배경과 맥락에서 선언하고 있음을 부인하기 어렵다.

클레멘츠(Ronald E. Clements)와 베나드 앤더슨(Bernhard W. Anderson)은 전승사적 입장(Traditio-history)에서 아브라함의 언약과 다윗의 언약을 서로 다른 지역에서 성립된 전통으로 본다. 그는 비록 양 언약이 서로에게 영향을 준 것은 부인하기 어렵다 할지라도 양 언약의 역사적 연속성을 인정하지 않으려 한다. 그들은 다윗 언약과 모세 언약과의 관계에 있어서는 더욱 과격한 입장을 보인다. 그들은 양 언약의 역사적 연속성을 부인할 뿐만 아니라 서로에게 아무런 영향을 주지 않은 전혀 다른 두 언약의 전통으로 규정하였다.[26] 그러나 성경의 권위를 진지하게 받아들이면서 오경의 기록과 시편 및 다른 선지서에서 광범위하게 증언하는 내용들을 진지하게 검토할 때 아브라함의 언약과 시내산 언약 및 다윗의 언약은 역사적으로 연속성을 지닐 뿐만 아니라 통일성을 이루면서 하나님이 아브라함에게 언약하신 내용이 부분적이나마 시내산 언약을 거쳐 다윗 언약에서 가장 구체적으로 성취되었음을 알 수 있다.[27]

이처럼 다윗 언약은 아모스의 전 메시지를 지배하는 틀 혹은 안목이 되어 준다. 물론 다윗 언약의 영속성은 근본적으로 그 언약이 갖는 무조건적 속성에 따라 언약의 주 여호와 하나님의 주권적인 언약의 성실과 은혜에 달려 있지만, 또 한편 다윗 언약의 영광을 실질적으로 누리는 문제는 그 언약이 갖는 근본적인 조건적 속성에 따라 이스라엘 민족이 얼마나 모세 언약의 규범을 성실히 준수하느냐에 달린 이중성 혹은 복합성을 지닌다. 그러므로 아모스는 그의 메시지를 통하여 이스라엘 민족의 범죄를 강하게 비판하면서 언약의 주 여호와 하나님 앞에서 그들이 감당해야 할 책임을 다하도록 촉구한다. 그러면서도 아모스는 한편으로 하나님이 그들의 범죄에도 불구하고 다윗의 언약을 지키기 위해 다윗 왕조를 새로이 회복하여 영화롭게 하실 것이라는 하나님의 주권적 은총을 동시에 선언한다. 그러므로 범죄한 이스라엘에게 종말론적 소망을 아울러 선포하는 것이다.

이러한 다윗 언약과 관계한 종말론적 소망은 "다윗의 무너진 천막을 일으키고 옛적과 같이 세우고 만국을 기업으로 얻게 하리라"(9:11~12)는 말씀 속에 잘 반영된다. "다윗의 무너진 천막"은 다윗 왕조의 퇴락한 통치를 의미한다. 여호와께서 이제 그날이 되면 이들을 회복하여 심지어 만국을 다스리는 옛날의 영광을 되찾도록 하시겠다는 것이다.

특별히 이러한 종말론적 소망을 제시함에 있어서 아모스는 아브라함의 언약을 상기시키는 "야곱의 집"(9:8)이라는 어휘를 사용하여 다윗의 언약과 연결시킨다. 매우 의미 있는 일이 아닐 수 없다.

아모스는 이러한 방식으로 다윗의 언약에 따라, 다윗의 후손의 범죄에도 그 왕조를 종식시키지 않으면서도 다른 한편으로는 강한 철장을 가지고 그들을 징치해 나가시는 하나님의 모습을 그려 준다.

아모스는 이러한 다윗의 언약을 언급함에 있어서 다른 언약의 언급에서와 마찬가지로 일관성 있게 하나님의 이름을 여호와로 호칭함으로 그의 하나님은 이스라엘의 역사적인 언약의 주 여호와임을 분명히 하고 있다. 아모스는 이러한 이스라엘의 역사적인 언약의 주 하나님을 설명함으로 하나님에 대한 전통적인 믿음을 회복하도록 촉구하면서도, 지금까지 그들의 배약의 역사 속에서 그들을 혹독하게 징치하신 여호와에 대한 두려움을 갖게 하여 하나님과의 역사적인 언약의 관계로의 복귀를 촉구한다.

지금까지 살펴본 바를 정리하면, 아모스의 하나님은 그가 새롭게 창안한 하나님이 아니라 이스라엘 민족이 그들의 족장 시대 이래로 언약의 관계를 맺고 섬겨 왔던 전통적인 언약의 주 여호와임을 알 수 있다. 그러므로 아모스는 이스라엘의 역사와 전통의 뿌리이자 골격인 아브라함의 언약, 시내산 언약, 다윗 언약 등을 광범위하게 참고하면서 이스라엘 민족이 현재 그들의 전통적인 언약의 주 여호와와 어떠한 관계에 있는가를 진단하고 또 그들의 범죄를 지적한다. 그러면서도 이 언약들이 보증한 것을 바탕으로 하여 미래의 소망을 선언한다. 한 마디로 아모스의 하나님은 이스라엘의 구속 역사 속에서 계시된 언약의 주 여호와이다.

그러나 그렇다고 해서 아모스의 하나님을 민족주의적 하나님 혹은 국가적 하나님으로 국한해서는 안 된다. 왜냐하면 아모스는 그의 하나님이 이스라엘뿐만 아니라 자연을 주관하고 심지어 이스라엘 이외의 다른 민족들까지도 주관하시는 하나님임을 분명히 하고 있기 때문이다.

우주를 통치하시는 언약의 주 여호와

아모스는 이스라엘의 역사적 언약의 전통들과 더불어 자연을 창조하고 주관하시며 이스라엘 이외의 모든 만국까지도 친히 통치하시는 하나님을 묘사한다. 이러한 가운데 아모스는 이스라엘의 전통적인 언약의 뿌리가 되는 창조 언약을 암시하고 있음을 알 수 있다. 아모스는 여전히 하나님의 이름을 여호와 혹은 그 확장형 만군의 여호와 등으로 일관성 있게 사용하면서 우주의 창조자요 통치자이신 하나님과 앞서 살펴본 이스라엘의 언약의 주 하나님을 동일시한다. 이러한 문제들을 하늘과 땅과 관계된 하나님과, 이스라엘 이외의 타 민족과 관계된 하나님의 모습으로 나누어 분석해 보면서 설명하겠다.

하늘과 땅의 하나님(The Covenant Lord of the Heaven and Earth)

아모스는 자연에 관계된 어휘들을 광범위하게 사용한다. 천체에 관한 것, 땅에 관한 것, 자연현상에 관한 것, 강이나 바다에 관한 것 등 매우 다양하게 언급한다. 물론 이 모든 것과 하나님을 반드시 연결하지는 않지만 하나님은 이러한 모든 것을 창조하시고 또 그의 뜻에 따라 주권적으로 활용하시고 통치하셔서 범죄한 백성들을 징치하는 수단으로 사용하시며, 자신의 뜻을 이루어 나가시는 하늘과 땅의 하나님으로 묘사한다. 아모스가 그려 주는 이러한 하나님의 모습을 좀 더 세밀하게 분석해 보면 하나님은 단순히 자연을 초월하는 일반적인 하나님이 아니라 오경에서 이미 묘사하고 있는 창조 언약의 여호와임을 알 수 있다.

4:13에서 아모스는 "산들을 지으며 바람을 창조하며 자기 뜻을 사람에게 보이며 아침을 어둡게 하며 땅의 높은 데를 밟는 자는 그 이름이 만군의 하나님 여호와니라"고 노래한다. 아모스는 여기서 5개의 분사구문을 사용한다. 그리고 이 5분사는 모두 "만군의 여호와"라는 여호와의 이름과 병행되어 하나님의 호칭으로 승화된다. 이것은 구약과 고대 근동 문서들에서 흔히 일련의 분사를 사용하여 언약적인 심판을 실행하는 왕이나 신을 호칭하면서 그들의 속성을 선포하는 일반적 관행과 일치한다.[28] 이 관행에서 이러한 호칭의 나열은 언약의 종주 왕의 권위와 능력을 주로 확언하는 데 기여한다.

본문에서 아모스는 하나님을 창조주로 묘사하면서 창세기 1~2장에서 하나님의 창조에 사용하는 전형적인 어휘를 활용하여 거기에서 그려진 창조주 하나님의 모습을 재현한다. "산들을 지으며"에서 아모스는 토기장이의 솜씨를 나타내는 어휘 '야차르'(יצר)를 사용한다. 이 어휘는 하나님이 동물과 아담(창 2:7~8, 19), 땅(사 45:18), 이스라엘 백성(사 43:1, 21; 44:2, 21, 24)을 지으심을 묘사할 때 사용한 것이다. "바람을 창조하며"에서 아모스는 '바라'(ברא)를 사용한다. 이는 구약에서 하나님의 창조적 활동에만 사용된 어휘다(창 1:1; 사

40:28; 43:1, 15; 45:12, 18). 이 '바라'(אַרֵב)가 '루아흐'(חַ־ח)와 결합하여 더욱이 하나님의 절대 창조의 사건을 상기시켜 준다. 창세기 1:2에서 하나님의 '루아흐'는 창조의 시작 즈음에 수면에 운행하여 하나님의 창조 사역을 수행하였으며, 이 하나님의 '루아흐'는 창세기 2장에서 아담에게 불어넣어져 아담을 생령이 되게 하였다. 이 하나님의 '루아흐'는 창조 언약과 시내산 언약에서 심지어 예수 그리스도로 말미암아 시작된 새 언약에 이르기까지 언약의 증인으로 그 역할을 수행하고 있는 모습을 그린다.[29] 또 "자기 뜻을 사람에게 보이시며"에서 아모스는 '이쉬'(שׁ'א) 대신에 '아담'(אֵם)을 사용한다. 물론 이 문맥에서 하나님이 자신의 뜻을 나타내는 대상을 첫 사람 아담으로 국한하였다고 볼 필요는 없으나 듣는 이에 따라서 첫 사람 아담을 상기시키기에 충분한 면이 없지 않다. 앤더슨과 프리드먼은 이 '아담'이 개인 아담을 의미하면서 본문이 창세기 3:8에 기록된 사건을 회상하게 한다는 의도의 가능성을 배제하지 않는다.[30]

아모스가 특별히 이러한 하나님의 절대창조의 활동과 관계된 칭호들을 이스라엘이 만나야 할 하나님을 설명하는 데 구체적으로 사용한다는 것은 중요한 의미를 갖는다. 4:12에서 아모스가 언급한 "그러므로 이스라엘아 네 하나님 만나기를 예비하라"는 3:1부터 시작된 언약의 고소문의 결론으로서, 여호와에게 돌아오기를 거부하는 범죄한 이스라엘을 언약의 주 여호와의 언약의 법정에 소환하여 심판을 자행할 것을 지칭하는 전형적인 표현 방식이다.[31]

이러한 분사를 사용하여 하나님의 칭호로 삼으면서 하나님의 창조적 활동을 상기시키는 부분이 5:8에도 나타난다. 이 본문에서 하나님을 묘성과 삼성을 만드시는 분으로, 낮을 밤 되게 밤을 낮 되게 하시면서 빛과 어두움을 주관하시는 분으로(참고 4:13), 바닷물을 땅에 쏟으시는 분으로(참고 9:6) 호칭하면서 최종적으로 그분을 곧 이스라엘의 언약의 주 여호와와 동일시한다. 여기에서 이 분사들이 묘사하는 내용들도 모두 하나님이 세상을 창조하실 때의 활동 및 창조 언약에 관계되어 있다.

9:6에서도 이와 동일한 구조들이 나타난다. 아모스는 여전히 분사를 사용하여 하나님의 창조적 활동을 묘사하면서 그것들을 하나님의 호칭으로 승화시킨다. 아모스의 하나님은 그의 전을 하늘에 세우시는 분이며, 궁창의 기초를 땅에 두시는 분이며, 또한 바닷물을 불러 지면에 쏟으시는 여호와임을 선언한다. 본문에서는 앞의 두 구절과 다르게 아모스의 하나님은 보이는 피조의 세계뿐만 아니라 보이지 않는 세계까지 창조하시고 다스리시는 분임을 설명함으로 하나님의 위엄을 한층 더 신비롭고도 존엄하게 한다. 하나님의 전이 세워진 하늘은 구약에서 창조 언약의 주 여호와 하나님의 영원한 거처지로서 그의 언약의 법정이 개설되어 있는 곳이다. 언약의 주는 그곳의 보좌에 좌정하시고 그 보좌 주변에 그의 천성의 종들이 둘러서 있다. 하나님은 이 법정에 모든 자연과 인간 등의 피조물들을 소환하여 그의 뜻을 선언하며, 이곳에서 범죄한 자들을 정죄하며 심판하신다(참고 창 1:26; 사 66:1; 시 11:4; 103:19; 미가 1:2, 3). 이제 아모스는 이러한 천성적 법정에서 다스리시는 창조 언약의 주 하나님을 이스라엘 전통적 언약의 주 하나님의 배경으로 연결함으로 언약의 고소의 존엄성과 그 권위를 한층 더 강화하고 있다.

이상의 4:13, 5:8, 9:6은 이처럼 이스라엘의 전통적인 언약과 창조 언약을 연결시키면서 그 언약의 주 여호와는 창조 언약의 주 여호와와 동일함을 강조한다. 더 나아가 이러한 분사로 이루어진 하나님에 대한 호칭들이 최종적으로 언약의 관계를 지칭하는 데 흔히 쓰이는 "만군의 하나님 여호와"나 혹은 그 단축형인 "여호와"라는 이름으로 절정에 이른다는 것도 이 칭호들이 갖는 의미가 언약적 성격임을 잘 말해 주고 있다.

이외에도 아모스는 그의 하나님이 자연을 주관하고 다스리심을 자주 언급한다. 3:1부터 시작되는 언약의 고소문의 맥락에서 하나님은 주권적으로 비를 멈추게도 하시며 내리기도 하시고(4:7), 풍재, 깜부기, 팥종이 등을 재앙의 도구로 임의로 사용하시는 여호와임을 묘사한다(4:9).

이러한 여호와의 주권의 범위는 너무도 광대하다. 그래서 아모스는 9:2 이하에 여호와의 통치가 미치는 곳은 음부에서 하늘까지 이른다고 하였으며 갈멜산 꼭대기에서 바다 밑에 이르기에 아무도 이 여호와의 통치의 손을 벗어날 수 없음을 분명히 한다.

이상에서 살펴본 바대로 아모스의 하나님은 하늘과 땅의 주시며 창조주이다. 아모스의 새로운 통찰력을 통하여 묘사된 아모스의 하나님은 오경에 기록된 모세 신앙과도 연결되며, 고대부터 아모스의 시대에까지 전해 내려온 전통이라고 할 수 있다.

만국의 주 하나님

아모스는 이러한 우주적인 여호와는 결코 한 지역이나 국가에 국한된 신이 아니라 만국을 주권적으로 다스리고 그들의 역사까지 주관하시는 분이심을 분명히 한다. 그는 먼저 1:2~2:3에 이스라엘 변방의 6개국 즉 다메섹, 가사, 두로, 에돔, 암몬, 모압의 범죄를 지적하는 하나님의 선언(oracle)을 기록한다. 그 외에도 아모스는 애굽, 구스 등의 나라들을 언급하면서 여호와가 이들 나라를 어떻게 취급하시는가를 말씀한다(9:7).

아모스에게 여호와는 이들 나라의 범죄를 심판하시며 그들에게 징벌을 가하셔서 그들의 미래의 역사를 결정하시는 분이다. 여호와는 이스라엘 민족만 애굽에서 구원하시는 하나님이 아니라 그의 주권적인 뜻에 따라 블레셋 민족과 아람 사람들까지도 구원하시는 구속주이시다. 아모스는 이러한 언급을 통하여 이들 민족이 섬겼던 신은 참된 신이 아니며 오로지 그의 여호와만이 참된 신이 되심을 천명한다. 이러한 아모스의 여호와의 면모는 확실히 획기적이다. 아모스 당시 여호와는 일반적으로 이스라엘의 민족 신으로서 다른 나라의 많은 신들보다 좀 더 우월한 신으로 간주될 뿐이었다.[32] 그러나 아모스에게 여호와는 절대적인 신으로서 이스라엘은 물론 하늘과 땅, 심지어 모든 세계를 다스리는 최고의 권위를 가지시는 우주적인 하나님이다.

근간에 아모스가 언급한 이들 나라들과 하나님과의 관계에 대한 연구가 활발하다. 더 나아가 하나님이 이들을 심판하시는 참된 권리와 그 기준이 무엇이냐로 논의는 더욱 활발하게 전개되고 있다.[33] 이 문제에 대한 논쟁의 역사가 매우 길고 또 다양한 견해가 표출되었으므로 이 문제를 이 짧은 논문에서 다 다룰 수는 없으나 최근 발굴된 고대 근동의 종주 협약문서들의 연구 결과들이 쏟아져 나오는 것에 힘입어 라이트(G. E. Wright)와 크로스(F. M. Cross)를 중심으로 한 하버드(Harvard) 학파와 그 외의 여러 학자들의 주장은 음미해 봄직하다. 그들의 기본적인 입장은 이들 나라는 근본적으로 지난날 전성기를 누리던 다윗 왕국의 복속왕국(vassal kingdom)으로서 여호와 하나님이 그들의 언약의 종주 왕(suzerainty)이었다는 것이다. 아모스는 이들 국가에 대한 선언의 말씀에서 히브리어 '페샤'(עשפ)라는 어휘로 각 나라들의 공통 범죄를 지적한다. 이 어휘는 근본적으로 반항의 의미를 가지는 것으로서 세워진 권위나 언약의 관계에 반항하는 것을 가리키는 언약적 어휘이다. 그러므로 아모스를 통하여 지적된 그들의 가장 기본적인 범죄는 언약을 어겼다는 것이다. 여호와는 이들 나라의 국제질서를 규제하고 감독하는 종주 왕으로서 그들이 상대방 국가와 맺은 언약을 충실히 지키지 않은 것을 지적하며 그들을 징벌하신다는 것이다.[34]

물론 이들이 대부분 지난날 다윗에게 정복되어 조공을 바치던 나라들이므로 다윗의 복속국으로서 여호와에 대한 의무를 지고 있다고 볼 수 있다. 그러나 이들 나라에 대한 보다 타당한 여호와 하나님의 언약적인 권리는 이미 앞서 논의된 바처럼 창조 언약에서 그 원인을 찾는 것이 바람직하다. 아모스는 이미 밝힌 대로 창조 언약에 관계된 내용을 여러 가지 방식으로 언급하면서 여호와 하나님의 우주에 대한 왕권과 그의 주권적 통치를 메시지의 근본 바탕으로 삼는다. 이러한 여호와 하나님의 모든 세계에 대한 창조주요 구속주로서의 언약의 왕권은 이미 모세 오경을 통하여 이스라엘의 신앙의 전통으로 계승되어 왔다. 아모스가 모세 오경에 기록된 다른 여러 언약의 전통에 입각한 것처럼, 하나님은 창조 언약에 입각하여 이스라엘뿐만 아니라 세계 만국의 왕으로서 그들의 범죄를 지적하고 그 징벌을 선언하는 것이다.

맺는 말

지금까지 살펴본 바대로 아모스는 독창적으로 메시지를 전하는 것이 아니라 하나님의 언약의 고소인으로서 이미 존재해 왔던 이스라엘 언약의 전통에 입각하여 그들의 범죄를 지적하며, 그에 상응한 하나님의 징벌을 선언한다. 아모스의 하나님은 결코 그의 창작품이 아니라 이러한 전통에서 이미 계시되신 그들 족장의 언약의 주 여호와이시다. 그러기에 그는 하나님의 이름을 언급할 때에 언약의 이름인 여호와 혹은 그 확장형을 일관성 있게 사용한다. 아모스의 하나님은 분명히 이스라엘의 언약의 여호와이시다.

그러나 그렇다고 해서 아모스는 결코 여호와를 이스라엘의 국가적 신으로 묘사하지는 않는다. 오히려 역시 오경에 기록되어 전승되어 온 창조 언약에 입각하여, 하늘과 땅을 창조하시고 세계 만방을 조성하고 다스리시며, 그들의 역사를 주관하시는 창조 언약의 주 여호와임을 동시에 천명한다. 이 여호와는 온 세계의 종주 왕으로서 그의 주권적 뜻에 따라 우주를 다스리면서도 특별히 이스라엘과 깊은 관계를 맺고 그들을 통하여 세계를 구원하시는 종말론적 여호와임을 나타낸다.

아모스의 이러한 묘사는 당시 대중들의 하나님에 대한 잘못된 이해를 바로잡는 데 그 중요한 목적이 있다. 당시 대중들은 모세의 전통에서 계승되어 온 여호와에 대한 사상을 가나안 문화와 종교와 혼합하여 부패하고 왜곡된 여호와관을 가지고 있었다. 라뷰상네(Labuschagne)가 정리한 대로 아모스 당시의 대중들은 그들의 전통적인 여호와를 당시의 가나안 종교와 혼합시켜 가나안화한 여호와, 바알화한 여호와관을 가지고 있었다. 아모스는 이러한 잘못된 여호와관을 교정하면서 오히려 그들의 역사적인 전통에 강력히 호소하여 전통적인 여호와관을 정착시켜 가는 것이다.[35]

05

'마르제아흐'에 대한
아모스의 비난

아모스서는 주전 8세기 예언자 아모스에 의해 선포된 말씀들과 그의 활동을 기록한, 모두 아홉 장으로 이루어진 짧은 책이다. 그러나 어떤 다른 책보다 더 큰 관심을 목회자들과 학자들로부터 받아 왔다. 이스라엘의 사회와 신앙 문제에 대한 아모스의 지적과 비난은 주전 8세기의 사회적 현상을 연구하는 데 비교할 수 없이 귀한 자료일 뿐 아니라, 하나님을 믿는 오늘날의 신앙인들이 사회와 구성원들에 대해 어떤 태도를 가져야 하는지 보여 주기 때문이다.

아모스 6:4~7은 한글성경만 읽으면 파악하기 어려운 특정한 사회 제도인 '마르제아흐'를 언급한다. 이 제도는 이스라엘의 수도 사마리아에 사는 엘리트들의 삶의 방식을 보여 줄 뿐 아니라 그들의 종교적 성향과 관행에 대해 말해 준다. 본 글의 목적은 이 특정한 사회 제도의 성격을 밝히고 관련 성경구절을 설명하는 것이다.

주전 8세기 이스라엘의 사회·경제적 상황

아모스 시대의 유다와 이스라엘은 정치력과 경제적 부라는 측면에서 다윗과 솔로몬의 시대를 거의 재연하고 있었다. 이는 여로보암 2세 시대의 정치·경제 상황과 무관하지 않다. 고대 근동의 맹주 앗시리아는 아직 본격적인 서방 진출을 시도하지 않고 있었으며, 오히려 전염병, 기근, 왕위 다툼, 봉기, 북쪽 민족의 침공 등으로 홍역을 치르고 있었다.[1] 이집트는 내전 중이었으며 권력은 파편화되었다.[2] 아람은 앗시리아 왕 아닷니라리 3세의 침공으로 겨우 생명만 부지하고 있었다.[3] 이러한 국제 정치의 주도권 공백 상태에서 이스라엘은 주변의 작은 지역들을 병합시켜 비교적 넓은 영토를 확보하고 국제 교역에 활발히 참여했다.

1. 농작의 변화: 농경 집약화(Agricultural Intensification)

이스라엘의 국제 교역 참여를 통한 국가 이익의 추구는 농작물의 종류에 큰 변화를 일으켰다. 정치 지도자들은 군사장비, 호화스런 건축 프로젝트, 그리고 자신들의 기호를 충족할 고가상품을 필요로 했고(왕상 4:28; 5:18; 9:19 등) 이 상품들을 외국에서 수입해 왔다. 상대 국가들은 대신 밀, 감람유, 그리고 포도주를 선호했다. 이스라엘의 엘리트들은 이 세 수출 품목을 가능한 한 많이, 그리고 지속적으로 생산하기 위해 선택과 집중이라는 농작물 특성화를 전 국토에 강요했다. 그리하여 전통 마을들에서 경험을 토대로 경작하는 방식인 다종작물을 통한 위험 분산형(risk spreading) 농경은 '효율성'이라는 경제논리의 압력에 밀려 축소되고 말았다.[4] 오랜 경험을 통해 터득한 다작물 위험분산형 농사는 기후 변화나 병충해로 인한 흉년 때에 몇 가지 작물은 건질 수 있는 방식이었다. 그러나 국제 교역에 효과적으로 참여하기 위해 전 국토에 돈이 되는 작물을 심는 고수익, 고위험 정책이 시행되면서 농민들의 삶에 큰 변화가 일어났으며 시간이 지나자 농민들이 몰락하기 시작했다. 농민들은 밀, 감람, 포도를 심고 얻은 경작물로 씨앗 값과 세금을 내고, 잉여물로 자신들의 생존을 위한 곡식을 매입했다. 문제는 날씨와 병충해로 흉년이 드는 때였다. 어떤 경우에도 세금과 씨앗 값을 우선 내야 하므로 농민들은 식량을 구입할 충분한 자금을 갖지 못하게 되었다. 처음에는 토지를 담보로 식량을 얻어 왔으나, 흉년이 지속될 경우 빚을 갚지 못하고 담보물은 남

에게 넘어가고, 최악의 경우 밥이라도 먹기 위해 자신 혹은 가족들을 농노로 팔아야 했다.[5]

2. 부재 지주들의 대토지 소유(Latifundialization)

국제 교역의 결과 부를 축적하게 된 사람들은 자신들의 부를 대규모 토지 자산에 투자했다. 오늘날도 볼 수 있는 것처럼, 토지 소유에는 불공정한 거래나 심지어는 억압도 한 몫을 했다.[6] 아모스보다 약간 늦게 활동했던 미가는 자신이 사는 마을에서 일어난 토지 투자와 탈취를 보며 타락한 권력자들의 죄를 지적한다.

> "화 있으라 침상에서 죄를 꾀하며 악을 꾸미고 그 손에 힘 있다고 날이 밝으면 그것을 행하는 자 밭들을 탐하여 빼앗고 집들을 탐하여 차지하니 그들이 남자(게베르)[7]와 그의 집과 사람과 그의 산업을 강탈하도다"(미 2:1~2).

이사야 5:11에 나오는 "화 있을진저 신탁"(woe oracle)도 같은 상황을 보여준다.

> "가옥에 가옥을 이으며 전토에 전토를 더하여 빈틈이 없도록 하고
> 이 땅 가운데에서 홀로 거주하려 하는 자들은 화 있을진저."

이사야 5:8에 함축된 뜻을 헤이즈와 어빈(John H. Hayes and Stuart A. Irvine)은 다음과 같이 정확하게 지적한다. 그 구절은 "빈틈이 없도록 하고 너희들이 이 땅 가운데에서 홀로 거주하기까지" 재산, 집에 집, 그리고 전토에 전토를 얻고자 하는 야망을 가진 자들을 비난한다. 만일 여기서 규탄되는 백성이 3:14~15의 사람들과 같다면, 이사야는 대출, 유질 처분 그리고 정치적 행정가로서의 위치를 이용하여 농민들과 소규모 토지 소유계층들로부터 어마어마한 부를 축적하고 있는 정부 관리와 사회 지도자들을 비난하고 있는 것

이다.[8]

3. 법정과 종교 지도자들의 타락

토지와 생산을 통제하던 엘리트들은 법정도 통제할 수 있었다. 이사야는
정의를 실행해야 하는 사람들의 타락을 다음과 같이 고발한다.

"내 백성을 학대하는 자는 아이요 다스리는 자는 여자들이라[9] 내 백성이여
네 인도자들이 너를 유혹하여 네가 다닐 길을 어지럽히느니라 여호와께서
변론하러 일어나시며 백성들을 심판[재판]하려고 서시도다 여호와께서 심문
하러 오시나니 자기 백성의 장로들과 고관들에게로다 포도원을 삼킨 자는
너희이며 가난한 자들의 탈취물이 너희 집에 있도다 어찌하여 너희가 내 백
성을 짓밟으며 가난한 자의 얼굴에 맷돌질하느냐 주 만군의 여호와 내가 말
하였느니라"(사 3:12~15).

담보로 잡힌 토지와 구성원들은 힘을 가진 채권자의 의도대로 처분되었
으며, 공정한 처분을 판결해야 하는 법정들도 정의보다는 힘 있는 쪽을 위
해 봉사했다. 정치 지도자들, 백성의 장로들, 그리고 고관들은 백성을 속이
고 짓밟고 빼앗는 일에 동업자요 동류였다. 하나님은 그들의 행위를 "가난
한 자의 얼굴에 맷돌질"하는 것이라고 말씀하신다. 오직 하나님만이 학대받
는 사람들을 살피시며 그들을 "내 백성"이라 부르신다[이 구절에 "내(자기) 백
성"이 네 번 나온다]. 아모스 2:6~8도 같은 상황을 보여 준다.

"그들이 은을 받고 의인을 팔며 신 한 켤레를 받고 가난한 자를 팔며 힘없
는 자의 머리를 티끌 먼지 속에 발로 밟고 연약한 자의 길을 굽게 하며 아버
지와 아들이 한 젊은 여인에게 다녀서 내 거룩한 이름을 더럽히며 모든 제단
옆에서 전당 잡은 옷 위에 누우며 그들의 신전에서 벌금으로 얻은 포도주를
마심이니라"(암 2:6~8).

재판관은 왜곡된 권리를 회복할 임무를 가지고 있다. 재판관은 억울하게 희생당한 사람의 형편을 살펴보아 그가 '의로운 측'인 것을 보여 주어야 한다. 그러나 본문은 법정에서 의로운 측으로 판단되어야 할 사람들이 억울함을 풀지 못하는 상황을 보여 준다. "신 한 켤레"는 얼마 되지 않는 뇌물이나 혹은 가난한 자가 진 얼마 되지 않는 빚을 지칭할 것이다. 재판관은 형편없는 가치의 돈을 받고도 재판을 어그러뜨릴 정도로 타락했고, 채권자들은 아주 적은 빚을 갚지 못하는 채무자들을 노예로 팔아("팔며") 버린다. 가엾은 사람들은 자기가 가진 것들을 다 빼앗길 뿐 아니라 비인간적 취급을 받으며 살아야 했다.

종교인들도 힘없고 가엾은 사람들을 착취했다. '단'들과 저희 '신전'이 바알을 위한 것인지 여호와를 위한 것인지 구별할 필요는 없었다. 그곳에는 돈을 벌겠다고 가난한 형제들을 추위 속에 밤새우게 만드는 무자비함이 있었다. 눈물 대신 포도주를 즐기면서도 신의 이름을 부르고 예배를 드릴 수 있는 종교는 타락한 종교가 아니라 무서운 종교다. "겉옷"은 담보로 잡은 것이다. 이것은 불법이 아니다. 그러나 엄격한 제한이 있다. 전당 잡은 옷은 해가 지기 전에 원 소유자에게 돌려주어야 한다(출 22:26 이하). 그러나 이 본문의 어떤 사람은 밤이 되도록 겉옷을 돌려주지 않을 뿐 아니라 그 빼앗은 것으로 단에서 평안을 누린다. "벌금으로 얻은 포도주"는 백성들에게서 취한 부당한 세금으로 산 포도주거나 세금을 내지 못한다고 대신 빼앗은 포도주일 것이다.

미가는 탐욕자의 명단에 선지자들을 추가한다.

"내가 또 이르노니 야곱의 두령들과 이스라엘 족속의 치리자들아 청건대 들으라 공의는 너희의 알 것이 아니냐 너희가 선을 미워하고 악을 좋아하여 내 백성의 가죽을 벗기고 그 뼈에서 살을 뜯어 그들의 살을 먹으며 그 가죽을 벗기며 그 뼈를 꺾어 다지기를 남비와 솥 가운데 담을 고기처럼 하는도다 그때에 그들이 여호와께 부르짖을지라도 응답지 아니하시고 그들의 행위의 악하던 대로 그들 앞에 얼굴을 가리우시리라 내 백성을 유혹하는 선지자는 이에 물면 평강을 외치나 그 입에 무엇을 채워 주지 아니하는 자에게는 전쟁을 준비하는도다"(미 3:1~5).

미가는 계속해서 예루살렘과 예루살렘 성소의 본질을 드러낸다.

"야곱 족속의 두령과 이스라엘 족속의 치리자 곧 공의를 미워하고 정직한 것을 굽게 하는 자들아 청컨대 이 말을 들을지어다 시온을 피로, 예루살렘을 죄악으로 건축하는도다 그 두령은 뇌물을 위하여 재판하며 그 제사장은 삯을 위하여 교훈하며 그 선지자는 돈을 위하여 점치면서 오히려 여호와를 의뢰하여 이르기를 여호와께서 우리 중에 계시지 아니하냐 재앙이 우리에게 임하지 아니하리라 하는도다 이러므로 너희로 인하여 시온은 밭같이 갊을 당하고 예루살렘은 무더기가 되고 성전의 산은 수풀의 높은 곳과 같게 되리라"(미 3:9~12).

이스라엘의 도시에 만연한 사치와 방탕은 하나님에 대한 반역이었다. 그 반역이란, 부유한 자가 누리는 호화스러움과 가난한 자가 겪는 삶이 극단적으로 대비되는 사회를 만들어 놓았다는 것, 그리고 그 호화스러운 삶이 가난한 사람들을 착취하고 희생시켜 얻은 것이라는 사실이었다. 이러한 반역적인 행위를 묵인하고 동조하고 조장하는 자들이 가정 내부에 있었다. 그들은 바로 사마리아 거리를 거들먹거리며 다니고, 온갖 중요한 자리에 얼굴을 내미는 상류층 귀부인들이다(4:1). 그들 자신이 억압 착취자요, 억압하고 착취하라고 남편을 조르는 자들이며 바산의 암소라고 불리는 부인들이다. 바산의 암소가 최상급의 암소인 것처럼 그들 또한 사회적 위치가 가장 높은 부인들이다.[10] 당시 사람들에게나 현재의 사람들에게 흠모받는 위치에 있는 사람의 부인들이라는 점에서 최고 품질의 암소와 다르지 않다. 그들의 생활도 비옥하기 그지없다. 이사야 선지자 글에서도 주전 8세기 예루살렘의 상류층 귀부인들의 사치와 교만과 포악을 볼 수 있다(사 3:14~4:1).

4. 백성들의 고단한 삶

지도자들의 삶의 모습은 복합적이며 서로 연관을 갖는다. 행정·사법·종교의 지도자들이 자신들의 이익에 집중한다면, 보호를 받아야 할 사람들은 어떻게 될 것인가? 주전 8세기 상황은 아니지만 권력과 특권 구조에 의해 착취당하고 억압받는 일반 백성의 삶의 현실을 우리는 욥기 24:1~12에서 볼 수 있다.

> "어찌하여 전능자는 때를 정해 놓지 아니하셨는고 그를 아는 자들이 그의 날을 보지 못하는고 어떤 사람은 땅의 경계표를 옮기며 양 떼를 빼앗아 기르며 고아의 나귀를 몰아가며 과부의 소를 볼모 잡으며 가난한 자를 길에서 몰아내나니 세상에서 학대 받는 자가 다 스스로 숨는구나 그들은 거친 광야의 들나귀 같아서 나가서 일하며 먹을 것을 부지런히 구하니 빈 들이 그들의 자식을 위하여 그에게 음식을 내는구나 밭에서 남의 꼴을 베며 악인이 남겨 둔 포도를 따며 의복이 없어 벗은 몸으로 밤을 지내며 추워도 덮을 것이 없으며 산중에서 만난 소나기에 젖으며 가릴 것이 없어 바위를 안고 있느니라 어떤 사람은 고아를 어머니의 품에서 빼앗으며 가난한 자의 옷을 볼모 잡으므로 그들이 옷이 없어 벌거벗고 다니며 곡식 이삭을 나르나 굶주리고 그 사람들의 담 사이에서 기름을 짜며 목말라 하면서 술틀을 밟느니라 성 중에서 죽어가는 사람들이 신음하며 상한 자가 부르짖으나 하나님이 그들의 참상을 보지 아니하시느니라"(욥 24:1~12).

위의 탄식은 가난한 자들이 처한 삶의 형편을 그림처럼 생생하게 보여 준다. 채권자들에 의한 땅 탈취, 권력자들에 의한 노동력 착취, 비인간적인 지주들에 의한 권리 유린, 그리고 이로 인해 농노가 되어 버린 자유민들. 풍부한 곡식 추수, 경사진 밭에서 얻는 감람 기름, 포도 수확과 포도주 생산에 대비되는 굶주리고 목마르고 기름처럼 압착되는 백성들의 삶이 그려진다. 자식도 빚으로 빼앗기고, 입은 옷마저 전당잡혀야 하는 극한 빈민의 생활, 그러나 법정이나 성소 혹은 정치 엘리트들에게서 전혀 희망을 기대할 수 없다.

'마르제아흐'에 대한 비난

아모스는 백성들을 착취하는 사회 지도층을 비난하면서 '마르제아흐'라는 사회 제도를 언급한다(6:7). '마르제아흐'는 하나의 사회 제도이지만 이스라엘 지도층들의 사회생활과 종교생활을 보여 주는 단적인 증거다.

1. '마르제아흐'

어원과 제도의 성격이 여전히 불분명하긴 하지만 '마르제아흐'는 어떤 사회적·종교적 제도나 결사체의 이름이기도 하고, 그 모임의 회원들을 지칭하기도 하며, 그들이 모이는 집회소이기도 하다.[11] '마르제아흐'는 고대 근동의 여러 나라의 문서에서 발견되며 로마시대에 이르기까지 거의 2000년에 걸쳐 나온다. 성경(6:7; 렘 16:5)에서는 물론 14세기 우가릿 문서와 트렌스-요르단 지역, 페니키아, 이집트의 엘레판틴, 유대인 랍비 문서에도 발견된다.[12] '마르제아흐'는 시대와 장소에 따라 성격이나 내용의 강조점에 차이가 있으며 이스라엘 사회에서 복수로 존재했었다. 가장 상류층의 '마르제아흐'는 왕실을 중심으로 형성되었을 것이다. 이 결사체의 회원은 대부분 군사 엘리트인 남성들과 약간의 여성 지배계층(참고 4:1), 그리고 대지주, 사회 고위층들이었다.[13] 모이는 장소는 회원의 집이거나 그 목적을 위해 세워진 특별한 집이었을 것이며 가끔은 왕의 후원을 받기도 했다. 이 결사체의 기본적인 성격은 사회 엘리트들의 결속이다. '마르제아흐'는 주기적으로 모였으며, 그곳에는 만취가 있었고, 수호신이 있었다.[14] 사회 지도자들은 이곳에서 즐기며 함께 울고 웃으며 서로간의 연대를 강화해 나간 것으로 보인다.

2. '마르제아흐'에서 나타나는 이스라엘 지도층들의 생활

아모스는 '마르제아흐'의 독특한 순서와 내용을 아주 자세히 묘사한다.

"상아 상에 누우며 침상에서 기지개 켜며 양 떼에서 어린 양과 우리에서 송아지를 취하여 먹고 비파(נבל네벨)에 맞추어 헛된 노래를 지절거리며 다윗처럼 자기를 위하여 악기를 제조하며 대접(מזרק미즈라크)으로 포도주를 마시며 귀한 기름을 몸에 바르면서(משח마샤흐) 요셉의 환난을 인하여는 근심치 아니하는 자로다 그러므로 저희가 이제는 사로잡히는 자 중에 앞서 사로잡히리니 기지개 켜는 자의 떠드는 소리(מרזח미르자흐)가 그치리라"(암 6:4~7).

사회 지도층 인사들은 값비싼 가구를 들여놓고 근심 없는 삶을 살았다. 가난한 사람들은 신 한 켤레에 팔리고(2:6; 8:6) 짓밟히는 동안(2:7; 5:11), 그들은 상아 상에 누우며, 기지개로 상징되는 편안한 삶을 누리며 주기적인 잔치를 벌여 먹고 마시고 놀았다.[15] 그러므로 '마르제아흐' 잔치에 대한 아모스의 언급은 착취와 빈곤 속에서 고통받는 가엾은 사람들을 대변하여 탐욕적인 지도층들을 비난하는 것이다. 이 본문은 전통적으로 불의를 비난하는 '화신탁'(Woe Oracle)의 부분이며(6:1) 비난받는 대상은 시온에서 안일한 자와 사마리아 산에서 마음이 든든한 자, 곧 열국 중 우승하여 유명하므로 이스라엘 족속이 따르는 자들이다.

"상아 상"은 상아를 입히거나, 상아를 박아 장식한 침상으로 주전 8세기의 국제교류 상황을 반영하는 것이다.[16] 이스라엘의 엘리트들은 집을 장식하기 위해 값비싼 상아를 수입했다. 수입대금은 밀, 포도주, 감람유를 수출하여 충당하였다. 고가의 물품을 수입하기 위해서 이스라엘 지도자들은 농민들로 하여금 세 가지 농사에 집중하게 만들었고 이는 결국 기후 변동과 농산물의 국제 가격 변동으로 말미암아 자유농민들을 소작농과 노예로 전락시키는 요인이 되었다. '기지개 켜며'의 히브리 단어 '사라흐'는 '대자로 드러눕다'라는 뜻을 가진다. 상아 상이라는 사치품을 강조하는 외에 그 위에서

게으르고 무감각하게 특권적인 삶을 사는 모습을 묘사한다. 그것은 동시에 '마르제아흐' 연회에서 만취해 드러누운 사람들의 모습이기도 하다. 그러므로 그들의 편안한 삶은 만취자의 의식불명과 겹친다. 자기 배만 불리는 사람들은 사실은 정신이 나가고 속이 없는 사람들이라는 뜻이 된다.

이들은 "양 떼에서 어린 양"과 "우리에서 송아지"를 먹는다. "우리"의 히브리 단어는 "단단히 묶다"를 뜻하는 '라바크'에서 파생한 '마르베크'이다(참고 삼상 28:24; 렘 46:21; 말 3:20). 단단히 묶어 놓고 일을 시키지 않은 어린 송아지의 부드러운 고기, 특별한 방법으로 길러진 특질의 고기를 먹는다는 것을 뜻한다.

포도주와 기름은 삶의 기쁨을 나타내는 데 사용된다(시 23:5; 104:15; 잠 21:17; 아 1:2~3; 4:10; 전 9:7~8). 반대로 포도주와 기름이 없는 삶은 그것이 절제를 위해 일부러 그런 것(단 10:3)이 아니라면 저주받은 삶과 다름 아니다(미 6:15). 그러므로 포도주를 마시고 기름을 바른다는 것은 이스라엘의 지도자들이 최상의 행복을 누리고 있다는 것을 상징한다. 포도주를 마실 때 그들은 컵이 아니라 "대접"(미즈라크)을 사용한다. '미즈라크'는 손을 넣어 뿌릴 수 있도록 위가 넓게 터진 그릇이다. 술을 잔에 먹는 문화에서는 이해하기 쉽지 않겠으나 막걸리나 물을 대접에 떠먹는 문화에서 자란 사람은 쉽게 이해할 수 있다. 그러므로 '미즈라크'의 사용은 폭음과 만취를 뜻한다. 술을 엄청나게 먹은 결과는 정신 잃기, 자기도취, 자기망각 그리고 자기마취이다. 그래서 그들은 늘 눕는다. 침대에 눕고(4절), 술을 퍼먹고 취하여 대자로 눕고(기지개, 4, 7절), 나중에는 심판받아 땅에 버려져서 눕는다(9절). 여기에 나오는 "기름"은 올리브기름이다. 올리브는 고대 이스라엘의 주산물로서 주요 수출 상품이었다. 요리재료, 피부보호 연고, 신전의 제물, 연료, 약, 화장품 재료, 방취제, 윤활제, 살충제 등으로 사용되었다. 올리브가 생산되지 않았던 이집트와 메소포타미아는 올리브기름을 이스라엘에서 수입했다. 앗시리아의 대블레셋 정책은 그 지역의 올리브 생산과 밀접한 관계를 갖는다. 앗시리아는 올리브 생산 기지가 파손되지 않도록 반역국가들에 대해서도 관용을 베푸는 경우가 종종 있었다. 예를 들어 에크론은 앗시리아가 필요로 하는 올리브 생산지였고, 앗시리아는 올리브를 팔 넓은 시장을 갖고 있었다. 호세아는 이런 경제 활동에 대해서 언급한다. "에브라임은 바람을 먹으며 동풍을 따라가서 날마다 거짓과 포학을 더하며 앗시리아와 계약을 맺고 기름을 애굽에 보내도다"(호 12:1). 6절에 나오는 기름은 "귀한 기름"(레쉬트 쉐마님)이다. 여기에 또 일등이란 단어 '레쉬트'가 나온다. 일등 인생들이 기름도 일등품을 바른다는 것이다. 올리브기름을 추출하는 방법은 두 가지가 있다. 맷돌에 갈거나 밟아서 으깨는 것까지는 같다. "귀한 기름"은 으깨진 올리브 열매를 압착하기 전에 미리 얻어지는 기름이다. 으깬 상태에 물을 붓고, 으깬 열매와 함께 저으면 기름이 위에 뜨는데 그것을 걷어낸 것이 일등품 기름이다. 만드는 방법 때문에 '쉐멘 라후츠'(물에 씻은 기름)이라고도 한다. 나머지를 압착하여 얻은 것이 보통 품질의 기름이다.[17] 본문의 엘리트들은 먹는 것에 더하여 바르는 것도 일등품만 사용한다. 기름이 기쁨을 뜻하기도 하기 때문에(아 1:3; 4:10; 전 9:8), 그들은 몸뿐 아니라 마음에도 즐거움이 넘친다.[18]

"요셉의 환난"은 직역하면 '요셉의 파멸'(쉐베르 요셉)이다. 백성들의 삶이 깨진 '쉐베르' 그릇처럼 되어 가도 그들은 자신의 삶에만 관심이 있고, 백성들의 기름을 짜면서도 일등품 올리브만 찾는다는 뜻이다. 요셉은 어린 나이에 형들의 미움을 받아 부모를 잃고 이국의 노예가 되고 말았다. 아모스 시대의 이스라엘이 마치 요셉 신세와 같지 않느냐는 뜻이다. 요셉을 그렇게 만든 것은 형들이니 지도자들이 요셉을 파멸에 빠뜨린 그 형들과 무엇이 다른가? 형들이 앉아 식사하며 꾀를 모으는 동안, 옷도 벗은 채 구덩이 안에서 몸부림치며 생명을 구걸하던 요셉이 생각난다.

"기지개 켜는 자의 떠드는 소리"는 '미르자흐 세루힘'의 번역이다. "기지개 켜는 자"로 번역된 '스루힘'은 "비스듬히 눕다"를 뜻하는 동사 '사라흐'의 수동분사 복수형이다. '미르자흐'는 '마르제아흐'의 연계형(즉, "~의 '마르제아흐'")이다. 많은 중요 번역들이 '미르자흐'를 일반 명사로 번역한다. KJV는 banquet(향연)으로, NIV는 feasting(잔치)으로, NRS는 revelry(술 마시고 떠들기)로, 개역한글은 "떠드는 소리"로, 표준번역은 "흥청대던 잔치"로, 공동번역은 "흥청대던 소리"로 번역한다. 이 번역들은 '미르자흐'가 '소리지르다'를 뜻하는 아랍어 어근 r~z~ḥ와 관련시킨 결과이다.[19] 그러나 '마르제아흐'는 특정한 제도이므로 번역하지 않고 '마르제아흐'로 두든지, 혹은 '제의적 잔치'로 번역하는 것이 나을 것이다. 아모스는 '마르제아흐'에 참여하는 이스라엘의 특권층이 결국은 사로잡혀갈 것이라고 선포한다(7~11절).

3. '마르제아흐'를 통해서 보는 지도층들의 혼합 종교

아모스는 오랫동안 사회적 문제를 집중적으로 제기한 예언자로 인식되어 왔다. 그러나 얼마 전부터 예언자의 메시지의 핵심은 일차적으로는 주전 8세기에 만연한 우상숭배에 대한 종교적 논쟁이라는 주장도 제기되고 있다.[20] 아모스 6:4~7은 아모스의 관심이 이스라엘의 종교 타락에 있다는 증거본문으로 제시된다. 악기 만들어 노래 부르기, 기름붓기, 술마시기 등은 '마르제아흐'의 제의적 성격을 보여 주는 요소로 인식된다. 5절의 "비파"는 하프를 뜻하는 '네벨'의 번역이다. 크기가 작은 '킨노르'가 세속음악과 종교음악에 모두 사용되는 데 비해, 보다 큰 '네벨'은 느헤미야 12:27과 이사야 14:11을 제외하면 모두 종교적 상황에서 사용된다.[21] 아모스 5:23은 절기와 성회와 제사에 '네벨' 연주가 있었다고 말한다. "네 노래 소리를 내 앞에서 그칠지어다 네 비파 '네벨' 소리도 내가 듣지 아니하리라." 그러므로 '마르제아흐' 잔치에 대한 비난은 엘리트들의 호화스런 삶의 비난을 넘어 그들의 혼합적인 종교 행태에 대한 비난으로 볼 수 있다. 6절의 기름부음 '마샤흐'는 예언자, 제사장, 왕들의 임직과 관련하여 사용되는 용어다. 개역한글이 '마샤흐'를 '바르기'로 번역했는데, '붓기'가 더 적합한 번역이다. 올리브기름이 화장, 위생, 의약품의 용도로 사용될 경우는 일반적으로 '수크'(바르다)가 사용된다. 출애굽기 30:30~32에서 두 단어가 함께 나오는데, 아론과 그의 아들들에게 부어지는 '마샤흐'(거룩한 기름)는 일상적인 몸에 바르는(수크) 일에 사용되지 말아야 한다.

"너는 아론과 그 아들들에게 기름을 발라(마샤흐) 그들을 거룩하게 하고 그들로 내게 제사장 직분을 행하게 하고 이스라엘 자손에게 고하여 이르기를 이것은 너희 대대로 내게 거룩한 관유[쉐멘 마슈하트(마샤흐)]니 사람의 몸에 붓지(수크) 말며 이 방법대로 이와 같은 것을 만들지 말라 이는 거룩하니 너희는 거룩히 여기라 무릇 이와 같은 것을 만드는 자나 무릇 이것을 타인에게 붓는(나탄) 자는 그 백성 중에서 끊쳐지리라 하라"(출 30:30~33).

제사장과 관련된 기름붓기에는 '마샤흐'가, 일반적인 기름바르기(붓기)에는 '수크'나 '나탄'이 사용된다. 그러므로 여기서 올리브기름을 붓는 것은 일상적인 바름이 아니라 종교적 기름부음과 관련된다.

본문에서 술을 마시는 데 사용된 그릇은 '미즈라크'(대접)이다. 일상생활에서 사용하는 컵 '코스'와 달리, '미즈라크'는 금, 은, 청동으로 만들어지고 크기도 크며 성소에서 제물을 드리거나 피를 뿌리는 데 사용된다.[22] '미즈라크'는 이곳말고도 히브리 성경에서 31번 사용되는데 모두가 제의적 상황을 반영한다.[23] 이로 보건대 아모스 6장의 '화 신탁'은 약자를 억압하고 착취하는 지도층 사람들을 겨냥할 뿐 아니라, 그들이 참여하는 혼합주의적 종교 행위 자체를 비난하는 것으로 볼 수도 있을 것이다.[24]

맺는 말

우리는 지금까지 아모스 시대에 국가적으로 맞이한 경제적 성공과 그것이 진정 무엇을 남겼는지를 보았다. 그 시대는 이스라엘의 전성기였지만 일반 백성들, 특히 농민들과 도시 노동자들은 가장 가혹한 삶을 살아야 했다. 가난하고 힘없는 사람들은 신발 한 켤레처럼 값싸게 다루어지고 억울하게 땅에 던져져 짓밟혔다. 그들은 몸을 보호하는 최소한의 재산인 겉옷마저 여러 가지 이유로 빼앗기곤 했다. 대조적으로 정치 경제의 성공은 정치 지도자와 부유한 자들에게 호화스런 삶과 재산 증가라는 선물을 주었다. 물론 법 내에서의 불공정 경쟁 혹은 불법적인 강제 탈취로 가난한 사람들을 희생시 키면서. 종교 지도자들은 불행하게도 종교 산업의 경영자들에 불과했다.

'마르제아흐'는 상류층 사람들의 결사체 이름이며 그들이 모이는 장소이 며 회원들 자체이기도 했다. 상류층 사람들은 주기적으로 모여 자신들의 연 대를 공고히 했다. 경제인은 법조인과, 법조인은 정치가와, 정치가는 경제 인과, 경제인은 관리와, 관리는 지배 계층과, 심지어 종교인도 하나님과의 관계보다 더 깊이 그리고 넓게 사회의 상류층들과 관계를 맺고 있었다. 그러 나 그 제도는 사회를 건전하게 하고 약자를 보호하는 쪽보다는 사회 상류층 들의 이기심을 채우는 데 사용되었다. 그러므로 아모스는 가난한 사람을 착 취함으로써 호화로운 삶을 누리는 권력층의 연대인 '마르제아흐'를 비난한 것이다. 그러나 아모스의 비난은 종교적인 것이기도 하다. '마르제아흐'는 주변 나라들에서 유행했던 이교도적이며 혼합주의적인 성격을 띤 제의행위 였기 때문이다.

이스라엘에는 사회 약자 보호법이 있었다. 고아와 과부 그리고 나그네들 은 사회 약자들로서 이스라엘 사회의 보호와 지원을 받아야 했다. 그러나 아 모스의 예언은 그들에 대한 더 많은 지원을 요청하고 있는 것이 아니라 약자 를 양산하는 사회 자체를 문제삼고 있다. 이 불의하고 억압적인 사회 속에 혼 합종교적 성격을 띤 '마르제아흐'라고 하는 엘리트들의 사회 연대가 있었다.

06

참예언자와 거짓 예언자

아모스의 직업과 대결의 시대적 배경

아모스는 자신에게 주어진 사명을 감당하기 위해 많은 어려움과 고난을 무릅쓰고 하나님의 말씀을 전했던 예언자이다. 아모스는 본래 예루살렘 남쪽으로 16킬로미터 떨어진 유다 산지의 성읍 드고아 출신이다. 그는 유다에서는 웃시야 왕(주전 738~735년)이, 북이스라엘에서는 여로보암 2세(주전 786~746년)가 통치하던 주전 8세기 중반에 예언 활동을 시작하였다. 아모스 1:1, 7:14에 의하면 그는 양을 치며 뽕나무를 재배하던 목자였다. 그런 까닭에 그의 직업에 대한 전통적인 견해는 평범한, 혹은 가난한 목자거나 농부였을 것이라는 것이었다. 그러나 1:1에서 '목자'(shepherd)로 번역되는 히브리어 단어는 '노케드'인데, '노케드'는 목자 이상의 의미를 지닌다. 이 단어는 열왕기하 3:4에 한 번 더 나온다. "모압 왕 메사는 양을 치는 자라 새끼 양 십만 마리의 털과 숫양 십만 마리의 털을 이스라엘 왕에게 바치더니 아합이 죽은 후에 모압 왕이 이스라엘 왕을 배반한지라." 여기서 "양을 치는 자"의 히브리어가 바로 '노케드'이다. 이 기록에서 볼 수 있는 바와 같이 '노케드'는 생계수단으로 소규모의 양을 소유하고 있는 사람이나 타인의 양을 삯을 받고 치는 고용목자가 아니라 상당히 많은 양을 소유하고 있는 부농을 의미한다. 즉 많은 양을 소유하고 그것을 생업의 근간으로 삼는 농부(sheep-farmer)

라 할 수 있다.[1] 반면 '목자'는 '노케드'가 아니라 '로에'(רֹעֶה)이다. 로에는 은유 또는 비유적으로 어떤 일에 책임이 있는 관리, 왕이나 하나님에 대한 호칭(title)으로 사용되기도 하지만 이 경우 구체적인 직업을 의미하지는 않는다(시 23:1). 따라서 아모스가 로에가 아니라 '노케드'였다는 것은 상당히 많은 양을 소유한 부농이었음을 암시한다. 7:14에서 아모스는 자신을 '목자'(בֹּוקֵר 케르 찾다, 구하다, 묻다)로 표현하는데, 여기서는 아모스가 자신의 직업적 신분, 즉 양 사육과 돌감나무를 재배를 주업으로 삼는 직업을 나타내는 겸양어로 사용하고 있기 때문에 표면적 의미로 받아들이기는 어렵다.

우리말 번역 성경에 "뽕나무"로 번역되어 있는 단어는 '쉬크마'(שִׁקְמָה)로 '돌무화과'를 의미한다. 한국에는 무화과가 흔하지 않기 때문에 '쉬크마'를 모양도 유사하고 농촌에서 흔하게 볼 수 있는 뽕나무로 번역한 것이다. 돌무화과는 탐스러운 열매를 맺는 과실수는 아니다. 돌무화과 열매는 일반 무화과 열매보다 작으며, 주로 서리가 적게 내리는 해안평야나 저지대에서 자라는데 일 년에 여러 차례 열매를 맺는다. 돌무화과 열매는 당시 음식으로 사용되었으며, 나무는 가볍고 내구성이 있어 건축재료로 사용되었다.[2] 그리고 많은 양 떼를 소유한 것과 관련지어 볼 때 양 떼에게 그늘과 영양가 많은 이파리를 제공하고, 목동들에게 열매를 주기 위해 자신의 소유지에 돌무화과 나무를 심어 가꾸었던 것으로 볼 수 있다.

이처럼 비교적 부농에 속한 아모스가 왜 고향인 유다를 떠나 북이스라엘로 가 예언 활동을 하였는지는 단언하기 어렵다. 그러나 당시의 국제 정세와 북이스라엘의 사회상을 살펴보면 그 이유를 충분히 추론할 수 있다. 주전 9세기경 북이스라엘은 다메섹 지역 아람(오늘날의 시리아) 왕국의 침략에 시달렸다. 그러다 9세기 말에 앗시리아 제국이 아람을 공격하여 봉신국가로 만들었다. 그러나 앗시리아(앗수르) 제국의 황제들은 몇 대에 걸쳐 그 이상 뻗어 나갈 힘을 갖지 못했기 때문에 그 기간 동안 유다와 북이스라엘은 정치적 안정과 번영을 누리며 솔로몬 시대의 영토선을 거의 회복하게 되었다(왕하 14:25). 앞에서 언급한 모압 왕 메사가 아합 왕에게 상당량의 조공을 바친 것도 이때이다. 여로보암 2세 때부터 시작된 번영은 오므리 왕조 때까지 지속되었는데, 아합은 오므리 왕조의 마지막 왕이다. 이 기간 동안 해상과 육로를 통한 무역이 활발해지면서 포도주와 곡식을 팔아 부를 축적한 사람들이 생겨났고, 외국 문물이 수입돼 들어왔다. 이로 인해 부유한 시민계층이 생겨났고, 그들의 생활은 호사스러웠으며(3:15; 5:11; 왕상 22:39), 같이 들어온 이방 풍습과 종교문화로 인해 전통농민 계층은 많은 혼란을 겪기 시작했다. 솔로몬 시대에 버금가는 넓은 영토를 차지하게 되면서 새로 취득한 땅을 공을 세운 귀족층에게 나누어 주고, 그 귀족들은 부재지주로서 많은 소작농을 거느리며 과도한 소작료를 받아 챙겼다. 그렇게 해서 거두어들인 곡물과 포도주 등을 해외에 수출하면서 상아, 고급 향료, 귀금속 등 사치품들을 들여와 누렸다. 이들 신흥 부유층의 호사스러운 생활은 사마리아에서 출토된 고고학적 유물들이 입증한다.[3]

반면 전통적인 토지제도에 기반을 둔 농민계층은 과도한 소작료와 각종 세금에 시달리며 고통을 겪어야 했다. 이러한 실정을 누구보다도 잘 알고 있던 아모스는 자신의 안일하고 평온한 삶에 안주하지 않고 가난한 농민의 대변자로 나서 문제가 극심한 북왕국으로 올라가 예언 활동을 전개했다. 이 점이 아모스의 위대함이라 할 수 있다. 자기 자신만을 생각했다면 얼마든지 시류에 영합하여 부를 축적하며 편히 살 수 있었지만 농촌의 현실을 누구보다도 잘 아는 사람으로서 가만히 있을 수가 없어 예언자로 나서 북쪽으로 올라간 것이다. 그 당시 남유다보다 북이스라엘의 문제가 더 심각하였고, 종교적으로 타락했으며 사회적 불의가 횡행했기 때문에 그곳으로 가 강력한 심판의 예언을 통해 회개를 촉구했던 것이다. 그런 그를 반겨 줄 북이스라엘의 지도층은 아무도 없었다. 오히려 반란을 조장하고 사회질서를 어지럽히는 불순한 인물로 낙인찍어 배척할 뿐이었다.

아모스서의 기본 구조와 대결 기사

아모스서를 크게 네 부분으로 나눌 수 있다.

열방에 대한 심판과 책망의 말씀(1:3~2:16)

　다메섹(1:3~5)

　가사(1:6~8)

　두로(1:9~10)

　에돔(1:11~12)

　암몬(1:13~15)

　유다(2:4~5)

　북이스라엘(2:6~16)

이스라엘의 죄의 열거(3:1~6:14)

종말에 관한 다섯 가지 환상(7:1~9:6)

　메뚜기 재앙(7:1~3)

　불과 가뭄(7:4~6)

　다림줄(7:7~9)

　아마샤와의 대결(7:10~17)

　여름 과일 광주리(8:1~3)

　주님에 의한 성전붕괴(9:1~4)

회복의 말씀(9:11~15)

열방에 대한 심판과 책망의 말씀은 모든 땅의 심판자는 하나님이며, 하나님은 우주적인 주관자라는 것을 강조하며, 이스라엘의 죄를 열거할 때는 "들으라"를 세 번 반복한다(3:1; 4:1; 5:1). 예언자로서 아모스는 미래에 있을 일들을 환상을 통해 제시하였는데, 아모스의 이런 예언 활동을 못마땅하게 여긴 베델의 제사장 아마샤가 나타나 아모스를 비난하였다. 그러자 아모스는 자신의 예언자적 정당성을 주장하게 되는데, 셋째 환상 다음에 수록되어 있는 아모스와 아마샤의 대결이 이를 뒷받침해 준다.

이러한 전체적인 흐름과 맥락 속에서 아모스와 아마샤의 대결 기사의 구조와 내용, 핵심 메시지를 살펴보면 아모스와 아마샤의 대결의 본질과 불가피성을 파악할 수 있으며, 이것은 전체적인 아모스 이해에도 도움이 된다.

환상 모음집 안에서의 아마샤와의 대결 기사

1. 본문의 위치

대결 기사는 이스라엘의 멸망을 알리는 다섯 개의 환상이 들어 있는 모음집(7:1~9:6) 안에 위치해 있다. 아모스와 아마샤의 대결 기사가 심판에 대한 다섯 개의 환상 모음 속에 끼어 있어 외형적으로 볼 때는 환상 기사의 통일성을 깨뜨리는 것처럼 보이나, 내면적으로는 환상에 대한 신뢰도를 높여 주는 긍정적 작용을 한다. 즉 아마샤와의 대결 기사는 아모스가 당시의 종교 사회적 제도 속에서 예언자 무리에 속해 관습적이고도 전통적인 예언자 교육을 받아 예언자 행세를 하는 사람이 아니고—그런 류의 교육을 통해 제사장이 되어 사회 기득권층을 옹호하고 위선에 찬 활동을 하고 있는 제사장이 바로 아마샤이다—전적으로 하나님의 뜻에 따라 예언 활동을 하고 있음을 부각시킨다. 따라서 환상 기사 속에서 사이비 제사장에 대비되는 참예언자로서의 아모스의 모습이 부각되는 것은 그의 환상의 진정성을 보증해 준다.

아모스가 본 다섯 개의 환상은 메뚜기 재앙(7:1~3), 불과 가뭄(7:4~6), 다림줄(7:7~9), 여름 과일 광주리(8:1~3), 주님에 의한 성전붕괴(9:1~4)이다. 이 다섯 개의 환상은 모두 하나님의 심판을 예고하는 것인데, 앞의 네 개의 환상은 사물의 이미지를 통해 이스라엘의 멸망에 대한 경고를 담고 있는 반면, 다섯 번째 환상은 제단 곁에 서 있는 하나님의 음성을 통해 주어진다. 첫 번째 환상에서는 메뚜기 재앙에 대해 아모스가 하나님께 뜻을 돌이켜 달라고 중재기도를 하자 하나님이 심판의 뜻을 돌이키신다. 두 번째 환상에서도 불이 바다를 삼키고 육지까지 덮치려 하자 아모스가 뜻을 돌이켜 달라고 중재기도를 하였고, 하나님이 심판의 뜻을 돌이키신다. 여기서 불이 바다를 삼키고 육지를 덮치려 한다는 것은 불이 깊이 흐르는 지하수를 말려 버리고 농경지를 살라 버리는 재앙으로, 가뭄의 재앙과도 통한다. 그러나 이후의 환상에서는 아모스의 중재가 언급되어 있지 않으며, 하나님의 심판 선언으로 끝을 맺는다. 이것은 아모스의 중재에 의해 이스라엘 백성이 하나님의 심판을 계속 모면할 수는 없다는 것을 간접적으로 시사한다. 이스라엘 스스로가 회개의 길을 걷지 않는 한 심판은 불가피한 것이다.

2. 본문의 구조와 내용

환상모음집(7:1~9:6)은 아모스의 중재기도가 있는 처음 두 개의 환상과 중재기도가 없는 후반부 세 개의 환상으로 나누어 볼 수 있다. 세 번째 환상(7~9절)은 다림줄의 환상으로 대화의 형식을 취한다. 하나님이 손에 다림줄을 들고 성벽 곁에 서서 아모스에게 묻는다. "아모스야 네가 무엇을 보느냐?" 아모스는 "다림줄입니다" 하고 대답한다. 그러자 하나님께서 심판을 선언하신다(9절). "다림줄"로 번역된 히브리어 단어 '아나크'는 납(lead) 또는 주석(tin)의 뜻을 가진다. 이와 유사한 단어로 아카디아어(Akkadian)의 '아나쿠'(anāku)가 있는데, 역시 납 또는 주석의 뜻을 가지고 있으며, 벽의 길이나 넓이를 잴 때 사용되었다.[4] 아나크는 구약성경에서 단 한 번 등장하기 때문에 그 자체로는 의미가 불분명하지만, 납으로 만든 추(錘)에 실을 달아 측연선(測鉛線), 즉 다림줄(plumb line)로 사용하였기 때문에 아나크를 '다림줄'로 번역한 것이다. 이것은 부분으로써 전체를 나타내는 일종의 제유법적(提喩法的) 번역이라 할 수 있다.

하나님께서 아모스에게 다림줄의 환상을 보여 주신 이유는 8절 후반부에 나타나 있다. 성벽을 쌓는 석공이 성벽의 높이와 기울기 등을 측정하기 위해 추가 달린 다림줄을 사용하듯이 하나님께서는 이스라엘의 죄를 측정하기 위해 손에 다림줄을 들고 계신 것이다. "내가 나의 백성 이스라엘의 한가운데 다림줄을 드리워 놓겠다"는 말씀은 그들의 마음이 하나님께로 향해 있는지 아니면 다른 우상들에게로 향해 있는지 그 기울기를 측정하시겠다는 뜻이 내포되어 있다. 성벽을 쌓는 석공이 성벽의 높이와 기울기 등을 측정하기 위해 추가 달린 다림줄을 사용하듯이 하나님께서는 이스라엘의 죄를 측정하기 위해 다림줄을 손에 들고 계신 것이다.

아모스와 아마샤의 대결은 10~17절에 압축되어 있는데, 베델의 제사장 아마샤는 남유다 출신 아모스의 예언 활동을 못마땅하게 여기고 있었다. 그래서 그는 북이스라엘의 왕 여로보암 2세에게 사람을 보내 아모스가 반란을 선동하고 있다고 모함하였다. 아모스는 "이삭의 산당들은 황폐해지고 이스라엘의 성소들은 파괴될 것이다. 내가 칼을 들고 일어나서 여로보암의 나라를 치겠다"(9절)고 선포하였다. "이삭의 산당들"은 언덕 위에 작은 숲으로 둘러싸여 있으며, 종종 제단을 갖추고 있는 개방된 성소로, 가나안 원주민들은 이스라엘 사람들이 들어오기 전에 이런 산당들에서 바알 신을 예배하였다(호 4:13). 나중에는 이스라엘 사람들에 의해 산당이 하나님을 예배하는 지역 성소로 이용되면서 종교혼합주의의 온상이 되었다.[5] 그래서 히스기야 왕(왕하 18:4)과 요시야 왕(왕하 23:15)이 종교개혁을 단행하면서 산당을 철폐하였던 것이다. "이스라엘의 성소들"은 여로보암 1세에 의해 단과 베델에 세워진 북이스라엘의 공인된 성소를 일컫는다. 여로보암 1세가 단과 베델에 국가 공인 성소를 둔 것은 주전 922년 왕국 분열 후 남왕국의 예루살렘 성전에 버금가는 대항 성소로 삼기 위한 것이었다.[6] 특히 베델은 여로보암 2세 때 북왕국의 중심 성소 역할을 하였다(3:14). "여로보암의 나라"에서 여로보암은 북왕국의 첫 번째 왕인 여로보암 1세(주전 922~901년)를 지칭하는 것으로 볼 수도 있지만, 그보다는 여로보암 2세(주전 786~746년)를 지칭하는 것으로 보는 것이 더 타당하다. 아모스가 예언 활동을 한 시기는 바로 이 여로보암 2세 때이기 때문이다(1:1). 여로보암 2세의 통치 시기는 북왕국에서 그 유례를 찾아보기 어려울 정도로 국력이 신장되고 풍요와 번영을 누리던 시기이다.

아모스의 날카로운 비판을 접한 제사장 아마샤는 "아모스가 이스라엘 나라 한가운데서 임금님께 대한 반란을 선동하고 있습니다. 그가 하는 모든 말을 이 나라가 더 이상 참을 수 없습니다"(10절)라고 왕에게 보고하였다. 아마샤는 베델의 한 제사장이 아니라 우두머리 제사장(chief priest)으로 보인다. 그는 여로보암 2세에게 편지를 써 아모스가 '모반을 꾀한다'고 보고하였다. '모반'은 히브리어로 '카샤르'인데, 이것은 매우 정치적인 용어이다. 특히 북왕국의 통치자들에게 모반은 극도로 민감한 사안이었다. 북왕국 전체 200년의 역사(주전 922~722년)에서 일곱 번이나 정변이 일어나 정권이 바뀌었는데, 여로보암 2세가 속하는 예후(Jehu) 왕조 역시 정변을 일으켜 세웠기 때문에 아마샤가 아모스에게 모반 혐의를 씌우는 것은 그 자체가 고도의 정치적 행위다. 과연 아모스가 정치적 모반을 도모한 것인가? 결코 그렇지는 않다. 그러나 아모스를 통해 주어지는 하나님의 말씀 속에는 모반의 정치적 의미가 함축되어 있다. 이 점에 있어서 아마샤의 판단은 정확하다고 말할 수 있을 것이다.

아마샤의 이러한 반응에 대해 아모스는 비판의 수위와 강도를 더 높여 "여로보암은 칼에 찔려 죽고 이스라엘 백성은 틀림없이 사로잡혀서 그 살던 땅에서 떠나게 될 것이다"라고 외쳤다(11절). 아마샤는 여로보암의 관심을 끌기 위해 아모스가 한 선포의 두 가지 측면을 요약 형식으로 전한다. '전쟁에서 왕 자신이 죽을 것이며, 나라가 포로로 잡힐 것이다.' 아모스의 이런 치명적인 발언에 제사장 아마샤는 "선견자야, 사라져라! 유다 땅으로 도망가서, 거기에서나 예언을 하면서 밥을 빌어먹어라"고 대꾸한다(12절). 아마샤가 아모스를 '선견자'로 호칭하는 것에서는 경멸적인 뉘앙스를 찾기가 어렵다. '선견자'는 히브리어로 '호제'(חזה=seer√ḥāzâ=see)인데, 이는 고대 이스라엘의 예언사에서 초기 예언자들을 지칭할 때 사용될 뿐만 아니라(삼상 9:9) 그 후에도 예언자를 지칭하는 칭호로 사용되었다(삼하 24:11; 왕하 17:13; 사 30:10). 그러나 최초의 문서 예언자이자 주전 8세기 예언의 효시인 아모스에게 '나비'(예언자)라는 호칭을 사용하지 않고 호제로 호칭한 것은 분명 어떤 의도를 반영한 것이다. 즉 아마샤는 분명 아모스를 예언자로 인정하되 예언의 대가를 받고, 시대 상황에 뒤떨어진 초기 예언자들의 구태를 벗어 버리지 못한 낡은 예언자, 도무지 국가의 일을 생각하지 않는 지엽적인 예언자 취급을 하면서 의도적으로 호제라 부른 것이다. 그러나 그가 아모스를 환영하지 않고 배척하는 이유는 북왕국을 향한 심판의 예언을 차단하기 위한 것으로 보인다. 아모스가 북왕국에 임할 하나님의 심판을 대언하러 북왕국으로 왔다는 것을 아마샤는 잘 알기 때문에 그를 다시 남왕국으로 돌려보내려 하는 것이다. "예언을 하면서 밥을 빌어먹어라"는 말은 예언자들이 기부에 의해 생활했던 것을 반영한 말이다(삼상 9:7~9; 미 3:5, 11). 예언자가 일한 만큼 삯을 주는 것은 이스라엘에서 오랫동안 흔한 일이었으나, 종종 어떤 예언자들은 하나님의 말씀을 충실히 전하기보다 삯을 주는 사람의 귀를 즐겁게 해 주는 말을 전하는 경우도 있었다(미 3:5, 11). 아마샤는 북이스라엘에 대한 아모스의 심판의 예언을 차단하기 위해, 아모스에게 남유다로 가 예언 활동을 하기를 종용한다. 왕의 임명에 의해 베델의 제사장이 된 아마샤는 기존 질서를 위협하는 아모스가 조용히 유다로 빠져 나가기를 바란다. 그것은 최소한 자신의 기득권과도 연관된 문제이기 때문이다.[7] 아마샤의 이러한 현실의식과 예언에 대한 그릇된 이해가 아모스와의 갈등을 일으키고 있다.

아모스의 메시지는 아마샤에 의해 공적인 제사장직과 여로보암 2세의 통치를 전면적으로 부인하는 것으로 받아들여진다. 그래서 아마샤는 아모스의 예언이 하나님에게서 비롯된 참예언인지 아닌지를 알아보려 하지 않고, 아모스의 예언이 함축하고 있는 정치적 의미만을 파악하여 예언을 좌절시키려 했던 것이다. 아마샤의 관심은 하나님의 참뜻이 무엇인가에 있지 않고 어떻게 해서든 왕의 예배장소이자 국가적인 성소인 베델을 보존하는 데 있었다. 아마샤는 여로보암 2세의 권위에 의거하여 아모스를 베델에서 퇴출시키려 한 것이다. 북왕국에서는 왕이 종교를 통제하는 전통이 상당히 강했다(왕상 12:26~33; 16:26, 30~33; 18:4, 9). 그런 까닭에 정통 예언자들은 국가가 언약에 충실하지 못할 때 자주 왕들을 비판하였다. 아마샤는 베델을 '왕실 성소'와 '왕국 성전'으로 묘사하는데, 북왕국의 공식 성소인 베델은 바로 여로보암 2세의 통제 하에 있으며, 그곳의 최고 제사장인 아마샤는 아모스에게 베델을 떠나 남유다로 갈 것을 요구하였다. 그런 까닭에 그는 아모스를 반역의 선동자로 몰아세우는 것이다.

이에 대해 아모스는 먼저 자신의 신분을 "나는 예언자가 아니며 예언자의 아들도 아니다. 나는 목자이고 돌무화과를 가꾸는 사람"이라고 밝힌다(14절). 여기서 자신을 '목자'(보케르 찾다, 구하다, 묻다)로 표현하는데, 이것은 자신의 직업적 신분, 즉 양 사육과 돌감나무 재배를 주업으로 삼는 직업을 나타내는 겸양어로 사용된다. 아마샤의 요구에 대한 아모스의 이 대답에는 자신은 어디에서든지 재정적인 이유 때문에 예언을 하는 사람이 아니라는 항변이 들어 있다. 또한 "나는 예언자도 아니고, 예언자의 제자도 아니다"라는 진술에는 '나는 삯을 받기 위해 예언하는 그런 부류의 사람이 아니다'라는 자기 변호와 하나님의 말씀을 전하기보다는 듣는 사람의 귀를 즐겁게 해 주는 거짓 예언자가 아니라는 항변이 들어 있다. 아모스는 자신이 직업적인 예언자 집단에 속하지 않고 오직 하나님의 특별한 부름에 의해 예언하는 것임을 밝힌다. 아모스는 양을 사육하면서 돌무화과를 가꾸는 농부였으나, 하나님의 부름을 받아 고향 드고아를 떠나 북이스라엘로 가서 예언 활동을 한 농부 출신 예언자이다.

"그러나 주께서 나를 양 떼를 몰던 곳에서 붙잡아 내셔서, 주의 백성 이스라엘에게로 가서 예언하라고 명하셨다"(15절)고 아모스는 자신의 소명에 대해 언급하며, '다윗을 양 우리에서 데려다가 이스라엘의 왕을 삼았다'는 다윗 이야기(삼하 7:8; 시 78:70)를 떠올리게 한다. 다윗과 아모스는 둘 다 양을 치는 사람이었기에 아모스는 암암리에 다윗을 떠올리게 함으로써 자신이 유다만의 예언자가 아니라 북이스라엘의 예언자로도 부름받았음을 강조한다. 북이스라엘은 과거에 유다 출신인 다윗을 자신들의 왕으로 받아들인 적이 있다(삼하 5:1~3). 따라서 아모스는 자신은 어느 한 지역의 예언자가 아니라 남과 북 모두를 포함하는 하나님의 언약 백성 전체에게 예언하도록 부름받

앉음을 강조한다. 베델을 떠나 유다에나 가서 값싼 예언 활동을 하라는 아마샤의 요구에 대한 아모스의 답변은 매우 논리적이고도 신앙적이다.

아모스는 16~17절에서 아마샤가 "이스라엘을 치는 예언을 하지 말고, 이삭의 집을 치는 설교를 하지 말라"고 말한 것을 비난하며, "네 아내는 이 도성에서 창녀가 되고, 네 아들딸은 칼에 찔려 죽고, 네 땅은 남들이 측량하여 나누어 차지하고, 너는 사로잡혀 간 그 더러운 땅에서 죽을 것이다. 이스라엘 백성은 꼼짝없이 사로잡혀 제가 살던 땅에서 떠날 것이다"라고 외친다. "이스라엘을 치는 예언을 하지 말고, 이삭의 집을 치는 설교를 하지 말라"는 아마샤의 요구의 본질은 아모스로 하여금 하나님의 뜻에 불순종하게 하려는 것이다. 아마샤가 이스라엘을 치는 예언을 하지 말라고만 했다면 이스라엘의 범위가 다소 모호해질 수 있다. 북이스라엘을 의미하는지 남유다까지를 포함하는지가 그것이다. 그러나 아모스는 분명히 '베이트 이츠하크'(이삭의 집)라고 언급함으로써 남과 북 모두를 포함하는 전체 언약백성들에게 말하지 말라고 한 것으로 받아들이고 있다. 아마샤는 분명 유다로 가서 예언 활동을 하라고 말했지만(12절), 남북을 포함하는 전체 언약백성의 예언자로 부름받은 아모스에게 북이스라엘에서 예언 활동을 못 하게 하는 것은 근본적으로 예언 활동에 대한 반대를 의미한다. 따라서 아모스는 "이삭의 집", 즉 남북 모두에서 예언 활동을 하지 못하도록 한 것으로 받아들인 것이다.

예언을 하지 말라는 아마샤의 요구는 예레미야와 예루살렘 성전의 제사장이자 성전에서 총감독으로 일하는 바스훌의 갈등을 연상시킨다(렘 20:1~6). 예레미야는 자신을 핍박하고 예언을 못 하게 하는 바스훌의 죽음과 예루살렘 도성의 황폐화, 그리고 바스훌 집안의 모든 사람들이 바빌론에 포로로 끌려갈 것을 예언하였다. 아모스와 예레미야가 당시 기득권을 가진 성전 제사장들로부터 박해를 받고, 예언 활동을 못 하도록 압박을 받았던 것은 사회의 중심부와 주변부 사이의 갈등과 무관하지 않다. 유다와 북이스라엘에서 권력층과 밀접한 관계를 맺고 중심부 기득권층의 입장을 옹호하는 제사장이나 예언자들은, 소외된 백성들의 입장을 옹호하며 하나님의 공의를 외쳤던 예언자들을 배척하곤 하였다. 구약성경에는 예언자들의 반대편에 서서 예언자들을 괴롭히고 방해함으로써 예언자들의 활동을 드러내고, 그들이 참예언자임을 간접적으로 드러내는 인물들이 다수 등장한다(모세에게 바로, 엘리야와 엘리사에게 여로보암 1세, 이세벨, 아합, 예레미야에게 하나냐 등). 이들은 결국 불행한 운명에 처해졌다. 마찬가지로 아마샤에게도 불행한 결말이 예언되었다. 아마샤의 아내가 도성에서 창녀가 되고, 자식들이 칼에 찔려 죽고, 땅을 빼앗기며, 포로가 되어 끌려갈 것이라는 예언은 아마샤 개인에게 국한되는 심판의 예언만은 아니다. 이것은 북이스라엘 전체에 적용되는 국가적 파국을 의미한다. 후반부 짧은 구절 안에 '아다마'(땅)가 세 번 언급되고 있는데, 이것은 이스라엘이 불가피하게 포로로 끌려갈 것임을 강조한다. 아모스가 궁극적으로 전하고자 하는 메시지는 아마샤의 개인적인 불행이 아니라 불순종에 의한 북이스라엘의 파국이다.

아모스와 아마샤의 대조적인 모습

고대 이스라엘의 사회와 신앙의 역사에서 예언자들이 차지하는 비중은 매우 크다. 사사시대는 하나님이 직접 사사들을 세워 이스라엘 공동체를 통치하는 신정정치 체제였다. 그런 까닭에 기드온이 미디안을 물리치고 이스라엘을 구했을 때 백성들은 기드온과 그의 후손들이 자신을 대대로 다스려 줄 것을 요청하였다. 왕이 되어 달라는 요구였다. 이에 대해 기드온은 "하나님이 너희를 다스리시리라"고 거절함으로써 이스라엘의 진정한 왕은 하나님이라는 하나님의 왕권(the kingship of God) 사상을 재차 천명하였다. 그러나 사무엘 시대에 이르러 백성들은 다시 이웃 나라들처럼 전쟁 때에 나가 싸워 자신들을 보살필 왕을 세워 달라고 요구하였다. 이스라엘의 초대 왕으로 사울을 세움으로써 인간 왕이 통치하는 왕정이 시작되었다. 사무엘이 예상되는 왕정의 부정적인 측면에 대해 충분히 경고해 두었듯이(삼상 8:10~18) 인간 왕이 다스리는 왕정은 자칫 약자를 억압하고 하나님의 정의를 왜곡할 소지를 안고 있었다. 왕의 부당한 정치권력과 불의한 행위를 견제하고 하나님의 뜻을 왕과 백성들에게 전하기 위해 출현한 사람들이 예언자들인데, 고대 이스라엘에서 예언 활동이 본격적으로 전개된 시기는 주전 8세기이며 아모스는 바로 이 8세기 최초의 문서 예언자이다.

아모스는 본래 남왕국의 드고아에서 양을 사육하고 돌무화과를 재배하는 농부였는데, 하나님의 부름을 받고 북왕국으로 가 정의의 예언 활동을 하였다. 아모스는 그 누구보다도 여로보암 2세 치하 권력층의 불의와 부패, 사치스러운 행위를 고발하고, 정의가 강물처럼, 공의가 하수처럼 흘러가는 사회를 건설하라고 외쳤다. 그런 그에게 가장 큰 걸림돌이요 방해물은 북왕국 베델의 제사장인 아마샤였다. 아마샤는 우두머리 제사장으로서 하나님의 진정한 뜻이 어디에 있는가를 따지기 전에 그릇된 방향으로 가고 있는 국가와 기득권층의 이익을 옹호하기 위해 아모스를 배척하였다. 예언자 아모스와 제사장 아마샤는 여러 가지 면에서 대조적이다. 아모스가 남왕국의 농부 출신인 반면 아마샤는 북왕국의 제사장이며, 아모스는 직업적인 예언자 무리에 속하지 않고 직접 하나님의 부름을 받아 생업을 포기하고 북쪽으로 가 예언 활동을 한 반면, 아마샤는 북왕국 베델의 직업적인 제사장으로서 하나님의 뜻을 따르기보다는 현실적인 기득권층의 이익을 대변한다. 아모스는 민족 통일의 꿈을 안고 북왕국으로 가 회개를 촉구한다. 회개하지 않고 계속 범죄하면 하나님의 심판을 받아 주변 나라의 침략을 받을 것이고, 그렇게 되면 남북 분단은 더욱 고착화될 것을 염려하여 홀홀단신 북으로 건너가 예언 활동을 한 것이다. 그런 반면 아마샤는 민족 통일에 대한 어떠한 꿈이나 인식도 가지고 있지 않다. 다만 여로보암 2세 치하의 현상유지를 위해 노력할 뿐이다. 이 점에 있어서 본문의 독자는 참예언자로서의 아모스와 거짓 제사장으로서의 아마샤의 모습을 대조해 볼 수 있을 것이다.

맺는 말: 현실적 반성

기독교인으로서 하나님의 일을 하는 사람은 언제나 사명과 고난의 문제를 깊이 생각해 보아야 한다. 사명은 하나님의 부르심과 명령에 의해 거부할 수 없이 주어지는 신앙의 명제이며, 깊은 내면의 성찰과 삶의 현실에 대한 예리한 통찰을 통해 마땅히 자신이 해야 할 일을 발견하고 그 일에 실존적 자기투여(自己投與)를 단행하는 결단이다. 하나님의 부르심과 명령에 의한 결단이든 내면의 자발적인 분발에 의한 결단이든 기독교인의 사명의식은 궁극적으로 하나님의 뜻 안에서 이루어지는 것이며, 하나님의 뜻을 이루기 위해 노력하는 가운데서 때로는 어려움과 고난에 직면하게 된다. 자신에게 주어지고, 자신이 감당해야 할 사명으로 받아들이는 순간 보이지 않게 고난의 싹도 움트기 시작한다. 사명의 씨앗을 뿌리는 순간 고난의 씨앗도 뿌려지기 때문이다. 성경과 역사가 증언하는 위대한 신앙 인물 중에서 고난의 연단을 받지 않은 사람은 없다고 해도 과언은 아닐 것이다. 그들은 어떠한 형태로든 고난의 터널을 거쳐 보다 정의롭고 광명에 찬 세계로 나아가 믿음과 정신의 승리를 보여 주고 자신에게 주어진 사명을 감당하여 하나님께 영광을 돌렸다. 그러기에 사도 바울은 "환난은 인내를, 인내는 연단을, 연단은 소망을 이루는 줄 앎이라"(롬 5:3~4)고 말한 바 있다.

오늘날 한국의 기독교인은 과연 어떠한 모습인가? 아모스처럼 민족의 신앙과 운명에 깊은 관심을 가지고 하나님의 뜻에 따라 주체적이고도 결단하는 순종의 삶을 사는가, 아니면 아마샤처럼 기득권자들을 위한 왜곡된 현실에 안주하여 하나님의 뜻보다는 사람의 뜻에 더 큰 비중을 두고 살아가는가? 아모스와 아마샤의 대결은 오늘날 가치관의 혼돈 속에 하나님의 뜻을 따라 살려는 엄정한 노력을 게을리하는 신자들이 늘어나는 현실에서, 갖가지 교묘한 논리와 위선적인 주장이 난무하는 신앙 행태 가운데 어느 쪽을 택해야 할지, 어느 쪽이 진정으로 하나님이 원하시는 길인지를 분별하는 일에 많은 가르침과 시사점을 던져 주고 있다. 뿐만 아니라 아모스가 본 환상은 단순한 환상이 아니라 깊은 신앙적 고뇌와 명상의 깊이에서 받은 하나님의 계시가 들어 있는 환상이다. 참다운 신앙인은 치열한 역사의식과 사회의식, 더불어 깊은 영성과 신앙적 내면 세계가 있어야 함을 의미한다. 아마샤는 그 어느 쪽에도 충실하지 못한 지극히 세속적인 직업적 제사장의 표본이다.

II. 본문연구

01

아모스서의
표제와 개요

아모스 1:1은 아모스서 전체의 표제 역할을 한다.

"유다 왕 웃시야의 시대 곧 이스라엘 왕 요아스의 아들 여로보암의 시대의
지진 전 이 년에 드고아 목자 중 아모스가 이스라엘에 대하여 묵시받은 말
씀이라"(암 1:1).

시편에 보면 본문이 시작되기에 앞서 괄호 속에 넣어서 그 시의 배경에
관해 간략하게 기술해 놓은 것이 있다. 그것이 바로 표제이다. 선지서 가운
데서도 아모스서의 표제는 가장 자세한 정보를 제공해 주는데, 대략 다음과
같이 여섯 가지 정도로 요약해 볼 수 있다. 책의 제목, 저자, 저자의 직업, 저
자의 고향, 내용, 시기를 순서대로 간략하게 살펴보자.

책의 제목

개역한글에는 뚜렷하게 나타나 있지 않지만, 히브리어 원어 성경의 경우
는 가장 먼저 등장하는 말이 '아모스의 말씀들'(the words of Amos)이다. 책의
제목을 가르쳐 주는 말이다. 다른 선지서와 비교해 볼 때에 이것은 특이한

표현이다. 예를 들어 호세아 1:1을 한번 찾아보자.

> "웃시야와 요담과 아하스와 히스기야가 이어 유다 왕이 된 시대 곧 요아스
> 의 아들 여로보암이 이스라엘 왕이 된 시대에 브에리의 아들 호세아에게 임
> 한 여호와의 말씀이라"(호 1:1).

위에서 보는 바와 같이 호세아서의 제목은 '여호와의 말씀'으로 되어 있
다. 다른 선지서들도 마찬가지다. 선지자들은 하나님의 말씀을 받아서 전하
는 도구 역할을 하는 자들이기에 '여호와의 말씀'이라는 제목이 적합할 것이
다. 그런데 유독 아모스에서는 그런 표현을 쓰지 않고 '아모스의 말씀'이라
고 했다. 이런 표현을 구약성경 어디에서 또 썼을까?

> "이 말씀은 야게의 아들 아굴의 잠언이니 그가 이디엘과 우갈에게 이른 것이
> 니라"(잠 30:1).
> "르무엘 왕의 말씀한 바 곧 그 어머니가 그를 훈계한 잠언이라"(잠 31:1).

위에서 보는 바와 같이 '말씀'이란 말은 지혜 문학인 잠언에서 주로 사용
되었다. 앞으로 살펴보겠지만 아모스서에는 지혜 문학적인 요소가 많다. 책
제목 자체에서도 이미 지혜 문학적인 요소를 볼 수 있다.

저자

둘째로, 아모스서의 표제는 저자의 이름이 '아모스'임을 보여 준다. 아모
스 이외의 성경 어디에서도 아모스가 언급된 적이 없다. 오직 이사야 1:1에
서 이사야를 '아모스의 아들 이사야'라고 표현했다. 물론 이사야나 아모스나
주전 8세기의 동시대에 속하는 선지자이기에 시대적으로는 부자 관계일 가

능성도 있지만 이사야의 부친 아모스와 본서의 저자 아모스는 우리말 음역만 같을 뿐 히브리어로는 서로 다른 철자로 되어 있다. 즉 다른 인물이라는 것이다.

여기서 우리는 종교개혁자 마르틴 루터의 말을 상기해 볼 필요가 있다. "우리가 관심을 기울여야 할 것은 선지자의 인물됨됨이가 아니라 그가 전하는 메시지이다." 다시 말해서 누가 전하든지간에, 전해진 하나님의 말씀 그 자체에 중요성을 두어야 한다는 것이다.

저자의 직업

셋째로, 아모스의 직업은 목자라고 했다. 그런데 이곳에 쓰인 목자라는 단어는 1:2에 쓰인 목자와는 원어상의 차이가 있다. 아모스의 본래 직업을 나타내기 위해서 사용된 히브리어 '노케드'는 열왕기하 3:4에서 모압 왕 메사에게도 사용되었다.

"모압 왕 메사는 양을 치는 자라 새끼양 십만의 털과 숫양 십만의 털을 이스 라엘 왕에게 바치더니"(왕하 3:4).

우리는 이 사실에서 아모스가 일반적으로 생각되는 비천한 신분의 목자라기보다는 오히려 생활 수준이 상당히 높은 중산층에 속하는 사람임을 추측해 볼 수 있다. 그만큼 아모스는 교육 수준도 높았을 것으로 추정된다. 여하튼 아모스의 직업이 본래 목자였다는 사실은 그가 아무런 선지자적 배경을 가지고 있지 않음을 보여 준다. 뒤에 아모스는 7:14~15에서 이것을 분명히 밝힌다.

"아모스가 아마샤에게 대답하여 가로되 나는 선지자가 아니며 선지자의 아들도 아니요 나는 목자요 뽕나무를 배양하는 자로서 양 떼를 따를 때에 여호와께서 나를 데려다가 내게 이르시기를 가서 내 백성 이스라엘에게 예언하라 하셨나니"(암 7:14~15).

하나님은 그의 나라를 위하여 아모스와 같은 목자를 들어 쓰기도 하시고, 베드로와 같은 어부를 택하기도 하시며, 마태와 같은 세리를 사용하기도 하신다. 바울처럼 많이 배운 사람도 귀하게 쓰시고, 베드로처럼 배우지 못한 사람도 귀하게 쓰신다. 우리도 얼마든지 내 모습 그대로 쓰임받을 수 있다. 문제는 하나님께서 나를 쓰시고자 하실 때, 내가 과연 얼마만큼 부르심에 충성하느냐에 달려 있다.

저자의 고향

넷째로, 아모스는 어디 출신인가? 그는 '드고아의 목자'라고 했다. 그의 고향 드고아는 예루살렘에서 남쪽으로 약 19km 떨어진 곳에 위치해 있으며 표고가 높아서 목축에 유리한 곳이다.

"이에 백성들이 일찍이 일어나서 드고아 들로 나가니라"(대하 20:20).

호세아 1:1과 아모스 1:1을 비교해 볼 때 두드러지는 차이가 한 가지 있다. 호세아에 대한 소개는 '브에리의 아들 호세아'라고 되어 있다. 구약 시대에는 어느 사람을 소개할 때 그 사람의 족보를 이용한다. 그의 아버지가 누구이고, 할아버지는 누구이며, 또 그 위는 누구인가 등을 쭉 나열하면서 설명한다. 그런데 아모스 소개에는 그것이 빠져 있다. 왜 그럴까? 아마도 아모스의 부친이 일찍 죽었거나, 그렇지 않으면 그 시대에 별반 알려지지 않은 인물이었기 때문일 것이다. 말해 보았자 아무도 알지 못하는 인물이라면 구태여 말할 필요가 없었을 것이다. 그 대신 아모스의 고향으로 드고아를 소개한다.

다시 말해서 아모스에게는 그의 부친보다도 그의 고향 드고아가 더 중요한 역할을 한다는 것이다. 그러면 드고아가 과연 어떤 중요성을 주는 곳일까?

우리나라도 각 지역마다 나름대로의 특성이 있다. 예를 들어 나주라고 하면 배의 특산지로 알려져 있다. 경북 안동이라고 하면 전통적인 교육 도시로 정평이 나 있다. 그러면 이스라엘에서 드고아는 무엇으로 알려져 있을까? 다음 구절을 한번 읽어 보자.

> "스루야의 아들 요압이 왕의 마음이 압살롬에게로 향하는 줄 알고 드고아에 보내어 거기서 슬기 있는 여인 하나를 데려다가 이르되 청컨대 너는 상제된 것처럼 상복을 입고 기름을 바르지 말고 죽은 사람을 위하여 오래 슬퍼하는 여인같이 하고 왕께 들어가서 여차여차히 말하라고 할 말을 그 입에 넣어 주니라"(삼하 14:1~3).

드고아에는 슬기로운 여인이 살고 있었다. 다시 말해서 드고아는 지혜 있는 자들이 사는 곳으로 유명했다는 것이다. 아모스는 바로 그 드고아 출신이었다. 그러니 지혜로울 수밖에. 실제로 아모스는 그의 메시지에서 보는 것처럼 당시 세계 정세에도 박학다식했으며(1:3~2:3), 목자로서의 경험을 통해 얻은 지혜를 이용하여 메시지를 한층 더 힘 있게 전함을 볼 수 있다(3:3~5, 12).

내용

다섯째는, 아모스서의 내용이다. "이스라엘에 대하여 묵시 받은 말씀이라"고 했다. 여기에 보면 '묵시'라는 단어가 '말씀'이라는 단어와 연결이 되어 있다. 사실 이 두 단어는 원칙적으로는 서로 어울리지 않는다. 왜 그런가?

묵시는 눈으로 보는 것이고, 말씀은 귀로 듣는 것이기 때문이다. 그럼에도 불구하고 이 두 단어가 서로 짝을 이루고 있는 데는 특별한 의미가 있다고 본다.

아모스는 하나님의 음성을 귀로 듣기만 했을 뿐 아니라, 하나님이 주신 묵시를 눈으로 보기도 했다는 것이다. 말하자면 아모스는 청각적인 용어와 시각적인 용어를 함께 사용함으로써 하나님의 말씀을 자신이 철저하게 받았다는 사실을 부각시킨다. 그러니 앞으로 아모스가 전하는 메시지는 너무나도 분명한 하나님의 말씀이라는 것이다.

아울러 아모스가 앞으로 전하고자 하는 메시지의 주된 대상은 '이스라엘'이다. 물론 아모스는 1장과 2장에서 이스라엘 주변의 여러 나라에 대한 하나님의 심판도 외치지만, 그 주된 대상은 어디까지나 이스라엘이다.

아모스는 이스라엘이 하나님 앞에서 범죄함으로 말미암아 하나님의 심판을 피할 수 없음을 선언한다.

1절의 요소들을 중심으로 아모스서의 개요를 살펴보면 아래와 같다.

서론 - 표제와 주제(1:1~2)

열국에 대한 여호와의 심판('이스라엘에 대하여' 내린 심판의 정점)(1:3~2:16)

아모스의 말씀(설교)(3:1~6:14)

　　이스라엘의 운명(3장)

　　하나님의 징계와 이스라엘의 회개치 않음(4장)

　　이스라엘에 대한 애가와 그릇된 기대감에 대한 책망(5장)

　　이스라엘의 현실적 만족감에 대한 책망(6장)

아모스가 본 다섯 개의 묵시(황충, 불, 다림줄, 여름 실과, 성소 파괴)(7:1~9:10)

결론 - 이스라엘의 회복(9:11~15)

이상에서 보는 바와 같이 아모스는 자신이 전하고자 하는 메시지의 내용을 간략하게 압축하여 이미 1:1에서 밝혀 주었다.

시기

마지막 여섯째로, 시기에 대해서 살펴보자. 아모스가 자신의 메시지를 전한 때가 언제인가? 본문에 보면 "유다 왕 웃시야의 시대 곧 이스라엘 왕 요아스의 아들 여로보암의 시대의 지진 전 이 년에"라고 했다.

먼저 "유다 왕 웃시야의 시대"라고 했다. 우리가 잘 아는 대로 아모스는 북방 이스라엘을 대상으로 하나님의 말씀을 전했는데, 여기서 남방 유다 왕의 이름이 앞서서 기록된 이유는 무엇이겠는가? 물론 아모스가 남방 유다 왕국 출신이라는 점도 있겠지만 그것보다도 더 큰 이유가 있을 것이다.

당신은 기록된 아모스서를 읽는 일차적인 대상은 누구라고 생각하는가? 아마도 남방 유다 왕국의 사람들이었을 것이다. 생각해 보라! 아모스가 심판의 메시지를 선포한 지 수십 년도 채 못 되어서 북방 이스라엘은 앗수르에 의해서 멸망당하고 말았다. 그러니 비록 아모스는 북방 이스라엘을 향하여 심판의 메시지를 전했지만 기록된 아모스서를 실제로 읽는 대상은 남방 유다의 백성들이었을 것이다. 따라서 아모스서는 그 직접적인 대상이 되는 남방 유다 왕국의 백성들을 염두에 두면서 먼저 "유다 왕 웃시야의 시대"임을 밝히는 것이다.

또 하나 질문해 보면, 유다 왕의 이름은 단순히 웃시야라고 했는데 왜 이스라엘 왕의 이름은 "요아스의 아들 여로보암"이라고 했을까? 그렇다. 이스라엘에는 또 다른 여로보암이 있었기 때문이다. 북방 이스라엘을 창건했던 사람이 누구인가? "느밧의 아들 여로보암"(왕상 12:2)이다. 우리는 흔히 이 두 사람을 구분해서 이스라엘을 창건했던 사람을 여로보암 1세, 그리고 아모스 당시의 이스라엘 왕을 여로보암 2세라고 부르기도 한다. 아무튼 같은 이름의 두 사람을 구분짓기 위해서 여로보암의 부친 이름을 함께 기입한 것이다.

아모스가 그의 메시지를 전하기 시작한 것은 좀더 정확하게 말해서 "지진 전 이 년"이라고 했다. 원문에는 지진이라는 단어에 정관사가 붙어 있다. 다시 말해서 누구라도 다 알고 있는 '그 지진'이라는 뜻이다. 스가랴 14:5을 한 번 찾아보자.

> "그 산골짜기는 아셀까지 미칠지라 너희가 그의 산골짜기로 도망하되 유다
> 왕 웃시야 때에 지진을 피하여 도망하던 것같이 하리라 나의 하나님 여호와
> 께서 임하실 것이요 모든 거룩한 자가 주와 함께 하리라"(슥 14:5).

따라서 유다 웃시야 왕 때의 지진은 스가랴 시대에 이르기까지 일반 사람
들의 뇌리에 생생하게 기억될 정도로 큰 지진이었음을 알 수 있다.

참고로 갈릴리 북쪽에 있는 하솔이라는 곳에서 얼마 전 고고학적인 발굴
이 이루어졌다. 그 결과 그곳의 지층에 지진으로 인해 생긴 깊은 굴곡이 발
견되었다. 과학적으로 그 연대를 측정해 본 바, 주전 760년경에 일어난 지각
변동이었다. 만일 이것이 본문에서 말하는 지진과 관련이 있다면 아모스의
예언은 주전 762년에 이루어졌고, 아모스가 이스라엘에 대한 심판을 예언
한 지 40년 만에 이스라엘은 앗수르에 의해 멸망당하고 만 셈이 된다.

이스라엘은 아모스가 전하는 경고를 겸허하게 받아들이고 니느웨 백성처
럼 회개했어야 마땅했다. 그러나 저들은 아모스의 경고를 무시하고 죄악된
길에서 돌이키지 않다가 결국은 멸망하고 말았다.

고향인 남방 유다 왕국의 드고아를 떠나 사회악으로 멍든 북방 이스라엘
왕국에 가서 하나님의 말씀을 선포한 선지자 아모스! 어쩌면 현재의 우리 모
두에게는 아모스와 같은 시대적인 사명이 주어졌다 해도 과언이 아닐 것이
다. 특히 오늘날처럼 사회 정의가 땅에 떨어지고 이웃 사랑이 식어 가는 사
회에서 아모스의 메시지에 대한 지속적인 연구와 실천이 우리 기독교인들
에게 절실한 과제가 아닐 수 없다.

02

아모스의 교훈

아모스서는 구약성경의 예언서에 속하는 적은 분량의 책이지만, 구약학자들과 교회의 지도자들이 수천 년 동안 끊임없이 연구하고 그 교훈을 시대마다 적용하여 왔다. 이 책은 하나님의 백성들의 사회 전반적인 삶이 어지러울수록 더욱 그 가치를 발한다. 요즈음 전세계적으로 민족적·지역적 전쟁이 계속되는 가운데 곳곳에서 잔인한 살상이 행해지고, 죄악된 생활의 결과로 우리 사회에서도 상상하기조차 어려운 재난들이 비일비재하게 일어나고 있다. 이러한 시점에서 하나님의 영감으로 기록된 아모스서는 하나님께서 우리 백성을 비롯하여 세계 전역에 있는 모든 인류에게 원하시는 바를 구체적으로 제시하여 준다. 그러므로 아모스서가 보여 주는 당대의 사회상과 오늘날 우리의 사회상을 비교하여, 그 사회를 구원의 방향으로 이끌기 위해 제시된 하나님의 말씀을 발견하고, 그것을 오늘날 우리의 사회에 적용하는 시도는 하나님의 말씀을 선포하는 모든 사역자들의 임무이다.

아모스서 전체를 이해하기 위해서는 아모스서가 쓰여질 당시의 사회 전반적인 상황, 아모스의 정체, 아모스서의 구조, 아모스서의 기록 목적과 핵심 주제, 아모스서에서 얻을 수 있는 교훈 등을 미리 고려해야 한다. 물론 이러한 논의가 아모스서를 집중적으로 연구한 결과로 얻어진 것이지만, 이 시점에서 언급하는 것이 아모스서를 전반적으로 이해하는 데 가장 적합하다고 본다.

아모스서가 쓰여질 당시의 사회 전반적 상황

아모스 1:1은 예언자 아모스가 활동하던 시대를 한정지어 주고 있다. "유다 왕 웃시야의 시대 곧 이스라엘 왕 요아스의 아들 여로보암의 시대의 지진 전 이 년에 드고아 목자 중 아모스가 이스라엘에 대하여 묵시 받은 말씀이라." 유다 왕 웃시야가 주전 783년에서 742년까지 통치하고, 이스라엘 왕 여로보암 2세가 주전 786년에서 742년까지 통치한 사실로 미루어 볼 때 아모스는 적어도 주전 786년에서 742년 사이에 예언 활동을 하였다. 구약학자들은 그의 활동 연대를 주전 765년에서 750년 정도로 한정시키고 있다. 그 이유는 여로보암 2세나 웃시야 왕 시대에 이스라엘이나 유다가 풍요를 누리기 위해서는 그들이 통치를 시작한 뒤 몇 년의 기간이 걸렸을 것으로 추정하기 때문이다. 뿐만 아니라 아모스서 본문은 여로보암 2세 이후에 야기되었던 무정부 상태를 암시하고 있지 않기에(왕하 15:8~28), 아모스의 사역이 여로보암 2세의 통치 시기 이후까지 계속되었다고 보지 않는다. 어떤 학자들은 아모스서 1:1; 5:8; 8:9, 그리고 스가랴 14:5 등에서 언급되는 지진에 준하여, 그것을 주전 763년 6월 15일에 있었던 개기일식과 연관지어 아모스의 예언 활동이 시작된 시기를 765년으로 간주한다.

1. 아모스의 예언 활동 시기

아모스가 예언 활동을 하던 시기의 이스라엘은 국가적으로 독립하고 사회적·경제적으로 번영을 누리고 있었다. 예후(주전 842~815년 통치)와 여호아하스(주전 815~801년 통치)가 통치하는 기간 동안에 이스라엘은 북쪽의 시리아 백성에게서 잦은 위협을 받았다(왕하 10:32, 33; 13:3, 7). 그러나 요아스(주전 801~786년 통치)가 통치하던 시기부터 외교적 상황이 급격히 달라졌다. 그 이유는 앗수르가 시리아를 침공하기 시작하여 끝내는 시리아를 함락시키고, 이어지는 시대에 앗수르도 급격하게 쇠퇴하여 이스라엘을 침공할 생각을 하지 못했기 때문이다. 이 시기에 남쪽에 존재했던 이집트도 국내 갈등과 무질서로 말미암아 국력이 약화되어 이스라엘을 침공할 수 없었다. 이러한 외교적 상황으로 인해 독립과 평화의 시기를 맞이한 이스라엘은 무역을 확장하면서 경제를 활성화하였다. 이전에 다른 나라에 조공으로 바쳐졌던 국가적 자원들이 모두 경제력 향상에 투자되어, 이스라엘은 전례 없는 부를 축적하게 되었다.

2. 뒤틀린 사회

그러나 여로보암 2세 때 맞이한 외교적 평화와 사회적·경제적 번영은 여러 가지 부작용을 야기하였다. 소수의 권력 있는 정치가들과 재벌들이 서로 긴밀하게 유착한 가운데 불법을 행하고, 가난한 백성들의 재산을 착취하였다(2:6, 7, 10, 15; 5:7~11; 8:4~6). 법관들도 뇌물에 눈이 어두워 재판을 그르치고 의인을 괴롭혔다. 정치·경제·법조계의 지도자들 가운데 부당하게 돈을 모은 자들은 신도시나 땅값이 폭등하는 곳을 교묘히 알아내어 부동산 투기를 일삼았다. 뿐만 아니라 그들은 여름 별장과 겨울 별장을 사들이며 날마다 술과 노래와 값비싼 음식을 동반한 채 향연을 벌이는 향락적인 삶에 빠져 있었다(6:3~6). 그들은 주위에서 생존을 위해 애쓰는 가난하고 소외된 이웃을 동정하는 마음이 조금도 없는 개인주의자들이었다. 그 결과 아모스 시대의 이스라엘 사회는 부익부 빈익빈 현상이 날로 심화되어 갔다. 더욱이 아모스는 당시 사람들이 보편적으로 범하던 성적인 범죄들을 가장 함축적으로 소개하기 위해 아버지와 아들이 한 매춘부에게 드나드는 모습을 시각적으로 보여 주고 있다(2:7). 불의, 불평등, 사치, 방종, 성적 부패, 부도덕 등은 아모스 시대의 사회상을 잘 묘사하는 단어들이다. 반면에 의롭고 평등한 사회를 구현하자는 슬로건이나, 종교적 열심과 사회 윤리적 삶이 분리되지 않도록 하자는 슬로건은 이러한 사회적 문제들을 해결하기 위해 아모스가 내세운 삶의 지표들이다.

3. 경제적 부요, 영적 빈곤

아모스가 살던 시대는 경제적 번영으로 말미암아 백성들의 종교적 활동이 크게 늘어난 시기이기도 하다. 그러나 그들의 종교적 활동은 모세의 가르침에서 벗어나 우상숭배적인 요소를 많이 가미했는가 하면, 하나님을 사랑하거나 하나님께 감사하는 마음에서 비롯되지 않은, 단지 형식주의에 치우친 것이었다. 뿐만 아니라 종교 지도자들은 사회의 가진 자들과 한 무리가 되어 부패한 삶에 빠져 있었다. 그러면서 그들은 백성들에게 윤리적인 삶을 살도록 장려하기보다는 종교 의식을 준수하는 데서만 의미를 찾도록 강조했다. 그리하여 종교 집회들이 빈번하게 개최되었고(4:4~5; 9:1), 예배의 찬양과 오케스트라 연주는 아름다웠지만(5:22~23) 진정으로 사회를 구원의 방향으로 이끄는 원동력을 제공하지는 못했다. 이러한 현상에 대해 아모스는 가진 자들을 비롯하여 온 백성이 성전이나 산당에 모여 제사와 절기를 지키고 헌물을 드리는 일에 열심일지라도(4:4~5; 5:21~23), 그들의 사회 전반적인 삶이 가난한 자들을 여전히 착취하고 가난한 자들의 고난에 무관심하고 사치와 방탕 등으로 일관한다면, 그들의 종교적 열심이 하나님의 관점에서는 가증스럽게 간주된다는 사실을 분명하게 지적한다.

아모스의 정체

아모스 1:1에 의하면 아모스는 드고아의 한 목자였다. 드고아는 예루살렘으로부터 약 20킬로미터 정도 남쪽에 위치한 조그마한 성읍으로, 요새화되어 있었다. 해발 약 천 미터에 위치한 이 마을에서는 멀리 모압의 산들과 사해를 볼 수 있었다. 이곳은 유대 광야로 알려진, 황량하고 바위가 많은 지역에 속하는 곳이다.

1. 아모스의 가족 사항

아모스서에서는 아모스의 가족에 관한 정보를 찾기가 어렵다. 가족 사항에 관한 침묵에 근거하여 학자들은 아모스를 사회적으로나 경제적으로 낮은 신분의 사람으로 추정한다. 만약 이러한 추정이 맞는다면 그는 유다의 낮은 계층에 속한 자로서 시골 사람들과, 더 나아가서 그의 백성들 중의 가난하고 힘없는 자들의 고통을 체험으로 이해하고 있었을 것이다. 그리고 이러한 체험이야말로 그의 메시지를 백성들의 삶과 직결된 것으로 유지시키는 바탕이 되었을 것이다.

2. 뽕나무를 배양하는 자

아모스가 예언자로 활동하기 이전에 가졌던 주된 직업은 목자이면서 뽕나무를 배양하는 것이었다. 그는 조그만 양들을 잘 길러서 그것들의 고운 털을 모아 도시 사람들에게 파는 일에 종사했던 것 같다. 뿐만 아니라 무화과나무처럼, 가난한 자들의 음식물이자 도시인들이 애용하는 과일이 되는 뽕나무 열매를 잘 가꾸어서 도시에 파는 일에도 관여했다. 아모스 7:14에 의하면 그는 뽕나무를 배양하는 자(원어로는 '찌르는 자')로 소개되는데, 그것은 그가 뽕나무 열매가 익어 가는 즈음에 손이나 손가락으로 그 열매에 상처를 내어 열매가 빨리 익게 하거나, 열매의 신맛이 빠져나가게 하거나, 열매 안의 벌레들이 나오게 하는 일을 한 것으로 추정된다. 이렇게 양을 치는 자로 또한 뽕나무를 재배하는 자로 활동한 그는 양털과 뽕나무 열매를 가지고 도시로 나가서 파는 일까지도 담당했을 것이다. 순수한 시골 사람들과 자연이 가르쳐 주는 삶의 도리에 익숙한 그는 여러 도시들에서 일어나는 사회 전반적인 죄악상들에 더욱 민감하게 반응할 수밖에 없었다. 그리고 이러한 죄악상들을 보다 순수한 관점에서 비판할 수 있었다.

3. 확신의 사람, 아모스

드디어 하나님의 부르심을 받아 이스라엘 백성에게 예언하기 시작한 아모스는 왕의 측근에서 직업적으로 예언 활동을 벌이던 아마샤와의 논쟁 중에 "나는 선지자가 아니며 선지자의 아들도 아니며"라고 외쳤다(7:14). 이 말은 그가 직업적인 예언자의 무리에 속하지 않는다는 점을 강조하기 위해 던진 것이다. 당시의 예언자들 무리는 왕의 재정적 도움 하에 윤택하게 생활하면서, 하나님의 뜻을 계시하기보다는 왕의 비위를 맞추는 예언을 하기에 급급했다. 아울러 각종 부도덕한 생활에 빠져 있었다. 그러므로 그들은 참다운 예언 활동을 수행하기보다는 부패하고 거짓된 예언 활동에 치우칠 수밖에 없었다. 아모스는 이러한 예언자들로부터 자신을 구별하기 위하여 위와 같이 외쳤다. 더욱이 "주 여호와께서 말씀하신즉 누가 예언하지 아니하겠느냐?"라고 외쳤다(3:8). 아모스가 목자와 뽕나무 배양자라는 직업을 완전히 버린 채 예언 활동에 전념했는지, 아니면 그의 직업들을 간직한 채 시시때때로 예언 활동을 했는지에 관해서 본문이 명확한 해답을 제공하지는 않는다. 보편적으로 구약학자들은 전자의 경우를 선호하는데, 그 이유는 아모스를 향한 하나님의 부르심(내 백성 이스라엘에게 예언하라 7:15)이나 그에 대한 아모스의 대답(주 여호와께서 말씀하신즉 누가 예언하지 아니하겠느냐? 3:8) 혹은 그가 아마샤에게 했던 말(나는 목자요 뽕나무를 배양하는 자로서 7:14) 등이 예언 활동에 전념했던 예레미야의 그것과 유사하기 때문이다.

4. 아모스가 전한 메시지

아모스서 전체를 통해 비쳐지는 예언자 아모스의 모습을 볼 때 그는 하나님의 부르심에 강한 확신을 지니고 있었다(3:8; 7:14, 15). 또한 그는 그가 외치는 말씀이 자신의 말이 아니라 하나님에게서 받은 말씀임도 강하게 믿고 있었다. 그래서 "여호와께서 말씀하시기를"이라고 외쳤다(7:16, 17). 아모스는 용기 있는 자의 면모도 보인다. 시골에서 상경한 한 예언자가 당대의 종교 지도자들이나 사회 지도자들뿐만 아니라 왕들까지도 그 사회를 죄악으로 이끄는 주역이 되었다는 점을 분명하게 지적하는 일은 쉬운 일이 아니다(7:10, 11, 16, 17). 그런데도 아모스는 그들을 정죄하고 회개하도록 촉구하는 일에 주저하지 않았다(7:12, 13). 아모스에게 이러한 용기를 북돋워 준 것은 여호와의 계약에 따라 그분의 의로우신 목적이 온전히 이루어질 것을 믿는 신앙심이었다. 비록 당대의 사회상이 하나님의 심판을 초래할 수밖에 없지만, 하나님께서 그 백성을 훈계하신 후에 궁극적으로는 그들을 구원으로 이끄실 것을 그는 굳게 믿고 있었다(9:11~15).

뿐만 아니라 아모스는 이스라엘과 주변 국가들의 과거와 현재 역사를 이해하는 데 예리한 판단력을 소유했다. 그는 야곱과 에서의 기사(2:10) 등에 익숙하면서도 당대의 이스라엘 사회가 나아가고 있는 역사의 방향에 대해 예리하게 예견할 수 있었다. 또한 당대의 주변 국가들 즉 다메섹, 가사, 두로, 에돔, 암몬, 모압 등의 현재와 미래에 대해서도 밝히 읽고서 그들의 역사에 대한 하나님의 관심을 대변할 수 있었다.

5. 아모스의 설교 방식

아모스는 하나님의 말씀을 전하는 데에 문학적으로 뛰어난 기교를 사용할 수 있는 자였다. 그는 간단 명료하면서도 영상적인 이미지를 담고 있는 용어들을 사용하여 탁상공론에 빠지기 쉬운 신학적 교훈들을 구체화시키고, 삶의 제반 영역에 그대로 적용할 수 있도록 유도했다. 또한 환상, 풍자, 반어법, 평행법, 격언 등을 사용하여 메시지를 시적으로 전달함으로써 청중들에게 신선한 충격을 제공하기도 했다. 이러한 점은 오늘날 하나님의 말씀을 전하는 모든 설교자들로 하여금 그들이 지녀야 할 중요한 자질 중의 하나를 진지하게 연구하게 한다.

아모스서의 구조

아모스서가 암시하는 내용적 독특성에 따라 일반적으로 구조를 나누어 본다면 다음과 같다.

서문(1:1)

이방 국가들에 대한 예언(1:2~2:5)

이스라엘에 대한 예언(2:6~16)

이스라엘에 대한 심판 예언: 책임과 특권(3:1~15)

이스라엘에 대한 심판 예언: 죄에 대한 경고와 심판(4:1~13)

이스라엘에 대한 심판 예언: 형식적인 종교의 말로(5:1~27)

이스라엘에 대한 심판 예언: 풍요 속에서의 죄악(6:1~14)

재난의 환상: 황충, 불, 다림줄(7:1~17)

재난의 환상: 여름 실과(8:1~14)

재난의 환상과 새 소망의 예언(9:1~15)

아모스서의 기록 목적과 핵심 주제

아모스서는 정치적 안정과 경제적 번영을 하나님께서 택하신 백성에게 제공하시는 축복으로 간주한 채, 자만하여 여러 가지 사회악과 종교악을 행하는 이스라엘 백성들을 하나님께서 심판하신다는 엄연한 사실을 선포하는 책이다. 특히 이 책에서는 하나님의 백성들이 신앙적 열심을 가지고 있으면서도 사회에서 비윤리적으로 살아가는 모순된 현상을 커다란 죄악으로 간주한다. 그러고는 하나님께서 그의 백성들에게 진정으로 원하시는 바가 신앙적으로뿐만 아니라 사회 윤리적으로도 깨끗한 삶임을 지적한다. 다시 말하여 하나님을 경외하고 사랑하는 만큼 이웃도 사랑하고 그들을 인간답게 대우해야 한다는 점을 강조한다(마 22:37~40). 그리하여 궁극적으로는 이스라엘이 하나님께 인정받는 신앙공동체로 회복되게 하려고 유도한다.

1. 공의의 하나님
아모스서에서 묘사되는 하나님은 세계 만민과 만물을 공의로 다스리는 주님이시다(1~2장). 뿐만 아니라 그들을 공의롭게 심판하시는 분이기도 하다. 그러므로 죄인들은 반드시 정당하게 심판하신다. 이 사실은 이방 국가들에 주어진 예언에 대해 공부할 때에 자세하게 다룰 것이다. 그런데도 그분은 죄인 된 자들이 회개하고 생명을 얻고자 할 때에 그들을 구원하시는 은혜를 보이신다(5:4). 아울러 그들과 새롭게 계약 관계를 유지하신 가운데 그들을 보호하기를 원하신다.

아모스서에 의하면 하나님의 백성 된 이스라엘 백성은 여러 가지 잘못된 생각을 지닌 채 살아가고 있었다. 그들은 예배 의식을 지키는 일이나 제사를 드리는 일에 있어서 열심을 보이면 하나님께서 기뻐하실 것이라 간주하는 오류를 범했다. 그 이면에 담겨 있는 마음 자세를 하나님께서 더 중요하게 고려하신다는 점은 간과한 것이다. 또한 그들은 그들의 신앙적 열심이 사회 전반적인 죄악을 사하여 줄 힘을 가진 것으로 간주하는 잘못을 범했다. 그들은 물질적인 풍요와 안락함을 자신들의 의로운 생활에 대한 하나님의 축복으로만 간주한 채 그것에 동반되는 책임은 이해하지 못했다. 특히 그들은 사회 전역에 팽배한 살인, 강포, 포학, 부정, 약자에 대한 착취 등이 하나님의 관심 밖에 있다는 선입관 속에 살았다. 그리하여 그들 중의 권세자들은 가난한 자들을 억압하는 데 여념이 없었다. 여기에 덧붙여 그들은 자신들을 하나님께 선택받은 자로 간주하여 감히 하나님께서 그들을 심판하시지 못하실 것으로 생각했다. 그 결과 여호와의 날이 의인에게는 구원의 날이지만 죄인에게는 심판의 날이 될 것이라는 사실도 이해하지 못했다. 아모스는 이러한 오해들을 지적하면서 이것들이 바로 하나님 앞에서 커다란 죄악이요 그분의 심판을 초래하는 이유가 된다고 강조했다.

2. 너희는 나를 찾으라

이스라엘의 여러 가지 죄악들을 열거한 아모스서는 이러한 죄악들에 대한 하나님의 심판이 공의롭게 이루어질 것이라는 점을 각 장마다 분명히 강조한다. 특히 황충, 불, 다림줄 그리고 여름 실과 등의 환상을 통해 암시되는 재난의 양상은 이스라엘의 죄의 결과가 얼마나 심각한지를 일깨워 준다.

아모스서에 하나님의 공의로운 심판에 관한 주제가 강조된다고 해서 회개와 그에 따른 구원의 주제가 없는 것은 결코 아니다. "너희는 나를 찾으라. 그리하면 살리라"(5:4). "너희는 살기 위하여 선을 구하고 악을 구하지 말지어다. 만군의 하나님 여호와께서 너희의 말과 같이 너희와 함께 하시리라. 너희는 악을 미워하고 선을 사랑하며 성문에서 공의를 세울지어다. 만군의 하나님 여호와께서 혹시 요셉의 남은 자를 긍휼히 여기시리라"(5:14~15). 이러한 구절들과 더불어 아모스 9:11~15에서는 하나님의 공의로운 심판 이후에 이스라엘이 그분의 은혜와 주권으로 말미암아 구원받고 다시 강하여질 것이라는 밝은 소망을 제공한다.

아모스서에서 얻을 수 있는 교훈

아모스서를 통해서 얻을 수 있는 삶의 교훈들이 적지 않다. 무엇보다도 먼저 예언자 아모스가 우리에게 제시하는 삶과 사역의 모습이 매우 인상적이다. 목자와 뽕나무 배양자로서의 삶에 익숙한 그였지만 일단 하나님의 부르심을 확신했을 때에는 오로지 하나님의 말씀만을 전하기 위해 과감하게 삶의 전이를 수용하는 모습을 볼 수 있다. 더욱이 주위에서 직업적으로 예언하여 온 거짓 예언자들의 방해나 모함에도 불구하고 "여호와께서 말씀하시기를"을 외친 그의 용기는 오늘날 주님의 모든 사역자들에게 귀감이 된다.

하나님께서 신앙적 삶뿐만 아니라 사회 전반적인 삶의 모습에 공의로운 관심을 기울이신다는 점을 간파한 아모스의 영적 판단력은, 오늘날 교회의 양적 성장에도 불구하고 극도로 어지러운 죄악상을 보이는 우리 사회를 바로잡기 위해 모든 사역자들이 지녀야 할 영적 깨달음 중의 하나이다. 우리는 더 이상 하나님의 관심이 그의 백성들의 교회 내적인 삶에 국한되어 있는 것으로 가르쳐서는 안 되겠다. 오히려 그리스도인들이 이 사회를 하나님의 의로운 통치가 이루어지는 하나님의 나라로 변화시키는 데 기수가 되도록 도전해야 할 것이다. 아울러 사회를 어지럽히며 그 사회의 약하고 힘없는 구성원들을 핍박하는 권력자들에 대해 신적인 권위를 가지고 힐책하고 정죄하는 아모스의 용기도 오늘날의 하나님의 사람들이 배워야 할 바이다.

아모스가 이스라엘의 과거 역사에 대한 깊은 이해와 동시에 현재 역사에 대해서도 예리한 통찰력을 지니고 있었다는 사실은, 한국의 목회자들도 우리 역사의 과거와 현재 그리고 미래에 관해 올바르게 이해해야만 백성들의 삶을 구원으로 이끌 수 있다는 점을 일깨워 준다. 뿐만 아니라 아모스가 하나님의 말씀을 다양한 문학적 기교들을 통해 그의 청중들에게 효과적으로 전달했다는 사실은 오늘날 하나님의 말씀을 선포하는 설교자들이 설교를 전달하는 방법까지도 성실하게 준비해야 한다는 점을 강조한다.

1. 오직 공법을 물같이

아모스서가 다루는 핵심 주제들은 오늘날 우리나라가 직면하고 있는 사회 전반적인 문제들과 연관성이 깊다. 전 국민의 4분의 1이 그리스도인이라고 자부하는 현 시대에서 인권을 경시하는 풍조와 도덕성이 상실된 사회상을 입증하는 사건들이 비일비재하며 부익부 빈익빈 현상 또한 날로 심화되어 가고 있다. 이러한 현실을 고려할 때, 가진 자들로 하여금 가난한 자들의 고통에 관심을 기울이도록 교훈하는 아모스서의 가르침이 교회 내에서 보다 강조되어야 할 것이다. 우리 사회에서는 소수의 재벌들이나 정치적·사법적 권력자들이 결탁하여 다수의 힘없는 자들의 재산을 착취하고 그들의 인권까지도 침해하는 현상이 아직도 존재한다. 이러한 현실 속에서 "오직 공법이 물같이, 정의가 하수같이 흐르는" 사회를 이룩하는 것이 하나님의 뜻이라는 아모스서의 교훈은 우리의 강단에서 보다 자주 외쳐져야 한다. 비행기를 타든, 배를 타든, 한강 다리를 지나든, 아파트에 머물러 있든간에 어느 한 곳 안전한 곳이 없을 정도로 불안한 사회가 되어 버렸다. 우리 사회를 그렇게 만든 장본인들이 죄악에 휩쓸려 다니는 우리 자신들이라고 생각할 때 아모스의 위와 같은 외침은 우리 백성 모두에게 새롭게 살 길을 제시하여 준다. 그리고 그리스도인들로 하여금 온 백성을 이러한 길로 인도하는 데 앞 장서도록 권유한다.

2. 우상숭배에서 돌이키라

아모스 시대의 백성들이 보여 주었던 종교적 죄악들, 즉 우상숭배와 형식 주의, 사회에 대한 무관심주의는 한국 교회 내에서도 발견된다. 특히 한국 교회 내에 팽배한 물질주의는 현대화된 우상숭배이다. 교회가 선교, 전도, 구제 그리고 사회 봉사활동 등을 등한시 하면서 외형적인 치장에만 관심을 기울이거나 예산을 축적하는 일에만 몰두한다면 그 교회는 우상숭배의 길 을 걷고 있다고 평가할 수밖에 없을 것이다. 도시의 큰 교회들이 시골의 연 약한 교회들과 그곳 사역자들의 물질적 고통에 무관심한 것도 죄악이다. 여 러 가지 부흥회와 사경회 그리고 특별 집회들이 진행되고 있는데도 그것에 참석하는 성도들의 삶의 모습이 전인적으로 변화되지 못하고, 사회를 개혁 시킬 활력도 얻지 못하고 있다. 이러한 집회들이 단순히 연례적인 행사로 일 관하고 있는 점은 신앙적 형식주의와 사회에 대한 무관심주의의 한 예로 간 주할 수 있다.

3. 빛과 소금이 되어라

이러한 시점에서 아모스서는 한국 교회의 물질주의와 형식주의에 대한 하나님의 심판의 메시지를 들려 주어 회개하도록 교훈한다. 아모스는 오늘 날 한국 교회의 성도들이 물질적인 풍요에 자만하지 않고 우상숭배나 종교 적 형식주의에 빠지지 않은 채, 사회 전역에 흩어져 공의롭게 살면서 주위에 서 고통받는 자들에게 사랑과 관심을 기울여 더불어 평화롭게 사는 사회를 이루는 것이 하나님의 뜻이라고 교훈한다. 이 가르침은 우리 사회 속에서 빛 과 소금의 역할을 감당해야 하는 한국 교회 본연의 사명을 완수하기 위해 계 속 기억되어야 할 것이다.

03

설교자를 위한 아모스 강해

아모스 1:2~10 주해와 적용

아모스 1:2~10에서 소개되는 이방 국가들에 대한 예언을 집중적으로 연구하고자 한다. 이스라엘 국가의 주변에 존재하는 여섯 이방 국가들과 유다에 대해 하나님께서 공의롭게 심판하신다는 점을 소개하면서, 각 국가가 하나님의 심판을 받을 수밖에 없었던 이유들을 찾아보는 일이 중심 과제가 될 것이다. 뿐만 아니라 이러한 보편적 주제를 다루기 위해 본문이 사용하는 독창적인 예언 형태를 연구하는 일도, 오늘날 하나님의 말씀을 보다 효과적으로 선포하고자 노력하는 일선 설교자들을 위해서 가치 있는 일이다.

본문 주해

1. 아모스 예언의 성격(1:2)

1:2은 사실 2:5까지의 예언의 성격을 설명할 뿐 아니라 아모스서 전체에 흐르고 있는 예언의 성격을 시각적으로 보여 준다. "여호와께서 시온에서부터 부르짖으시며"라는 부분에서 사용된 '부르짖다'라는 동사는 동물이, 특히 사자가 배고픔 중에 먹이를 찾기 위해 포효하는 모습을 연상시킨다(호 5:14). 그러므로 하나님 자신이 부르짖는 사자의 모습으로 비유되어 죄 많은 인간들을 심판하시기 위해 그들의 역사 현장에 나타나실 것이라는 아모스의 선

포는 죄악에 빠진 채 이 소식을 듣는 청중들을 경외심으로 가득 차게 하기에 충분했다. 왜냐하면 아모스의 이와 같은 표현은 레위기 26:22나 신명기 32:24에 언급되는 바, 하나님께서 그의 법도를 거슬러 죄를 범하는 자들에게 들짐승을 보내어 그들의 자녀들을 움키게 하시고, 그들의 육축을 멸하게 하실 것이라는 심판적 경고보다 훨씬 비범한 것이기 때문이다. "예루살렘에서부터 음성을 발하시리니"라는 구절에서 언급되는 하나님의 '음성'은 단순히 예언자나 제사장을 통해 선포되는 말씀에 그치지 않고 더 장엄한 음성을 암시한다. 즉, 구약성경의 여러 곳에서 밝혀 주는 것처럼, 하나님의 출현을 예시하는 천둥을 의미할 수도 있다(출 9:23; 욥 37:2, 4, 5; 삼상 7:10; 시 29:3, 4, 5, 7, 8, 9 등). 일반적으로 천둥은 비를 동반하여 땅을 적셔 주므로 농부들로 하여금 풍성한 수확을 기대하게 하는, 소망과 축복의 상징으로 이해되어 왔다. 그러나 본문은 이 천둥이 오히려 죄악된 백성들에게 가뭄을 가져다 줄 것이라는 역설적 선언을 덧붙인다. "목자의 초장이 애통하며 갈멜산 꼭대기가 마르게 되는" 현상이 죄악된 백성들에 대한 하나님의 공의로운 심판의 결과라는 점을 아모스는 예언의 앞부분에서 분명히 밝힌다. 그리하여 그는 백성들이 타성에 젖은 채 여러 가지 죄를 짓고 살아가면서도 하나님께서 천둥과 비를 통해 풍요한 삶을 주실 것이라고 막연하게 기대할 때, 하나님의 역설적인 활동(무서운 심판)이 그들에게 속히 임할 것을 예언한다. 그러므로 아모스가 했던 것처럼, 죄악에 빠진 백성들의 왜곡되고도 안일한 생각을 뒤엎을 수 있는 하나님의 역설적 활동을 소개하는 일이야말로 오늘날 모든 설교자들의 책임일 것이다.

2. 이방 국가들에 대한 심판 예언(1:3~2:3)

이 부분에서 언급되는 아모스의 예언들은 그 형태와 내용에 있어서 현대의 설교자들에게 귀감이 된다. 먼저 이방 국가들에 대한 예언의 형태는 하나의 반복적인 구조를 보인다. 그 구조는 다음과 같다.[1]

〈이방 국가들에 대한 예언의 반복적 구조〉

전달자 구문	"여호와께서 가라사대"
고발 구문	"~의 서너 가지 죄로 인하여 내가 그 벌을 돌이키지 아니하리니"
구체적인 죄목 구문	"이는 저희가"
심판 구문	"내가 ~에 불을 보내리니 그 궁궐들을 사르리라."
구체적인 심판 구문	"내가 ~에서 그 거민과 ~에서 홀 잡은 자를 끊고"
종결 구문	"주 여호와의 말이라."

이러한 구조를 통하여 강조되는 바 중의 하나는 이 예언들이 하나님에게서 주어진 것이라는 점이다(이것은 전달자 구문과 종결 구문에서 소개된다). 또한 하나님께서 모든 백성들을 심판하실 때에는 분명한 근거가 있다는 점이다(이것은 고발 구문과 구체적인 죄목 구문에서 발견된다). 아울러 백성들의 죄악에 대한 하나님의 심판도 구체적으로 언급되어야 한다는 점이다(이것은 심판 구문과 구체적인 심판 구문에서 나타난다). 그러므로 만약 우리의 설교가 신적인 권위를 지닌 것이 되게 하려면 그것이 분명히 하나님의 말씀인 성경에 입각한 것임을 밝힐 수 있어야 한다. 그리고 설교 중에 "하나님의 말씀에 기록되기를"이나 "하나님께서 말씀하시기를"이란 구절을 자주 언급하는 것이 현명할 것이다. 빌리 그레이엄 목사님이 "성경이 말씀하시기를"(The Bible says)이라는 구절을 설교 중에 거듭 언급하는 것은 이러한 설교 형태의 좋은 예가 된다.

뿐만 아니라 우리의 설교가 청중들을 죄악된 삶에서 벗어나도록 해 줄 힘 있는 설교가 되게 하려면, 우리의 청중들이 일상 생활 속에서 보이고 있는 구체적인 죄악상들을 설교 중에 지적할 수 있어야 한다. 아모스가 다메섹, 가사(블레셋), 두로, 에돔, 암몬, 모압, 유다 백성들의 죄악들을 통틀어서 소개하지 않고 각 나라의 죄악을 구체적으로 열거한 점이 그 예가 될 수 있다. 각 백성들의 죄악은 다음과 같다.

다메섹	길르앗 백성을 잔인하게 압박함
가사	전쟁 포로들을 에돔에 팔아넘김
두로	형제 계약을 맺은 나라의 백성들을 에돔에 팔아넘김
에돔	전쟁에서의 잔인함
암몬	영토 확장을 위해 다른 나라 백성을 잔인하게 학살함
모압	에돔 왕의 뼈를 불사름
유다	여호와의 율법을 무시함

오늘날 하나님의 말씀을 전하는 설교자들이 저지르기 쉬운 실수 중 하나가 바로 이 점이 아닌가 생각한다. 하나님의 말씀에 비추어 볼 때 우리 사회나 교회, 가정과 개인이 어떤 죄악에 빠져 있는지를 분명히 알면서도, 그것을 구체적으로 지적하고 회개를 촉구할 수 있는 용기가 설교자들에게 부족한 것 같다. 아니면 우리가 청중들의 어두운 부분을 지적했을 때 그들이 보일 부정적인 반응들을 지나치게 고려하기 때문에 이러한 현상이 일어나는지도 모른다. 그래서 '죄짐' 혹은 '죄인'이라는 일반적인 용어만을 사용하여 회개를 촉구한다. 더욱이 어떤 이들은 죄라는 말은 전혀 언급하지도 않으면서 회개나 구원을 소개하는 설교를 한다. 그 결과 우리의 설교는 청중들로부터 어떤 구체적인 삶의 변화를 얻어 낼 수 없는 공허한 외침이 되어 버리고 만다. 그러므로 우리는 아모스의 설교에서 볼 수 있는 것처럼, 우리의 청중들이 삶 속에서 되풀이하는 죄악된 행위들을 구체적으로, 그러나 지혜롭게 언급하고 그에 대한 하나님의 공의로운 심판을 엄숙하게 선포하는 설교를 해야 할 것이다. 그때에 비로소 우리의 청중들이 하나님을 경외하는 가운데 진정한 회개를 할 것이요, 하나님의 용서와 구원을 맛볼 것이다. 이방 국가들에 대한 아모스의 예언은 그 일차적인 청중이 이스라엘 백성이었다는 점을 고려할 때 서론적인 성격을 지닌다. 다시 말해서, 아모스 예언의 결정적인 부분은 이스라엘 백성의 죄악상에 대한 하나님의 심판을 집중적으로 소

개하는 것이다. 이것의 정당성을 소개하기 이전에 그는 다른 국가들에 대한 하나님의 심판의 정당성을 먼저 피력했다.

바로 여기에 아모스의 설교자적 자질이 엿보인다. '하나님께서는 그가 택하신 백성들이 어떻게 살든지간에 그들에게 항상 은혜를 베풀 것'이라고 믿고 있었던 이스라엘 백성들 앞에서, 그들의 사회 전반적인 죄악 때문에 하나님께서 그들을 심판하실 것이라고 단도직입적으로 선포하는 것은 지혜롭지도 못하며 효과적이지도 못하다고 아모스는 간주했다. 그래서 그는 그의 청중들이 공통적으로 인정할 수 있는 사실부터 소개하면서 설교를 시작했다. 즉, 하나님께서 이스라엘의 적대 국가들인 다메섹, 가사, 두로, 에돔 등을 심판하실 것이라는 사실에 대해서는 이스라엘 백성이 모두 수긍할 수 있었기에 그점을 예언의 서론에서 언급했다. 이렇게 해서 청중들과의 지적·신학적 공감대를 형성한 다음에, 아모스는 가장 핵심적이고도 어려운 문제를 다룬다. 이러한 방식으로 예언을 진행시켰을 때, 청중들은 이방 국가들에 대한 하나님의 공의로운 심판이 정당하다고 인정한 가운데 "아멘"으로 화답해 왔기 때문에 이스라엘의 죄악에 대한 하나님의 공의로운 심판을 전하는 시점에서도 그 정당성을 수긍할 수밖에 없었다. 결국 아모스는 청중들의 심리의 흐름을 잘 파악하고 있었기 때문에 설교에서 다루기 어려운 문제를 전달하는 데 성공했다.[2]

아모스가 시도한 이와 같은 설교 전달 방식은 오늘날의 설교자들이 반드시 염두에 두고 직접 시행해야 할 방식이라고 생각된다.

3. 다메섹의 죄: 길르앗 백성을 잔인하게 압박함(1:3~5)

위에서 필자는 이방 국가들에 대한 아모스의 예언이 오늘날의 설교자들에게 제공하는 설교 형태상의 조언을 심도 깊게 논의하고자 했다. 지금부터는 각 예언이 소개하는 각 나라의 죄악상과 그에 대한 하나님의 구체적인 심판 내용을 살펴보고자 한다. 이방 국가들에 대한 아모스의 예언들 중에서 다메섹에 관한 것이 가장 먼저 언급된다. 그 이유에 관하여 여러 추론이 가능하다. 어떤 학자들은 앗수르가 고대 근동지역을 정벌하고자 했을 때 두로나 가사, 암몬이나 모압보다 먼저 대적하게 된 나라가 바로 다메섹을 수도로 삼고 있었던 시리아(아람)였기 때문에 아모스가 이 나라를 가장 먼저 언급했다고 본다. 논리적으로 가능한 주장이다. 그러나 더욱 합당한 주장은 아모스 시대의 이스라엘 백성들이 가장 적대감을 느끼고 살았던 자들이 바로 시리아 백성이었기 때문에 그들을 가장 먼저 언급했다는 것이다. 시리아는 이스라엘의 북쪽과 동쪽에 접경하고 있으면서 솔로몬 시대부터 갈등과 긴장 관계를 유지해 왔다(왕상 11:23~25; 왕하 10:32 이하; 13:3, 5, 7, 22). 그러므로 북쪽과 동쪽에 위치한 이스라엘의 오랜 적대국 시리아에 대해 하나님께서 심판하신다는 이 첫 예언은 아모스의 청중들을 사로잡기에 충분했을 것이다. 그는 그의 예언이 단순히 이웃 나라에 대한 사사로운 적대감에 기인한 것이 아니라 공의로우신 하나님의 뜻에 근거한 것이라는 점을 분명히 하기 위해, "여호와께서 말씀하셨다"라고 밝힌다. 그리하여 예언의 신적인 권위를 세운다.

"다메섹의 서너 가지 죄로 인하여"라는 구절에서 사용된 셋이란 숫자는 완전함이나 충만함을 암시한다. 그러므로 이 구절에서 셋이란 숫자에 이어 넷이란 숫자가 언급된다는 것은 이것을 '다메섹의 죄가 너무나 많아서'라든가 '다메섹의 죄가 내 앞에서 가득차고 넘쳐나서'라는 말로 풀어서 이해하도록 유도한다. 이 구절에서 사용된 '죄'(פשׁע페샤)라는 용어는 히브리어에서 하나님의 뜻을 거역하고 배반하는 행위를 의미한다. 그런데 이 용어는 1:3~2:3에 걸쳐 언급되는 이방 백성들의 행위에 대해서 사용될 뿐만 아니라 유다와 이스라엘 백성들의 행위에 대해서도 동일하게 사용되고 있다(왕상 12:19). 이 점은 이방 백성이든 하나님과 특별한 계약을 맺은 백성이든 모두 하나님 앞에서 공의롭게 살아야 할 의무가 있음을 주지시켜 준다. 아울러 하나님께서 세워 두신 공의로운 삶의 기준을 벗어날 때에는 그들이 계약의 백성이든 이방 백성이든 상관하지 않고 하나님의 공의로운 심판을 받게 된다는 점도 일깨워 준다. "내가 그 벌을 돌이키지 아니하리니"라는 구절은 원어적으로 볼때 '내가 그것을 돌이키지 않을 것이다'이기 때문에 양면적인 해석이 가능하다. 개역의 번역대로 그것을 '벌'로 간주할 수도 있고, 또 한편으로는 '그 나라'로 간주할 수도 있다. '그것을'이라는 삼인칭 남성 단수 접미어를 '그 나라'로 간주할 때에는 '내가 그 나라를 회복시키지 않을 것이다'라는 식의 번역이 가능하다. 어떻게 번역되든간에, 이 구절이 하나님께서 죄악된 백성들을 반드시 심판하실 것을 명확하게 선언한다.

그러면 다메섹의 죄악은 무엇인가? 시리아 백성들의 어떤 죄악이 공의로우신 하나님을 자극했는가? 3절에 의하면 그들은 '철 타작기로 타작하듯' 길르앗을 압박하였다. 개역성경은 이 구절에 직유법을 사용하고 있지만 히브리어 원문에는 직유적인 표현이 없다. 개역성경은 아마도 독자들이 이 구절의 의미를 문자적이 아닌 비유적으로 이해하게 하기 위해 직유법을 첨가한 것 같다. 여기에서 언급되는 철 타작기는 보통 가로와 세로의 길이가 약 2m 정도 되는 널빤지 아래에 날카로운 철이나 돌을 달아서 만든 타작기를 뜻한다. 보리나 벼를 타작하는 사람이나 장난을 좋아하는 어린이들이 널빤지 위에 올라서서 소나 다른 가축으로 하여금 그 널빤지를 끌고 보리나 벼가 널려 있는 곳을 계속 왕복해서 지나가게 만들면 널빤지 밑의 돌이나 철이 보리나 벼를 타작하게 된다.[3] 이러한 타작 방법은 오늘날에도 시리아나 근동의 여러 지역에서 시도하고 있다. 그런데 시리아 백성이 길르앗 사람들을 이와 유사하게 다루었다고 본문은 언급한다. 그들이 길르앗 사람들과의 전쟁에서 승리했을 때 실제로 철 타작기나 그와 유사한 고문 도구를 사용하여 길르앗 사람들을 억압했는지, 아니면 이러한 표현이 그들의 잔악성을 시각적으로 표현하기 위해 사용한 비유인지 분명하게 가늠하기는 어렵다(필자는 후자의 견해를 선호한다). 그러나 철 타작기로 벼를 타작하지 않고 전쟁에서 패한 백성을 타작하는 영상은 독자들의 뇌리에 생생하게 남아 시리아 백성의 잔학성과 비인간성을 오래 기억하게 만들기에 충분하다. 아울러 시리아 백성이 길르앗 백성을 잔악하게 압제하므로써 그들의 인권을 유린한 점에 대하여 하나님의 공의로운 심판이 임하는 것은 당연하다는 점을 명백하게 보여 준다.

다메섹의 죄악을 간과하실 수 없었던 하나님은 오늘날의 인간 역사 속에서도 동일한 관심을 기울이신다. 자기 나라의 이익을 확장하기 위한 목적에서든 아니면 자존권을 유지하기 위해서든, 이웃 나라를 침공하여 무고한 어린이들이나 노약자들, 그리고 부녀자들이나 병약자들까지도 잔인하게 학살하는 모습을 우리는 텔레비전이나 신문을 통하여 쉽게 접한다. 걸프전, 유고 내전, 소말리아 내전, 러시아와 체첸 공화국의 전쟁 등이 그 대표적인 예가 된다. 이러한 시점에서 우리가 깨달아야 할 사실은 공의로우신 하나님께서 그러한 모습들에 크게 슬퍼하시며 언젠가 그러한 비인륜적인 행위에 참여한 자들을 반드시 심판하신다는 점이다. 뿐만 아니라 우리 사회의 전반적인 삶의 모습 가운데에도 인간을 인간답게 대하지 않고 자신의 부귀와 영화를 위해 다른 사람의 인격과 생명을 쉽사리 해치는 비인간적인 행위가 나타날 때에는 하나님께서 반드시 공의롭게 보응하신다.

철 타작기로 타작하듯 길르앗 사람들을 압박했던 시리아 백성들에게 내려진 하나님의 공의로운 심판은 무엇인가? 4절에 의하면 하사엘의 집과 벤하닷의 궁궐이 불에 탔다. 그리고 5절에 의하면 다메섹의 빗장이 꺾이고 아웬 골짜기에서 백성들이 죽고 벤에던에서 홀 잡은 자가 죽었다. 하나님께서 불을 보내셨다는 것은 일반적으로 전쟁을 통하여 죄악된 백성이 하나님의 심판을 받는 것을 의미한다. 그러므로 4절과 5절의 말씀은 훗날 앗수르가 시리아를 쳐들어가 그들을 무찔렀을 때 일어날 일들을 미리 예언하고 있는 것이다. 시리아 백성이 길르앗 사람들에게 행한 비인간적인 행위로 말미암아, 아모스가 살던 시대에 시리아를 지배하던 하사엘 왕조가 무너지고 벤하닷왕이 권력을 잃으며 많은 백성들이 죽고 또 길이라는 곳으로 포로 되어 끌려갈 것을 아모스는 선포했다. 특히 시리아에서 가장 비옥한 지역으로 알려졌던 아웬 골짜기에서 백성들이 죽음을 당하고, 시리아의 고관들이 호화스럽게 살던 벤에던에서 시리아의 지도자들이 죽음을 당했다는 점도 독자들로 하여금 하나님의 역설적인 활동을 깨닫게 만든다.

다메섹을 향한 하나님의 심판 예언을 통하여 얻을 수 있는 깨달음과 교훈은 무엇인가? 그것은 이 세상을 공의롭게 다스리시려는 하나님께서는 세계

곳곳에서 일어나고 있는 인권 유린 행위나 인간성 말살 행위를 기억하고 계신다는 것이다. 아울러 그러한 행위에 가담한 백성이나 사람들을 반드시 심판하신다는 사실이다. 이러한 깨달음에 근거하여 우리는 개인적·교회적·사회 전반적 삶의 영역에 있어서 항상 다른 사람들을 인격체로 대하도록 노력해야 한다. 그리고 한 걸음 나아가서 하나님의 말씀을 선포할 때에 이러한 메시지도 종종 전해야 한다. 특히 인륜이 땅에 떨어지고 인간성이 말살되어가는 우리 사회의 현실과, 국가 간·민족 간에 피비린내 나는 전쟁이 끊이지 않는 현 시점에서 우리의 삶이 보다 공의롭고 평화로운 것이 되게 하려면 인간성 회복과 인권 존중을 역설적으로 호소하는 아모스의 예언이 보다 자주 소개되어야 할 것이다.

4. 가사의 죄: 전쟁 포로들을 에돔에 팔아넘김(1:6~8)

이스라엘의 북쪽과 동쪽에 위치한 시리아에 대해 예언을 한 아모스는 이제 남쪽과 서쪽에 위치한 블레셋에 대해 예언하기 시작한다. 시리아처럼 블레셋도 이스라엘과 오랜 적대관계를 유지해 온 나라이다(삿 14; 삼상 4, 13, 31; 삼하 5장). 그러므로 청중들은 이 부분에서도 기쁜 마음으로 아모스의 설교를 경청했을 것이다. 아모스가 블레셋을 향한 하나님의 심판을 예언하는 시점에서 가사라는 하나의 도시 이름을 부각시킨 것은 그 도시가 블레셋을 대표할 수 있었기 때문이다. 가사는 상업이 발달한 곳이요 블레셋에서 애굽으로 향할 때 가장 마지막에 다다르게 되는 블레셋의 도시이다.

그러면 블레셋 사람들이 공의로우신 하나님을 성가시게 한 죄목은 무엇인가? 6절에 그 답이 제시된다. "저희가 모든 사로잡은 자를 끌어 에돔에 붙였음이라." 블레셋 사람들은 전쟁에서 승리하면서 붙잡은 포로들을 인간답게 대우해 주지 않고 남녀노소 구분할 것 없이 이웃 나라에 노예로 팔아넘겨 이윤을 취했다. 그러면 에돔 백성은 다시 그 노예들을 다른 백성들에게 팔아넘기고 이윤을 남겼다. 아모스에 의하면 이러한 비인간적인 행위는 하나님의 공의로운 심판을 피할 길이 없다. 이러한 죄악을 행한 블레셋 백성에게 주어진 하나님의 심판은 그들이 예상하지 못했던 바인 전쟁에서의 패배이다. 가사성이 불에 타고, 가사와 욥바 사이에 위치한 강한 요새인 아스돗에 거하던 자들도 적군에 의해 피살되었다. 아스돗과 가사 중간에 위치한 아스글론의 지도자도 권좌에서 쫓겨났다. 그리고 아스돗의 북동쪽으로 약 20킬로미터 정도 떨어진 곳에 위치한 에그론에 살던 자들도 적군에 의해 죽음을 당하였다. 아모스가 가사에 관해 예언한 것은 앗수르군에 의해 현실화되었다고 볼 수 있다. 앗수르의 왕 디글랏 빌레셀 3세(Tiglath Pileser Ⅲ)가 주전 734년에 가사를 침공하여 블레셋에게서 조공을 받기 시작했다. 711년에 이르러 블레셋이 조공을 바치기를 거부하자 앗수르는 아스돗을 침공하여 많은 사람들을 포로로 잡아갔다. 701년에는 에그론과 아스글론이 앗수르에 반기를 들었으나 산헤립 왕에 의해 패전하고 성들이 함락되었다.[4]

만약 우리가 블레셋에 대한 하나님의 심판을 정확하게 간주한다면, 그리고 하나님께서 포로 된 자나 힘없고 연약한 자들을 비인격적으로 대하는 자들을 심판하시는 분임을 인식한다면, 우리는 현재의 삶을 되돌아보아야 한다. 그리고 우리의 삶 속에서 이와 유사한 행위가 없는지를 살펴보아야 한다. 우리의 직장 생활이나 사회 생활에서 부를 축적하기 위해 다른 사람들의 인권을 유린하거나 그들의 복지를 해치는 일들이 있다면 그러한 일들을 속히 중단해야 할 것이다. 더욱이 설교자들은 우리 사회에서 아직도 사라지지 않고 있는 인신매매와 어린이 유괴 행위 등의 심각성을 인식하며 경종을 울리는 메시지를 전해야 한다. 한 걸음 더 나아가 민족적·종교적 이질성 때문에 다른 민족을 해치거나 억압하는 풍조가 세계 각처에서 만연하고 있는 현 시점에서 모든 인간을 사랑으로 품으시고 공의로 보호하시고자 하는 하나님의 뜻을 널리 전해야 한다.

5. 두로의 죄: 형제 계약을 맺은 나라의 백성들을 에돔에 팔아넘김(1:9~10)

아모스는 다메섹과 가사에 이어 이스라엘의 북서쪽에 위치한 두로에 대해 예언했다. 두로는 뵈니게라는 나라를 대표하는 도시로, 항구와 무역으로 알려진 곳이다(겔 28). 두로의 백성들이 하나님의 심판을 받게 된 이유가 9절에 언급된다. "저희가 그 형제의 계약을 기억지 아니하고 모든 사로잡은 자를 에돔에 붙였음이라." 두로 백성들이 직접 전쟁을 해서 노예들을 잡아 왔는지 아니면 블레셋 사람들이나 다른 나라 사람들이 잡은 노예들을 에돔에 넘기는 중간 상인 역할을 했는지는 분명하지 않다. 그러나 한 가지 분명한 사실은 에스겔 시대에 이르러서 그들이 노예 상인으로 악명이 높았다는 점이다(겔 27:13). 인간을 인격체로 간주하지 않고 하나의 상업적인 물품으로 간주하여 매매한 이 일만 해도 하나님의 공의로운 심판을 받을 수밖에 없는데, 여기에 한 가지 덧붙여진 죄목이 있다. 그것은 그들이 '형제의 계약을 기억하지 않았다'는 점이다. 이것은 두로 백성들이 뵈니게의 다른 도시들에 있는 백성들과 맺은 계약을 암시하는 것으로 서로의 백성을 괴롭히거나 노예로 팔지 않겠다는 협정을 담고 있었을 것이다. 그런데도 두로 백성이 이웃 백성들을 노예로 잡아 팔아넘겼다는 것은 그들이 신뢰할 수 없는 백성이었음을 증명하며, 이 점도 계약을 지키시기에 성실하신 하나님의 성품을 성가시게 한 것이다. 어떤 학자들은 형제의 계약을 열왕기상 5:1에 언급된 두로 왕 히람과 다윗간의 언약으로 해석할 수 있다는 가능성을 시사하기도 한다. 그러나 이 계약이 엘리야와 이세벨 사이에 존재했던 갈등관계에서 보여 주듯이, 여호와를 신뢰하는 이스라엘 백성과 바알을 신뢰하는 두로 백성 간에 지속되어 아모스의 시대까지 내려왔을지는 많은 이들이 의문을 품고 있다. 그래서 보편적으로 이 '형제의 계약'을 두로 백성과 뵈니게의 다른 도시 백성들 간의 계약으로 간주한다.[5]

이웃 백성들과의 화친을 위한 계약도 어기고, 자신들의 부를 축적하기 위해 그들을 노예로 팔아넘기는 두로 백성들에 대한 하나님의 심판 역시 엄한 것이다. 하나님께서 두로 성에 불을 보내어 그 궁궐들을 불태우시는 모습은 전쟁에 패망하는 두로 백성의 처참한 모습을 인상 깊게 묘사한다. 오늘날에도 우호조약을 맺었던 국가나 민족들이 자국이나 자기 민족의 이익만을 고려하여 쉽사리 조약을 파기해 버리고 적대관계로 돌아서는 외교적 상황들을 바라보면서, 이러한 외교관계가 모든 백성들의 인권을 존중하는 공의 사상의 밑받침 아래에 형성되어야 한다는 점을 새삼스레 느낀다. 그리고 이러한 인권 존중 사상이나 세계 평화를 옹호하는 사상이 그러한 사상의 주체가 되시는 하나님을 신뢰하는 자들에 의해서 참되게 실천될 수 있고 또 실행되어야 한다는 점도 깨닫는다.

04

이방 국가들에 대한
하나님의 심판

아모스 1:11~2:5 주해와 적용

에돔, 암몬, 모압에 대한 하나님의 공의로운 심판을 소개할 뿐만 아니라, 하나님의 백성으로 간주되었던 유다의 죄에 대한 하나님의 심판도 언급하려 한다. 여러 나라와 백성들의 죄악된 생활에 대한 하나님의 공의로운 심판을 살펴볼 때, 오늘날 하나님의 말씀을 전하는 자들이 강조하여 소개해야 할 하나님의 성품과 하나님의 백성들의 삶의 모습이 보다 구체화될 것이다.

본문 주해

1. 에돔의 죄: 형제 된 백성을 잔인하게 대함(1:11~12)

에돔은 이스라엘의 남동쪽에 위치한 국가로서 에서의 후손들로 구성되었다. 성서의 저자들은 이스라엘 백성과 에돔 백성 간에 존재한 적대감의 기원을 야곱과 에서의 갈등에 두었다(창 25장부터). 두 백성간의 적대감은 구약성경의 여러 책에서 언급된다. 민수기 20장은 출애굽한 이스라엘 백성이 왕의 대로(the King's Highway)를 통해 가나안으로 진입하기 위하여 에돔 지역을 평화롭게 지나가려 했을 때 에돔 백성들이 무력으로 막았던 사실을 소개한다(민 20:14~25). 사무엘서와 열왕기서는 그 후에도 이스라엘 백성과 에돔 백성 간에 꾸준히 존재했던 오랜 적대감을 증거한다. 사울 시대(삼상 14:47), 다윗 시대(삼하 8:12~14), 솔로몬 시대(왕상 11:14~25), 여호람 시대(왕하 8:20~21), 아마샤 시대(왕하 14:7~10), 그리고 아모스가 살던 웃시야 시대(왕하 14:22).

열왕기하 8:22에서 언급하듯이 이스라엘 백성과 에돔 백성은 여호람 시대(주전 853~841년 통치함)부터 이스라엘의 바벨론 포로기 이후 시대에 이르기까지 끊임없이 적으로 존재해 왔다(사 34:5~17; 욜 3:19; 렘 49:7~22; 애 4:21~22; 말 1:2~5; 시 137:7). 특히 오바댜서는 이스라엘이 바벨론에 패망할 당시에 바벨론을 도와 이스라엘을 공격하던 에돔 백성들의 잔학상을 증거한다(옵 10~12절). 이렇게 볼 때 아모스 시대에 아모스의 예언을 들었던 청중들은 가나안 정착기 이전부터 에돔 백성이 그들의 조상들에게 보여 주었던 여러 가지 죄악상에 대해 충분히 이해할 수 있었을 것이다. 또한 바벨론 포로기 시대나 그 이후 시대에 아모스의 예언을 읽었던 독자들도 에돔 백성이 그들의 조상들과 그들에게 행한 잔인한 행동들에 대해 충분히 감지할 수 있었을 것이다.

아모스 1:11은 에돔 백성의 구체적인 죄악상을 소개한다. "이는 그가 칼로 그 형제를 쫓아가며 긍휼을 버리며 노가 항상 맹렬하며 분을 끝없이 품었음이라." 여기에서 언급되는 '그 형제'는 다름아닌 이스라엘 백성이다(창 25:24~26; 신 2:4; 23:7). 조상 때부터 혈연관계를 유지하며 형제 국가로서 존재할 수 있었음에도 에돔 백성은 이스라엘을 파멸시키기 위해 시시때때로 전쟁을 일으켰다. 특히 이스라엘이 다른 나라들의 침공을 받았을 때 에돔은 이스라엘에게 도움을 주기보다는 다른 나라들과 합세하여 '칼로 쫓아가며' 이스라엘을 괴롭혔다. 이렇게 에돔이 형제 국가에 대해 긍휼을 보이지 않고 적대감을 보인 이유는 무엇인가? 본문은 그것이 바로 에돔의 맹렬한 노와 끝없는 분 때문이라고 설명한다. 에돔 백성의 이스라엘을 향한 분노가 그들의 조상인 에서와 야곱의 관계에 기인한 것인지, 아니면 역사상 이스라엘이 그들보다 강한 백성으로 존재했기 때문인지 본문은 분명하게 언급하지 않는다. 아마도 양자 모두 이유가 될 것이다. '노가 항상 맹렬하며'라는 구절에서 사용된 '맹렬하다'(חָרַף타라프)는 동사는 히브리어 원어로는 '찢다, 뽑다'라는 뜻을 지닌다. 이 동사는 늑대나 사자 등의 난폭한 동물들이 먹이를 뜯어먹을 때 사용된다(창 37:33; 44:28; 49:27; 신 33:20; 시 17:12 등). 그러므로 이 구절은 에돔 백성이 이스라엘에 대해 품었던 마음의 노가 야기한 파괴적이고도 잔인한 결과를 생생하게 보여 준다. '분을 끝없이 품었음이라'라는 구절은 에돔 백성이 이스라엘에 대해 지녔던 분노가 결코 수그러들지 않고 역사가 흐르는 동안 지속되었다는 점을 강조한다. 이렇게 한 백성이 이웃 백성을 향하여 지속적으로 품는 노와 분과 그에 따른 잔인한 행동들은 공의로우신 하나님의 심판을 초래할 수밖에 없다는 사실을 본문은 지적한다.

에돔 백성의 죄에 대한 하나님의 심판은 앞에서 언급된 국가들의 그것과 유사하다. 데만은 북쪽 에돔에 위치한 지역으로 에돔 전역을 대표한다. 하나님께서 데만에 불을 보내신다는 말은 전쟁을 통해 그 지역을 파멸하실 것을 시각적으로 표현한 것이다. 하나님께서 택하신 적국의 군사들을 보내셔서 에돔을 진멸하실 때에는 에돔의 지도자들이 살고 있던 도시인 보스라도 온전하지 못하게 된다. 에돔의 지도자들이 거주하는 곳에서부터 그 나라의 맨 북쪽 지역의 도시까지 모두 파멸하는 이유는 그들이 형제 된 백성들에게 긍휼을 보이기보다는 분노를 품은 채 무력을 동원하여 전쟁을 일삼았기 때문이다. 에돔에 대한 하나님의 심판이 실현된 것은 앗수르가 에돔을 속국화했을 때나 바벨론이 그들을 침공했을 때이다(렘 27:3 이하).

에돔에 대한 하나님의 공의로운 심판은 오늘날 하나님의 백성이 이웃 백성과 어떤 관계를 형성해야 하는지를 교훈한다. 비록 이웃 백성이 역사상으로 볼 때 우리 백성들을 잔악하게 핍박했다 하더라도 그들에 대한 분노의 마음을 지속적으로 품고 있다면, 그리고 그 분노를 잔인한 무력적 행위로 표출한다면 그러한 마음과 행위는 하나님 앞에서 합당하지 않다. 물론 이웃 백성들이 우리의 조상들에게 행한 잔악한 행위들에 대해 복수의 마음과 분노를 그치고 그들을 용서하는 것이 결코 쉬운 일은 아니다. 그런데도 하나님께서는 그의 백성들이 원수 갚는 일을 하나님께 맡기고 그들에게 오히려 긍휼을 베풀 수 있는 성숙된 신앙 인격을 지니기를 원하신다(신 32:35; 롬 12:17~21).

단적인 예를 들어 보자. 몇 해 전 일본의 고베 시에서 발생한 지진으로 많은 희생자들이 난 것에 대해 우리 국민들은 대체로 두 가지 해석을 하는 것 같다. 어떤 이들은 일본이 과거에 우리 민족과 아시아의 여러 나라에 저지른 죄악들에 대해, 그리고 현재의 일본인들이 복음을 완강하게 거부하는 것에 대해 하나님께서 심판하신 것이라고 간주한다. 그러고는 앞으로도 이와 같은 재앙이 더 일어나야 그들이 하나님 앞으로 회개하고 돌아올 것이라고 말한다. 그러나 다른 이들은 비록 그들이 과거에 우리 민족에게 인간으로서 할 수 없는 일들까지 저지르고, 또 현재에 하나님의 복음을 거부하는 모습을 보이고 있지만 우리 백성, 특히 그리스도인들은 그들을 우리와 같은 인격체로 간주하여 그들의 고통을 함께 느끼며 그들에게 긍휼을 베풀기 위해 범기독교적으로 구호물자를 보내야 한다고 주장한다. 전자의 생각을 품고 있는 자들에 대해 우리는 그들의 자세가 잘못되었다고 속단할 수 없다. 왜냐하면 비인간적인 고통과 핍박을 경험한 자들이나 그 후예들은 그들을 억압한 자들의 재난을 기대하고, 기도하고, 또 기뻐할 수 있는 권리가 있기 때문이다. 그러나 우리가 하나님의 끝없는 사랑과 용서를 보여 주신 예수님의 삶의 모습을 따라 살아간다면 후자의 자세가 더 성숙된 신앙인의 모습이 아닌가 생각한다. 에돔의 죄와 심판에 관한 아모스의 예언을 들었던 이스라엘 백성들은 에돔 백성의 파멸을 예언하는 부분에서는 박수를 치며 기뻐했을 것이다. 그러고는 형제나 이웃 된 백성을 비인간적으로 대한 자들에 대한 하나님의 엄한 심판이 정당하다고 고개를 끄덕였을 것이다. 그러나 그들은 곧 이어서 언급될 자신들의 비인간적인 행위에 대한 하나님의 공의롭고도 엄한 심판을 알지 못하고 있었다. 그들은 이때까지 이스라엘의 적들에게 보여 주신 하나님의 심판에 관한 예언이 모두 정당하다고 간주해 왔기 때문에, 자신들의 죄악을 지적당할 때에도 그 정당성을 인정할 수밖에 없는 논리적 상황으로 유도되고 있다. 이 점은 아모스의 설교자적 자질을 단적으로 증거한다.

2. 암몬의 죄: 영토 확장을 위해 다른 나라 백성을 잔인하게 학살함

(1:13~15)

암몬 백성은 요단강 동쪽의 사막 가장자리에 살면서 서쪽과 남쪽으로 길르앗과 대치하고 있었다. 그들의 유일한 주요 도시는 왕의 대로상에 위치한 랍바(Rabbah)였는데, 현재는 요르단의 수도 암만(Amman)이 위치하고 있다. 암몬 백성도 이스라엘과 오랫동안 적대관계를 유지해 왔다. 구약성경에 의하면 그들은 사사 시대부터 비옥한 길르앗을 차지하기 위해 이스라엘과 싸워 왔다(삿 3:12~14; 10:7~9, 17; 11:4~53; 삼상 11:1~11; 14:47; 삼하 8:12; 10:1~11:1; 대하 20:1~30; 24:26). 사사 시대에 암몬은 모압과 아말렉과 연합하여 이스라엘 일부분을 차지했지만, 사울은 그들을 물리쳤다. 아모스 시대에는 암몬이 이스라엘의 지배하에 있었기 때문에(왕하 14:25), 아모스가 언급한 암몬의 여러 가지 죄악은 아모스 시대의 것이 아니라 그 이전 시대의 것을 암시한다고 간주해야 한다.

본문은 암몬 자손의 여러 가지 죄악들을 소개하면서 대유적인 방법을 사용한다. 다시 말하여, 그들의 죄악들을 낱낱이 열거하기보다 하나의 인상적인 죄악을 부각시킨다. "이는 저희가 자기 지경을 넓히고자 하여 길르앗의 아이 밴 여인의 배를 갈랐음이니라"(13절). 이러한 대유적 표현은 암몬 백성의 잔인성을 이해하는 데 매우 효과적이다. 이 구절은 암몬 백성이 전쟁을 한 이유와 그들이 전쟁 중에 보여 준 비인간적인 잔악상을 알게 한다. 그들은 정당방위의 목적으로 전쟁을 한 것이 아니다. 자기 나라의 영토를 넓히기 위해서 전쟁을 일으켰다. 이러한 전쟁 행위는 만민의 평화로운 공존을 원하시는 공의로우신 하나님을 성가시게 했다. 뿐만 아니라 그들이 '길르앗의 아이 밴 여인의 배를 갈라' 여인과 아기를 동시에 죽인 비인간적인 행위도 공의로우신 하나님의 심판을 피할 수 없게 만들었다. 암몬 백성이 이러한 행위를 한 이유가 단순히 재물을 빼앗기 위한 것인지 아니면 길르앗 사람들이 번성하는 것을 막기 위한 것인지 분명히 알 수는 없지만, 어떤 이유를 막론하고서라도 이러한 행위는 하나님 앞에서 정당화될 수 없었다.

암몬 백성의 죄악이 구체적인 만큼 그들에 대한 하나님의 심판도 구체적이다. 앞의 예언들에는 하나님께서 불을 보내셔서 도성들을 사르게 하시겠다고 기록되어 있는 데 비하여, 암몬에 대해서는 그 불이 전쟁에 임한 많은 적군들에 의해 일어날 것임을 구체적으로 밝힌다. 또한 회오리바람이 불고 폭풍이 일어나면 모든 것이 순식간에 완전히 뽑혀 날려 버리는 것처럼, 하나님께서도 적군들을 보내어 암몬의 도성들을 삽시간에 파괴하고 그들의 왕과 지도자들과 모든 백성을 포로로 잡혀가게 할 것임을 시각적으로 보여 준다. 특히 본문에서 사용된 '전쟁의 날'과 '회리바람의 날'이라는 용어들은 하나님께서 인간들의 역사 속에 주권적으로 개입하셔서 그들을 공의롭게 심판하신다는 점을 부각시켜 준다. 그리하여 암몬을 심판하는 주체가 바로 하나님이심을 명확하게 밝힌다. 아모스의 예언은 암몬이 앗수르와 바벨론에 점령당함으로써 성취되었다. 그들은 주전 7세기에 앗수르의 속국으로서 조공을 많이 바쳐야 했고, 6세기에는 바벨론에 의해 멸망당하여 많은 백성들이 유배를 당했다(렘 49:1~6; 겔 21:18; 25:1~7; 습 2:8~11).

3. 모압의 죄: 에돔 왕의 뼈를 불사름(2:1~3)

모압은 암몬의 형제 국가였다(창 19:36~38). 사해의 동쪽에 위치한 모압은 북쪽으로는 암몬, 남쪽으로는 에돔과 접경을 이루고 있었다. 특히 모압은 남쪽의 에돔과 전쟁을 많이 치렀으며 이 일을 위하여 양 나라의 접경 지역에는 요새가 많이 세워졌다. 모압과 이스라엘의 적대관계는 사사 시대에 모압 왕 에글론이 이스라엘을 침공했을 때부터 형성되어 왔다(삿 3:12 이하). 사울은 모압을 쳐서 승리를 얻었으며(삼상 14:47 이하) 다윗은 그들에게 조공을 받았다(삼하 8:2). 본문에서 아모스가 부각시키는 모압의 죄악상은 그들이 '에돔 왕의 배를 불살라 회를 만든' 것이다(2:1). 이러한 모압의 행위에 대해 두 가지 해석이 있다. 하나는 고대 근동 지역 사람들이 비록 발전된 부활사상을 가지고 있지는 않았지만, 시체의 잔존물을 보존하고 있으면 언젠가 죽은 자들이 부활할 때에 그 육체의 모습으로 다시 살아날 수 있을 것이라 믿었던 점과 관련이 있다. 그러므로 어떤 사람의 뼈를 불에 태우고 그것을 가루로 만들어 버리는 행위는 그 사람의 부활을 철저하게 막는 행위로 간주되었다. 특히 모압 사람들이 에돔 왕의 뼈를 불태우고 가루로 만들어서 석회와 함께 섞었다는 점은 그 왕이 부활하는 것뿐만 아니라 그 나라가 재건되는 것까지도 철저하게 막으려는 하나의 상징적인 행위로 간주할 수 있다. 또 다른 견해는 모압 백성이 에돔 백성에 대한 적대감과 시기심을 극단적으로 표현한 것으로 간주하는 것이다.

모압 백성의 이 같은 행위에 깔려 있는 이유가 무엇이든간에 이 행위는 공의로우신 하나님을 성가시게 하였고 그 결과로 심판을 초래할 수밖에 없었다. 하나님께서는 적군들을 보내셔서 모압의 도성들을 불지르게 하셨고, 그 백성의 지도자들이 살던 그리욧의 궁궐들도 파괴하게 하셨다. 많은 도성들 중에서 그리욧을 언급한 것은 그 도성이 단순히 정치가들의 처소가 아니라 그모스(Chemosh)신을 섬기던 중심지이기 때문이기도 하다. '요란함'과 '외침'과 '나팔소리'는 모두 이 예언을 듣는 청중들로 하여금 모압을 대적하여 처절하게 펼쳐지는 전쟁의 상황을 청각적으로 느끼게 만든다. 모압에 대한 아모스의 예언이 실현된 시기를 구체적으로 찾아내기는 어렵다. 그러나 바벨론이 주전 6세기에 팔레스타인 지역을 정복할 때에 모압도 바벨론에 정복되었다.

본문에 의하면 만민을 공의롭게 다스리시는 하나님께서는 살아 있는 한 사람의 생명을 귀하게 여기시는 것과 마찬가지로 한 사람의 죽은 시체가 어떻게 취급되는지에 대해서도 깊은 관심을 기울이신다. 우리가 만나는 모든 사람들을 하나의 인격체로 대하며, 그들이 죽었을 때에도 하나의 인격체로 여겨 합당한 예식에 따라 땅에 묻히게 하는 것이 인간의 도리일 것이다. 인도의 빈민가에서 가난하고 병약한 자들을 도와주며, 굶주려 죽은 채 길가에 내던져진 시체들을 찾아 인간답게 죽도록 장례를 치르고 땅에 묻어 주는 사적을 평생 감당해 온 테레사 수녀의 삶은 우리 모두에게 커다란 도전을 준다. 이러한 도리를 망각하여 사람들의 목숨을 함부로 해치고, 죽은 자들의 시신을 방치하거나 악한 목적에 이용하는 자들에게 하나님의 준엄한 심판이 임한다는 점을 우리 모두 명심해야 할 것이다. 특히 이 점은 뺑소니 운전이나 강도, 납치 살인 등으로 인해 무고한 자들이 수없이 죽어 가는 우리 사회의 현실에서 아무리 강조해도 지나치지 않다.

4. 유다의 죄: 여호와의 율법을 멸시함(2:4~5)

이스라엘의 사방 주변 국가들에 대한 하나님의 공의로운 심판을 선언한 아모스는 마지막으로 유다에 대한 예언을 언급한다. 아모스가 유다에 대한 예언을 마지막에 둔 이유는 분열왕국 시대 이후에 이스라엘 백성 중에서 유다에 적대감을 가진 자들도 있었지만, 그들에 호의를 품고 있는 자들도 있었을 것이기 때문이다. 아모스는 그들의 반감을 미리 사지 않으려고 노력한 것 같다. 그러나 이스라엘 백성들 중 다수는 남쪽 나라 유다 백성들의 죄악에 대한 심판 예언을 기대했을 것이다. 왜냐하면 유다 백성이 북왕국 이스라엘 백성의 여호와에 대한 불순종과 우상숭배를 시시때때로 비난해 왔기 때문이다(대하 13:5~12).

하나님께서 앞에서 언급된 여러 이방 국가를 심판하시는 이유와 유다를 심판하시는 이유는 다르다. 여러 이방 국가들에 대해서는 그들이 이웃 백성을 얼마나 인도적으로, 인격적으로 대했느냐에 따라 하나님께서 공의롭게 심판하셨다. 그런데 유다에 대해서는 하나님께서 주신 율법들과 규례들을 얼마나 잘 지켰는지에 따라 심판하신다. 이 점은 하나님의 백성으로 택함받은 유다 백성이 이방 국가들에 비인도적인 행위를 저질러도 된다는 것을 의미하지 않는다. 오히려 유다 백성들은 이방 백성들에 대한 하나님의 공의로운 기대를 충족시켜 드릴 뿐만 아니라 한 단계 더 나아가서 하나님의 율법과 교훈들을 준행해야 하는 더 큰 책임을 지니고 있음을 뜻한다.

그러면 아모스 2:4에서 언급되고 있는 유다의 죄악들은 무엇인가? 크게 두 가지다. 하나는 '여호와의 율법을 멸시하며 그 율례를 지키지 아니한 것'이고, 또 하나는 '열조의 따라가던 거짓 것에 미혹되었기' 때문이다. 여호와의 '율법'은 매우 광범위한 개념인데, 사제들이나 예언자들에 의해 여호와의 이름으로 전해진 사회적·종교적·윤리적인 가르침을 의미한다고 볼 수 있다. 그 '율례'는 여호와의 율법 중에서도 특히 성문화된 것을 의미한다. 그러므로 유다 백성의 죄악은 하나님께서 택하신 사제들, 예언자들, 그리고 여러 신앙 지도자들을 통해 구두로 전해진 가르침들이나 성문화된 교훈들을 준행하지 않고 거역하며 살아간 것이다. 여기에 덧붙여 그들은 조상 때부터 존재해 왔던 여러 가지 우상들을 섬겨 나갔다. "거짓 것에 미혹되었다"는 말이 바로 이를 뜻한다. 이 세상에서 유일하게 참신이신 여호와를 예루살렘이라는 선택된 도성을 중심으로 섬기도록 분부받았던 유다 백성은 그곳에서부터 애굽의 신, 바알 신, 말둑 신, 몰록 신, 아스다롯 신 등을 섬겼다. 이러한 행위는 하나님의 심판을 초래하기에 충분했다.

유다 나라에 불이 내려지고, 예루살렘의 궁궐들이 불탐으로 아모스의 예언이 성취된 정확한 때가 언제인지 명확하게 지적하기는 쉽지 않다. 그러나 앗수르 왕 산헤립이 히스기야 시대에 쳐들어온 것이나(왕하 18:13 이하), 바벨론 왕 느부갓네살이 주전 597년에 유다를 침공한 것을 아모스의 예언이 일부 성취된 것으로 간주할 수 있다(왕하 24:89). 그리고 586년에 바벨론이 예루살렘을 멸망시킨 사건을 아모스의 예언이 궁극적으로 성취된 것으로 간주할 수 있다.

유다의 죄악에 대한 하나님의 심판 예언은 오늘날 한국 교회에 새로운 경각심을 불러일으킨다. 우리가 하나님의 백성이라고 자부하면서 모든 이방 백성들을 비롯하여 백성 각자에게 공의롭게 대하지 못한다면 우리 백성은 하나님의 심판을 면할 수가 없을 것이다. 더욱이 우리가 이방 백성들을 인도적으로 대한다고 자만하면서 하나님께서 성경을 통해 제시하시는 구체적인 신앙적·사회적·윤리적 가르침들을 실행하는 일을 등한시하고 있다면 이것도 하나님의 심판을 초래한다. 여기에 덧붙여서 하나님을 섬기는 일과 우리 주위에 팽배한 여러 우상들을 섬기는 일을 동시에 행하는 혼합종교적 행위도 거룩하신 하나님을 역겹게 한다. 그러므로 한국 교회의 성도들은 하나님을 섬기는 일을 방해하는 모든 현대적인 우상들을 물리치고 오직 하나님의 율법과 규례를 따라 충성스럽게 그분을 섬기는 자들이 되어야 할 것이다. 이러한 행동이야말로 우리나라를 살리고, 하나님의 축복이 항상 우리 백성 위에 임하도록 하는 비결이다.

05

이스라엘에 대한 예언

아모스 2:6~16 주해와 적용

예언자 아모스가 본문의 바로 앞에서 이방 국가들의 죄에 대한 하나님의 공의로우신 심판을 소개했을 때, 그의 청중 이스라엘 백성들은 그 심판의 정당성을 인정하면서 즐거운 마음으로 환호했을 것이다. 특히 이스라엘의 남쪽에 접한 유다가 일곱 번째로 거론되어 하나님의 심판을 당하게 될 때, 아모스의 청중들은 그것이 하나님의 심판의 끝이 될 것이라고 기대했을 것이다. 그러나 아이러니하게도 아모스의 예언은 여기에서 그치지 않았다. 오히려 하나님 앞에서 가장 선한 백성이라는 자부심과 그분의 택하신 백성이라는 정체감을 가지고 살았던 이스라엘 백성들에게 하나님의 심판이 최종적으로 임했다.

그러므로 아모스가 이스라엘의 죄에 대한 하나님의 심판을 예언할 때 그의 청중들은 매우 당황하였을 것이고, 그 예언을 거부하고자 하는 마음도 생겼을 것이다. 그러나 이미 아모스가 이전의 일곱 국가에 대한 하나님의 심판이 공의롭고도 정당한 것이라는 점을 청중들의 뇌리에 심어 두었기 때문에 자신들에 대한 하나님의 심판 예언을 무시하거나 무관심으로 대처할 수가 없었을 것이다.

아모스 1장과 2장의 구조 연구를 통해 알 수 있었듯이, 아모스가 청중들에게 아주 민감한 내용의 예언을 거부감 없이, 효과적으로 전하기 위해 사용했던 '돌려서 치는'(독자들은 필자의 이 표현을 이해해 주기 바란다) 예언 전달 방식은 오늘날에도 하나님의 백성들의 죄악된 삶에 대한 하나님의 심판을 소개해야 하는 설교자들이 신중하게 수용할 수 있는 것이라고 본다.

본문 주해: 계속되는 예언

필자는 이방 국가들의 다양한 죄악들에 대한 하나님의 공의로운 심판을 소개함으로써 하나님께서 세계 만민의 주관자가 되신다는 점을 천명하는 것이 아모스 1장과 2장의 핵심 내용임을 밝힌 바 있다. 그러나 이러한 전반적인 교훈과 아울러 깨달아야 할 사실은 하나님께서 자신이 택한 백성들의 삶의 모습에 더욱 민감하게 관심을 가지고 반응을 보이신다는 점이다.

다시 말해서 하나님께서는 이방 백성들에게 요구하시는 바, 양심과 도덕률에 근거한 공의로운 삶의 기준에 덧붙여서 하나님께서 택한 백성들이 자신이 제공하신 계시와 교훈을 순종하는지도 그들에 대한 평가 기준에 포함시키신다. 이 점은 이방 국가들은 일반적인 도덕률을 그르치는 잔악한 행위를 보임으로써 하나님께 심판을 받았지만, 유다나 이스라엘은 그것뿐만 아니라 하나님의 계시의 말씀에 벗어나는 삶을 살다가 심판을 받게 된다는 점을 통해 입증된다. 그러므로 설교자들은 하나님의 백성 된 자들의 축복이나 특권을 소개함과 아울러 그들에게 보다 무겁게 제시되고 있는 책임도 인식하게 해야 한다.

필자는 아모스 2:6~16에서 세 가지의 신학적 주제들을 파악할 수 있었다. 첫째는 이스라엘 백성들의 구체적인 죄악상, 둘째는 죄악된 백성들을 심판하려는 하나님의 자기소개, 셋째는 이스라엘 백성들의 죄악에 대해 준엄하게 심판하시는 하나님의 활동이다.

1. 이스라엘 백성들의 죄악상(1~8절)

아모스는 이방 백성들의 죄악상을 소개할 때보다 훨씬 더 자세하게 이스라엘 백성들의 죄악상을 묘사한다. 그들의 죄악상은 6~8, 12절에서 구체적으로 언급된다. 이 구절들에 의하면 이스라엘 백성들의 죄악은 크게 네 부류로 나누어진다. 첫째는 이스라엘 사회의 가진 자들이나 특권 계층에 있는 자들이 가난하고 힘없는 자들을 억압한 것이요(6~7절), 둘째는 도덕적으로나 성적으로 왜곡된 생활을 한 것이요(7~8절), 셋째는 참된 신앙생활에서 벗어난 것이요(8, 12절), 마지막으로 신앙의 지도자들이 타협하는 생활을 한 것이다(12절).

1) 힘없는 자들을 억압함

위에서 언급한 바, 이스라엘 백성들의 죄악의 첫째 부류는 "저희가 은을 받고 의인을 팔며 신 한 켤레를 받고 궁핍한 자를 팔며 가난한 자의 머리에 있는 티끌을 탐내며 겸손한 자의 길을 굽게 하며"라는 구절들에서 가시적으로 소개된다(6~7절). 여기에서 은을 받고 의인을 판다는 말이나 신 한 켤레를 받고 궁핍한 자를 판다는 말은 고대 이스라엘 사회의 법조계에서 비일비재했던 뇌물수수를 암시한다(사 3:14; 10:1; 미 3:9~11; 겔 22:29).

법정 소송에 연관된 가난하고 무죄한 자가 유죄한 부자로부터 은(뇌물)을 받은 재판관들에 의해 죄인으로 낙인찍히고 급기야는 노예가 되는 현상은 하나님 앞에서 죄악된 것이다. 신 한 켤레를 받고 궁핍한 자를 파는 일을 어떤 이들은 상업상의 비리로 해석하는 것 같다. 그런데 고대 이스라엘 백성들이 재산이나 토지 등을 거래할 때 그 거래가 성사된 표시로 신발을 교환하는 풍습이 있었음을 고려할 때, 신 한 켤레는 재산권이나 토지권의 상징이 된다.

이렇게 볼 때, 신 한 켤레를 받고 궁핍한 자를 파는 일은 악한 재판관이 재산이나 토지를 거래하는 당사자들 사이에 발생한 법정 소송을 맡으면서 부유한 자들에게 유리하게 판결해 주고, 궁핍한 자들을 노예로 전락시키면서 그 대가로 부유한 자의 재산권이나 토지권의 일부를 얻는 경우를 뜻한다고 볼 수 있다. 이러한 해석은 6절의 첫째 행과 둘째 행이 동의적 평행법을 사용하고 있다는 점과 7절에서 상업상의 비리가 구체적으로 언급된다는 점을 고려할 때 더욱 합당하다고 본다.

고대 이스라엘 사회의 법조계 지도자들이 사회의 정의를 수호하고 힘없는 자들을 보호하기는커녕, 특권층이나 부유층 인사들과 결탁하여 뇌물을 받고 재판을 그르치며 자신들의 재물을 축적해 나가는 일이 도덕적으로도 어긋난 일일 뿐 아니라 하나님의 율법을 어기는 커다란 죄악이라는 점을 아모스는 6절을 통하여 예리하게 지적한다. 아울러 이러한 자들로 말미암아 하나님의 공의로운 심판이 그 공동체 전체에 임한다는 점도 강조한다.

고대 이스라엘 사회가 법조계 지도자들의 죄악으로 말미암아 하나님의 준엄한 심판을 받게 된다는 사실이 진실일진대, 이들의 행위와 유사한 행위를 범하고 있는 법조인들이 비일비재한 현재의 우리 사회도 공의로우신 하나님의 심판에서 예외가 될 수 없다는 점을 설교자들은 때때로 주지시키며 그들의 회개를 촉구해야 할 것이다.

2) 도덕적 타락

7절에 의하면 고대 이스라엘에서 가난하고 힘없는 자들을 핍박한 자들이 재판관들만은 아니었다. 그 사회의 부호들은 재물을 더 축적하기 위하여 교묘한 방법으로 가난한 자들을 억압했다. 그들의 사악한 행위를 효과적으로 보여 주기 위해 아모스는 그들이 가난한 자의 머리에 있는 티끌을 탐내는 모습을 제시했다. 아울러 그들이 겸손한 자의 길을 굽게 하는 모습도 소개했다. "가난한 자의 머리에 있는 티끌을 탐낸다"는 개역한글 번역보다 본문의 의미에 더 부합되는 번역은 "먼지로 덮인 땅 위에서 가난한 자의 머리를 짓밟는다"는 것이다. 그런데 70인역에는 가난한 자의 머리를 상하게 한다는 뜻으로 기록되어 있다.

이렇게 볼 때, 표준새번역의 번역이 원어적 의미에 가장 가까우면서도 이해하기 쉽다고 생각한다. '그들은 힘없는 사람들의 머리를 흙먼지 속에 처넣어서 짓밟고', '겸손한 자의 길을 굽게 한다'는 말은 그 사회의 힘없고 약한 자들이 법적으로나 사회적으로 보호를 받고 그들 나름대로의 권익을 위해 사회 전역에 진출하려 할 때, 부호들이나 힘 있는 자들이 그들의 길을 막아 버리는 행위를 암시한다. 이 일을 위해 부호들이 해결사들을 동원했을 가능성을 배제할 수가 없다. 이러한 행위는 이스라엘 사회의 가난하고 힘없는 자, 고아와 과부 등의 인권과 생존권을 보호하기 위해 율법적으로 그들을 옹호하는 법들을 제시하신 하나님의 뜻에 분명히 위배된다(레 25:35~38; 신 15:7~8; 시 10:18).

그러므로 오늘날 하나님의 말씀을 전하는 설교자들은 청중들 중에서 재력이 있고 권력이 있는 자들이 가난한 자들이나 힘없는 자들에게 위와 같은 죄악을 범하지 않도록 가르쳐야 할 것이다. 이러한 설교자들의 노력이야말로 우리 사회를 더불어 살기 좋은 사회요, 하나님 앞에서 보다 거룩한 사회로 변화시키는 촉진제가 될 것이다.

3) 성적인 범죄

8하절은 이스라엘 백성들이 행한 죄악의 또다른 부류를 소개하는데, 그것은 바로 성적인 범죄이다. '부자가 한 젊은 여인에게 다닌다'는 말은 아버지가 산당에 바알 우상을 섬기러 갔다가 그곳에 상주하고 있는 매춘부와 성관계를 맺고 나오자, 그것도 모른 채 그의 아들이 다시 산당에 들어가서 그 매춘부와 성관계를 맺는 경우를 뜻한다. 이 한 구절을 통하여 묘사되는 영상적인 이미지는 이스라엘 백성들이 전반적으로 하나님 앞에서 보여 주었던 성적인 문란함을 인상 깊게 소개하기에 충분하다. 한 사회의 부패 정도를 가늠하려면 그 사회의 성적 범죄의 정도를 살펴보라는 말이 있다.

신앙 생활을 한다는 명목 하에 산당에서 매춘부들과 불륜의 관계를 맺으면서 근본적인 가정 윤리까지도 저버린 이스라엘 백성들의 성적 타락은 그 사회의 부패상을 단적으로 증거한다. 아모스는 하나님의 백성들의 이러한 삶의 모습이 거룩하신 하나님을 성가시게 하여 결국 국가적 파멸을 초래하게 되었다고 주장한다.

오늘날 우리 사회 곳곳에 만연한 성적 부패의 모습들을 볼 때, 그리고 그로 말미암아 그리스도인들까지도 나쁜 영향을 받고 성적 유혹에 빠져 범죄하는 것을 볼 때, 우리 사회의 미래가 어두울 수밖에 없다는 사실을 우리 모두 직시하여야 한다. 그리고 이러한 어두운 미래가 닥치지 않게 하기 위해 설교자들은 하나님의 백성들이 먼저 솔선하여 성적으로 깨끗한 삶을 살아가도록 권유해야 한다.

4) 사회적 타락상

8절에서 아모스는 이스라엘 백성들이 산당이나 성전 안에서 행한 성적인 범죄와 연관된 또다른 죄악들을 소개한다. "모든 단 옆에서 전당 잡은 옷 위에 누웠다"는 구절에서 '전당 잡은 옷'은 가난한 자들이 빚을 갚지 못했을 때 채권자들이 빼앗은 옷을 의미한다. 그러므로 채무자들의 옷을 빼앗아 입고는 성전이나 산당에서 매춘부들과 불륜의 관계를 맺는 주범들이 바로 부유한 채권자들이라는 점을 우리는 유추할 수 있다.

하나님의 율법에 의하면 가난한 채무자들이 빚을 갚을 능력이 없을 때, 채권자들이 그들의 옷을 빼앗았다고 할지라도 밤이 되면 그것을 다시 돌려주도록 명시되어 있다(출 22:26~27). 왜냐하면 바로 그 옷은 가난한 채무자들이 밤의 추위를 막을 수 있는 유일한 수단인 경우가 많기 때문이다. 이러한 율법이 있음에도 불구하고 가난한 자들의 고통을 아랑곳하지 않은 채, 그들의 옷을 빼앗아 자신의 성적 만족을 추구하는 데 사용하는 부요한 채권자의 모습은 이기적이고도 향락주의적인 삶을 살아가는 자들의 생활 습성을 대변해 준다.

이러한 모습에 덧붙여서 그들이 '벌금으로 얻은 포도주를 마시는' 장면은 그들의 퇴폐적이고도 향락적인 모습을 보다 분명하게 제시해 준다. 학자들 중에는 포도주를 벌금으로 얻은 자의 정체에 관해 추론하는 자도 있다.

일반적으로는 빚을 갚을 수 없는 지경의 채무자로부터 쓸 만한 포도주까지도 빼앗는 부유한 채권자를 그 사람으로 간주한다. 그러나 어떤 이들을 성소에서 포도주를 거두어들인 사제를 그 사람으로 추론하기도 한다. 필자는 전자의 의견을 다르고 있지만 후자의 의견도 나름대로 의미를 지니고 있다고 본다. 즉, 하나님의 성전에서 거룩한 예배와 제사를 인도해야 할 장본인들이 술에 취하여 방탕하고 있는 모습은 그 사회의 신앙적 부패상을 단적으로 보여 주는 것으로 간주할 수 있다.

5) 왜곡된 신앙의 모습

아모스 시대의 이스라엘 백성들이 하나님 앞에서 보여 준 죄악된 모습들은 여기에 그치지 않는다. 12절에 의하면 죄악에 빠진 백성들이 "나실인들에게 포도주를 마시게 하며 또 선지자에게 명하여 예언하지 말라" 하였다. 죄악에 찌든 이스라엘 백성들은 그 사회의 신앙적 지도자들을 유혹해서 방탕한 생활에 빠지게 하고 그들의 고결한 삶의 모습들을 잃어버리게 만들었다. 뿐만 아니라 하나님의 뜻을 올바르게 전하려고 하는 선지자들을 위협해서 거룩하고도 공의로운 삶의 교훈들이 더 이상 전파되지 못하게 하였다.

결국 이스라엘 사회에는 하나님 앞에서 어떠한 삶이 거룩하고도 공의로운 삶인지 보여 줄 수 있는 모델들도 사라지게 되었고, 구체적인 가르침도 사라지게 되었다. 이러한 현상은 나라의 도덕적·신앙적 붕괴를 초래할 수밖에 없었다. 만약 오늘날에도 죄악에 빠진 백성들이 교회의 지도자들을 세상적이고도 향락적인 삶에 빠지도록 유혹하고, 아모스 시대의 나실인들처럼 그들이 거룩하고도 공의로운 생활 모습을 잃어버리고 타협하게 된다면 우리 사회는 소망을 잃게 될 것이다. 더욱이 죄악에 빠진 자들이, 죄와 그에 따르는 하나님의 심판에 대한 설교를 하면서 회개를 촉구하는 설교자들을 위협하거나 구슬려서 그러한 설교를 중단하게 할 때, 설교자들이 그들의 비위를 맞추어 주고 자신의 입지를 세우기 위해 그들에게 타협한다면 우리 백성들은 죄악의 길로 치닫게 될 것이다.

그러므로 신실하게 하나님을 섬기며 살아온 백성에게 도덕적·신앙적 모범을 제시하고 있는 성숙한 그리스도인들은 세속에 물들지 않는 삶을 살기 위해 최선의 노력을 기울여야 한다. 뿐만 아니라 하나님의 말씀을 전하는 설교자들은 어떠한 위협이나 유혹에도 굴하지 않고 오직 하나님의 뜻만을 일 평생 전하리라는 굳은 다짐을 매일 새롭게 해야 한다. 이 일을 위해 성령님의 도우심을 간구하는 일이 계속되어야 한다.

특히 오늘날 많은 설교자들이 도덕적으로 타락하거나 죄악된 일들에 깊이 빠져서 하나님의 말씀을 용기 있게 전하지 못하는 현실을 고려할 때, 거룩하고도 의로운 삶이야말로 하나님의 말씀을 가감 없이 전하는 데 필수적인 요건임을 깨닫게 된다.

2. 심판자 하나님의 자기소개(9~12절)

6~8절에서 이스라엘 백성들의 사회적·성적·윤리적·신앙적 죄악들을 영상적으로 소개한 아모스는 13절부터 언급되는 하나님의 위엄스러운 심판 활동을 제시하기 이전에 9~11절에서 그 하나님께서 이스라엘 백성들에게 베풀어 주신 사랑을 청중들에게 다시 한 번 상기시켜 준다. 그리하여 아모스는 하나님께서 이스라엘을 공의로 심판하시는 이유가 다름이 아니라 하나님의 사랑에 대한 그 백성들의 배신 행위 때문이었음을 청중들이 이해하도록 돕는다.

9~12절에 의하면 하나님께서는 이스라엘 백성들에게 크게 세 가지의 활동을 통해 그들을 사랑하고 계심을 보이셨다. 그 첫째는 '아모리 사람을 저희 앞에서 멸할 것'이다. 이것은 하나님께서 이스라엘 백성들로 하여금 가나안 사람들을 물리치게 하시고 그들에게 약속의 땅을 차지하도록 하신 일을 뜻한다. 이 일은 이스라엘이 하나의 영토를 지닌 자치 국가로 형성되는 과정에서 그들을 사랑하시는 하나님께서 주도권을 쥐고 계셨음을 주지시켜 준다. 신명기의 저자는 이와 유사한 깨달음을 가지고는 아래와 같이 고백하고 있다.

"여호와께서 너희를 기뻐하시고 너희를 택하심은 너희가 다른 민족보다 수효가 많은 연고가 아니라, 너희는 모든 민족 중에 가장 적으니라. 여호와께서 다만 **너희를 사랑하심을 인하여, 또는 저희 열조에게 하신 맹세를 지키려 하심을 인하여 자기의 권능의 손으로 너희를 인도하여 내시되 너희를 그 종 되었던 집에서 애굽 왕 바로의 손에서 속량하셨나니"(신 7:7~8).**

둘째는 하나님께서 이스라엘 백성들을 애굽 땅에서 이끌어 내시고 그들을 광야에서 사십 년 동안이나 인도해 주신 일이다(10절). 하나님께서는 그들을 애굽에서 구원하시고는 광야에 내버려 두지 않으셨다. 그들이 약속의 땅에 들어갈 수 있을 정도로 성숙할 때까지 그들을 성실하게 인도하시고 필요한 것들을 시시때때로 채워 주셨다. 더욱이 가나안 땅을 침공할 때에도 능력으로 함께하셔서 그 땅을 취할 수 있도록 도우셨다. 이러한 하나님의 활동이야말로 택한 백성들을 사랑하시는 하나님의 성품에 기인한 것임에 틀림이 없다.

셋째는 이스라엘 백성들 중에서 선지자들과 나실인들을 택하셔서 그들을 통하여 영적인 도움을 얻도록 배려해 주신 일이다(11절). 하나님께서는 그의 백성들이 자신의 뜻에 따라 살 수 있도록 하시기 위해 선지자들에게 계시를 주셨다. 아울러 하나님께서 원하시는 성별되고도 헌신된 삶의 모습이 어떤 것인지를 보여 주시기 위해서 나실인들을 세우셨다.

이러한 계획 역시 이스라엘 백성들로 하여금 하나님의 구원의 은혜 안에 머물러 있도록 하시려는 하나님의 사랑에 근거한 것이다. 그런데 자신들을 선민으로 택하시고 특별한 관심과 배려를 베풀어 주신 하나님의 은혜를 깨닫지 못한 이스라엘 백성들은 오히려 나실인들을 죄악에 빠지게 만들었다. 그리고 선지자들을 위협하여 하나님의 말씀을 전하지 못하게 함으로써 하나님의 사랑이 그들 중에 계속 머물지 못하게 만들었다(12절).

아모스는 이스라엘 백성들의 다양한 죄악상들을 드러내어 하나님의 준엄한 심판을 예고하는 상황에서도, 다시 한 번 하나님의 사랑어린 활동을 소개함으로써 그의 청중들이 하나님의 사랑의 품으로 돌아오도록 유도하고 있다. 여기에서 복음적 요소를 발견할 수 있다. 백성들의 죄악을 열거하고 그에 대한 하나님의 심판을 소개할 수밖에 없는 시점에서도 그 백성들을 꾸준히 사랑해 오신 하나님을 생각하여 그 사랑에 합당한 반응을 보이도록 권유하는 아모스의 심정을 설교자들은 조금이나마 느낄 수 있어야 할 것이다. 9절과 11절에서 사용된 수사적 의문문들이 청중들로 하여금 아모스의 심정을 보다 실감나게 느끼도록 돕고 있다.

3. 심판하시는 하나님의 활동(13~16절)

13~16절까지에서 아모스는 하나님의 공의로운 심판이 이스라엘 백성들에게 준엄하게 임할 것임을 예언하고 있다. 그 심판이 초래하는 삶의 고통이 얼마나 큰지를 묘사하기 위하여 아모스는 13절에서 직유법을 사용한다. "곡식 단을 가득히 실은 수레가 흙을 누름 같이 내가 너희 자리에 너희를 누르리라." 무거운 곡식 단을 실은 마차의 수레가 소나 말에 의해 끌려 굴러가는 중에 땅에 쌓여 있는 흙덩이들을 부수며 바큇자국을 선명하게 남기고 지나가는 모습을 본 자들이라면 죄 많은 이스라엘 백성들이 맞이하게 될 비참한 운명을 쉽게 머릿속에 떠올릴 수 있을 것이다.

1) 피할 수 없는 하나님의 심판

13~15절에서는 이스라엘 백성들이 하나님의 심판을 피할 수 없다는 점을 열거법을 통해 효과적으로 강조한다. 특히 빨리 달음박질하는 자, 강한 자, 용사, 활을 가진 자, 발이 빠른 자, 말 타는 자, 용사 중에서 굳센 자 등은 하나님의 심판이 전쟁이라는 형태를 통하여 실현될 것을 암시한다. 하나님께서 앞장에서 언급된 이방 국가들을 심판하실 때 전쟁의 형태를 사용하신 것을 고려하면, 이스라엘을 심판하실 때에도 전쟁의 형태를 사용하실 수 있다고 추론할 수 있다.

하나님께서 죄악에 빠진 이스라엘 백성들을 심판하시기 위해 이웃의 강한 나라로 하여금 쳐들어오게 하실 때, 이스라엘 백성들은 그야말로 사면초가와 진퇴양난의 신세가 될 수밖에 없다. 그러한 상태를 영상적으로 묘사하고 있는 것이 바로 본문이다. 그중에서도 '용사 중에서 굳센 자가 전쟁의 날에 벌거벗고 도망가게 된다'는 표현은 전쟁에서 패한 이스라엘 백성들이 당할 크나큰 수치와 치욕을 독자들이 생생하게 느낄 수 있도록 만들어 준다.

아모스가 예언한 바는 앗수르가 이스라엘을 침공했을때 최종적으로 성취되었다. 살만에셀 왕 때부터 시작된 이스라엘 침공은 그의 계승자 사르곤 2세에 의해 기원전 722년에 완성되었다. 이렇게 볼 때 아모스의 위대함은 하나님의 계시를 받은 일을 통해서도 강조될 수 있지만, 또 한편으로는 그가 당대의 정치적·외교적 정세에 민감하면서 그 외교적 변천을 하나님의 심판과 구원 활동에 연관지어 해석할 수 있는 통찰력을 지녔다는 점을 통해서도 입증할 수 있다. 아모스가 보여 준 이러한 능력은 오늘날의 모든 설교자들이 공유해야 할 것으로 간주된다.

설교를 위한 적용

지금까지 하나님의 선민이었던 이스라엘 백성들이 범했던 죄악의 다양한 모습들을 살펴보면서, 우리 사회에서는 그와 유사한 죄악들이 일어나지 않게 하기 위해 설교자들이 앞장서서 백성들을 선도하자고 호소했다. 또한 하나님의 백성들이 죄악에 빠져 있을 때, 설교자들이 그들에 대한 하나님의 준엄한 심판을 소개하는 것도 중요하지만 하나님께서 그들에게 베풀어 주셨던 사랑을 다시 한 번 상기시켜 주면서 회개의 기회를 제공하는 것도 필수적이라는 점을 강조했다. 오늘날의 설교자들은 아모스처럼 정치적·외교적 통찰력과 그에 대한 올바른 신학적 해석 능력을 발전시키기 위해 부단히 기도하고 또 연구해야 할 것이다.

06

하나님의 공의로운 심판

아모스 3장 주해와 적용

아모스 1장과 2장에서 언급된 이방 국가들에 대한 예언을 아모스에게 듣거나 기록된 말씀으로 읽던 자들은 2장 마지막 부분에서 제시된 이스라엘에 대한 하나님의 공의로운 심판에 관해 크게 당혹해했을 것이다. 그러고는 아래와 같은 질문들을 던졌을 것이다. 우리는 하나님께서 택하신 백성인데 우리에게 감히 이와 같은 일이 일어날 수 있을까? 아모스라는 자는 누구길래 이와 같은 말을 함부로 내뱉는가? 그는 무슨 자격과 무슨 권위로 이런 예언을 하는가? 우리가 하나님 앞에서 무슨 잘못을 저질렀기에 하나님께서 심판하신다고 하는가?

위와 같은 질문들을 접한 아모스는 아모스 3장에서 세 가지 사항을 강조하여 설명한다. 첫째는 하나님의 선민들의 책임, 둘째는 아모스 예언의 정당성, 셋째는 하나님께서 이스라엘을 심판하시는 이유와 결과이다.

본문 주해

1. 하나님의 선민들의 책임(1~2절)

아모스는 이스라엘 백성이 하나님의 선민임을 부인하지 않는다. 3:1에서 그는 하나님께서 이스라엘 백성을 향하여 가지고 계신 관심과 사랑을 함축적으로 언급하는데, 여기에서 부각되는 사항은 두 가지다. 첫째는 하나님께서 이스라엘 백성을 애굽 땅에서 인도하신 사건이요, 둘째는 하나님께서 땅의 모든 족속 중에서 이스라엘 족속만 아셨다는 점이다.

이스라엘의 역사를 통틀어 볼 때 하나님께서 그들을 사랑하시고 자기 백성으로 삼기를 원하신다는 사실을 가장 잘 보여 주는 사건이 출애굽 사건이다. 물론 하나님께서 이스라엘의 선조가 되는 족장들을 택하신 사실(창 12:1~3)도 선민사상을 이해하는 데 중요하지만, 출애굽 사건의 규모가 더 방대한 것으로 예언자들은 간주한 것 같다.

그러므로 아모스를 비롯하여 많은 예언자들이 하나님께서 이스라엘을 선민으로 택하셨다는 점을 강조하려 할 때마다 이 사건을 언급한다. "이스라엘의 어렸을 때에 내가 사랑하여 내 아들을 애굽에서 불러내었거늘"(호 11:1). "옛날에 내가 이스라엘을 택하고 야곱 집의 후예를 향하여 맹세하고 애굽 땅에서 그들에게 나타나서 맹세하여 이르기를 나는 여호와 너희 하나님이라 하였노라"(겔 20:5). 필자는 예언자들의 이러한 이해가 그들이 오경의 가르침을 집약시킨 신명기적 사상을 중요하게 간주한 결과로 생겨났을 것으로 추정한다. 왜냐하면 신명기에서 선민사상과 출애굽 사건을 연결시키는 구절들이 언급되고 있기 때문이다. "여호와께서 너희를 기뻐하시고 너희를 택하심은 너희가 다른 민족보다 수효가 많은 연고가 아니라 너희는 모든 민족 중에 가장 적으니라. 여호와께서 다만 너희를 사랑하심을 인하여, 또는 너희 열조에게 하신 맹세를 지키려 하심을 인하여 자기의 권능의 손으로 너희를 인도하여 내시되 너희를 그 종 되었던 집에서 애굽 왕 바로의 손에서 속량하셨나니"(신 7:7~8, 참고 신 26:5~9). 이렇게 볼 때, 이스라엘 백성은 그들이 하나님의 선민으로서 그분의 특별한 사랑과 보호를 받고 있음을 깨닫고 있었다.

아모스는 이스라엘 백성이 하나님의 선민임을 상기시키기 위해 또 하나의 사실을 부각시켰다. 그것은 하나님께서 땅의 모든 족속 중에 이스라엘 족속만 아셨다는 점이다. 여기에서 사용된 '알다'(야다)라는 동사는 지식적인 이해를 뜻하기보다 친밀한 관계를 통한 체험적인 이해를 의미한다. 그러므로 아모스는 하나님께서 다른 민족들보다 이스라엘 민족에게 더 많은 관심과 사랑을 베푸시면서 그들을 선민으로 대하셨다는 점을 강조한다.

3:2하절은 하나님께서 애굽 땅에서 인도하여 올리신 족속이자 땅의 모든 족속 중에서 특히 사랑과 관심을 보이신 족속에 보응하시려는 하나님의 의도가 언급된다. 그 이유는 그들이 많은 죄악을 범했기 때문이다. 이 사실은 하나님께서 택하신 백성이 그분 안에서 축복과 특권을 누리면서 아울러 커다란 책임도 지닌다는 점을 상기시켜 준다. 하나님의 선민이 지니고 있는 책임은 다름이 아니라 하나님의 계명을 준행하는 것이다.

이 장의 문맥적 상황 가운데서 좀 더 구체적으로 언급한다면 하나님을 경외하면서 이웃들을 공평하고도 정의롭게 대하며 사는 것이다(9, 10, 15절). 아모스의 가르침은 하나님께서 아브라함과 그 자손을 택하신 이유와도 부합된다. "내가 그로 그 자식과 권속에게 명하여 여호와의 도를 지켜 의(justice)와 공도(righteousness)를 행하게 하려고 그를 택하였나니"(창 18:19). 아모스는 2하절을 통하여 백성들의 잘못된 선민의식을 깨우친다. 하나님의 선민이기 때문에 무슨 일을 하든지 하나님께서 자신들을 해치지 않으시고 오히려 보호하실 것이라고 믿고 있는 자들에게 아모스는 하나님의 선민들이 지녀야 하는 책임의식을 가르친다. 하나님의 계명에 따라 그분께 항상 예배드리며 이웃에 공의와 긍휼을 베푸는 것이 선민들의 삶의 본분임을 아모스는 백성들에게 일깨워 준 것이다.

오늘날 하나님의 대변자로서 하나님의 말씀을 전하는 설교자들이 지녀야 할 특별한 책임이 있다. 그것은 설교를 듣는 자들이 하나님의 백성으로서 취하게 되는 특권과 축복을 소개함과 아울러 그들이 이 세상에서 행해야 하는 책임들도 구체적으로 소개하는 것이다. 하나님의 백성들이 지닌 권리와 책임을 균형 있게 제시하지 못하고 권리만을 설교할 때 우리는 '값싼 복음'을 전하는 것이 되고, 그 결과 우리의 청중들은 여러 가지 죄악에 빠져 하나님의 심판을 경험하게 될 것이다.

2. 아모스 예언의 정당성(3~8절)

아모스가 3:1~2에서 하나님의 선민이 지녀야 하는 책임의식을 강조함으로써 2장 뒷부분에 언급된 예언의 정당성을 청중들에게 피력했을 때, 많은 이들이 그의 설명에 동의하기보다는 그의 권위와 자격에 대해 문제를 제기하였다. 아마도 2:12에서 언급되고 있는 바인 "예언하지 말라"는 말을 아모스도 들었을 것이다. 그러자 그는 3~8절에 걸쳐 일련의 수사적 의문문을 통해 지혜롭게 자신의 예언의 정당성을 변호한다. 8절의 마지막 부분에서 자신의 예언이 하나님의 이끄심에 기인한 것이기에 예언할 수밖에 없다는 점을 언급하기까지 그는 청중들로부터 여덟 번이나 계속 "아니요"라는 대답을 이끌어 내는 질문들을 던진다.

"두 사람이 미리 약속하지 않았다면 그들이 같이 갈 수 있겠느냐?"(3절) 아모스가 청중들에게 이러한 질문을 했을 때 그들은 주저함 없이 "아니요"라고 대답했을 것이다. 이어서 아모스가 질문한다. "사자가 먹이를 잡지 못했는데도 숲 속에서 만족감에 겨워 부르짖겠느냐"(4절) 청중들의 대답은 역시 "아니요"다. 이런 식으로 일련의 수사적 질문들이 이어진다. "젊은 사자가 움켜잡은 것이 없는데도 만족감에 겨워 굴 속에서 부르짖겠느냐? 덫을 놓지도 않았는데 새가 땅에 놓인 덫에 잡힐 수가 있느냐? 아무것도 걸린 것이 없는데도 땅에서 덫이 튀어오를 수 있느냐? 성읍 안에서 비상나팔이 울리는데도 두려워하지 않을 사람이 있느냐? 여호와께서 시키시지도 않았는데 재앙이 성읍에 임할 수가 있느냐?"(4~6절).

이와 같은 질문들에 청중들은 이구동성으로 "아니요"라고 대답했을 것이다. 일반 상식에 근거하여도 쉽게 대답할 수 있고 또 동의할 수 있는 사실들을 언급한 아모스는 하나님께서 예언자들을 통해 자신의 뜻을 밝히시는 일도 당연한 행위로 받아들여질 수 있다고 역설한다. "주 여호와께서는 자기의 비밀을 그 종 선지자들에게 보이지 아니하시고는 결코 행하심이 없으시리라"(7절). 이 절에서 언급된 '비밀'이란 이 세상을 향한, 그리고 그 속에서 살아가는 온 인류와 특히 하나님의 선민을 향한 하나님의 뜻과 계획을 의미한다. 그 뜻과 계획 속에는 죄인들을 향한 공의로운 심판과 의로운 자들에 대한 구원 그리고 회개한 죄인들에 대한 용서가 포함될 것이다.

아모스는 8절에서 다시 수사적 질문들을 제시함으로써 자신의 예언 활동의 정당성을 옹호한다. 사자가 으르렁거리는데 겁내지 않을 사람이 있는가? 물론 아무도 없다. 그렇다면 주 여호와께서 예언하라고 말씀하시는데 예언하지 않을 사람이 있는가? 물론 아무도 없다. 이와 같은 대화의 진행을 통해 아모스는 자신이 하나님으로부터 예언하도록 지시받았기 때문에 예언할 수밖에 없다고 하면서 자신의 예언 활동의 정당성과 예언의 신적인 면을 부각시켰다.

3:3~8에 이르는 아모스의 주장을 통해 설교자들이 얻을 수 있는 교훈이 있다. 먼저 설교자들은 청중에게 말하기 어렵거나 논쟁적인 주제를 다룰 때 가능한 한 지혜롭게 그 주제를 피력하려고 노력해야 한다. 이 일을 위해 설교자들은 주제의 내용에 주의를 기울일 뿐만 아니라 그 전달 방식까지도 신중하게 고려하여 가장 합당한 문학 양식을 취해야 한다. 아모스가 1장과 2장에서 보여 주었던 완곡 화법이나 3:3~8에 걸쳐 제시했던 수사적 의문문들은 그 좋은 예가 된다. 뿐만 아니라 사무엘하 12장에서 언급되는 바, 다윗의 죄를 지적하는 나단 예언자의 지혜로운 비유도 그 대표적인 예가 된다.

오늘날 많은 설교자들이 설교 사역에서 자신들이 투자한 노력보다 적은 효과를 거두는 것은 설교의 내용에만 주의를 기울일 뿐, 전달 방식에는 무관심하기 때문인 것 같다. 성경 본문의 독특한 문학 양식을 연구하여 그에 근거한 방식을 고려하지 않은 채 설교를 계속한다면 설교자 자신부터 설교 전달에 흥미를 잃을 것이다.

청중들은 이미 텔레비전과 인터넷 시대에 살면서 보는 것을 통해 지식을 얻고 삶의 새로운 결단들을 내리는 데 익숙해 있다. 그런데 아직도 라디오 시대의 전달 방식만을 고수한 채, 청중들에게 하나님의 은혜로운 활동을 보여 주는 설교를 하지 못한다면 그 설교는 큰 효과를 얻을 수 없을 것이다. 그러므로 설교자들은 아모스에게서 설교는 다양한 문학적·수사학적 기교를 동원하여 전달해야 한다는 점을 배워 사역에 적용해야 한다.

7, 8절을 통해 오늘날의 설교자들이 배워야 하는 또 하나의 교훈은 설교자들이 지녀야 하는 확신이다. 아모스는 하나님께서 자신을 예언자로 부르셨다는 확신 속에 예언 활동을 했다(3:8; 7:14~15). 그는 하나님께서 예언하도록 이끄시기 때문에 예언할 수밖에 없었다고 고백한다(3:8). 한 걸음 더 나아가서 그는 자신이 하나님의 비밀을 맡은 자라는 자부심을 가지고 사역에 임했다. 자신이 하나님의 비밀을 듣고 본 자로서 그 내용을 죄악에 빠진 백성들과 하나님의 위로가 필요한 백성들에게 전해야 하는 중차대한 책임을 지닌 자임을 확신한 아모스는 많은 청중들의 비난과 핍박에도 불구하고 예언 사역에 충실할 수 있었다.

오늘날의 설교자들에게도 아모스가 지녔던 확신이 새롭게 요구된다. 하루에도 몇 번씩 설교를 해야 하는 현실 속에서 설교자들이 자칫 범하기 쉬운 실수가 있다. 그것은 시간에 쫓겨 하나님의 말씀의 의미를 충분히 연구하지 못하고, 또 기도하는 마음으로 묵상하지 못한 채, 하나님의 뜻을 전하기보다 자신의 생각을 전하는 것이다.

또한 새로운 목회적 상황에 요구되는 새로운 설교를 준비하기보다 오래 전에 했던 설교들을 이곳 저곳에서 몇 번이고 되풀이해 사용하는 일이다. 어떤 이들은 하나님께서 계시하시는 비밀스럽고도 다양한 메시지를 자신의 뜻에 따라 선별하여 자신이 선호하는 주제만을 전하기도 하는 것 같다. 하나님께서 교회의 올바른 성장을 위해 회개나 심판의 주제를 설교하도록 권유하실 때에 설교자가 축복과 구원의 설교만 한다면 그것은 커다란 실수다.

성경에는 죄, 구원, 용서, 심판, 사랑, 공의, 거룩한 삶, 천국의 소망, 지옥, 지혜로운 삶, 행복론, 전도, 선교 등의 다양한 주제들이 담겨 있는데 그 중 한두 가지의 주제만을 지나치게 선호하여 가르친다면 그것은 하나님의 비밀을 온전히 전하는 행위가 될 수 없다. 그러므로 오늘날의 설교자들은 자신들이 하나님의 말씀을 대변하도록 부르심을 받은 자들이요 '하나님의 비밀을 맡은 자'(고전 4:1)라는 확신을 갖고 그 일을 충성스럽게 감당하기 위해 부단히 노력해야 할 것이다.

3. 하나님께서 이스라엘을 심판하시는 이유와 결과(9~15절)

3장의 앞부분에서 청중들의 잘못된 선민의식을 깨우쳐 주고 자신의 예언 활동의 정당성을 옹호한 아모스는 곧이어 하나님께서 이스라엘 백성을 심판할 수밖에 없는 합당한 이유를 제시한다. 아울러 하나님의 심판이 얼마나 참혹한 결과를 초래하는지도 소개한다.

9절에 의하면 하나님께서는 자신이 택하신 이스라엘 백성들의 죄악을 입증하시기 위해 이방 백성들을 증인으로 부르신다. 그런데 그들이 하나님 앞에서 의로운 백성들이 아니라 많은 악을 행했던 백성들임을 고려할 때, 하나님께서 그들을 부르신 행위에는 역설적인 의도가 다분히 포함되어 있다.

이스라엘의 사사 시대와 왕정 시대에 이스라엘을 자주 습격했던 블레셋 족속(본문에서는 아스돗의 궁궐로 묘사되고 있음)과 출애굽 시대에 이스라엘 백성들에게 심한 고통을 주었던 애굽 백성들을 이스라엘 백성들의 죄악에 대한 증인으로 세우신 것은 이스라엘 백성들의 죄악이 이들보다 더 많았다는 점을 암시적으로 부각시킨다. 아울러 하나님과 언약을 맺은 백성이, 언약 밖에 있는 백성들이 증인으로 서 있는 가운데 하나님 앞에서 심판받는 장면을 묘사함으로써 선민들이 죄악으로 말미암아 당하는 수치의 정도를 더 크게 느끼게 한다.

그러면 이스라엘 백성이 하나님의 심판을 당하게 된 이유는 무엇인가? 9절에 의하면 사마리아에서의 큰 요란함(무질서)과 학대 때문이다. 그리고 10절에 의하면 궁궐에서 포학(폭력)과 겁탈(강도질)을 쌓는 자들 때문이다. 또한 15절에 의하면 겨울 궁, 여름 궁, 상아궁, 큰 궁 등을 가진 자들 때문이다.

이스라엘의 수도인 사마리아에서 무질서와 학대, 폭력과 강도질이 난무하도록 주도한 자들은 바로 궁궐 안에 있는 이들이었다. 다시 말하여 권력과 재력이 있는 '가진 자'들이었다. 그들은 재물을 늘리고 권력을 확장하여 향락적인 삶을 영위하기 위해 뇌물을 취하고(5:12), 사업에서 부정을 저지르고

(8:4~6), 세금을 과하게 징수함으로써(5:11) 사회의 가난하고 연약한 자들의 재산을 착취하고 인권을 유린했다. 그 결과 그들은 이스라엘의 가장 아름다운 곳들에 겨울 별장, 여름 별장, 호화로운 집과 콘도미니엄 등을 살 수 있게 되었지만, 그 사회의 가난하고 소외된 자들은 인간다운 삶을 누릴 수 있는 최소한의 기회마저도 잃게 되었다.

10절의 '포학'과 '겁탈'은 예언서의 여러 곳에서도 함께 언급되는 용어들이다(사 60:18; 렘 6:7; 20:8; 겔 45:9; 합 1:3; 2:17). 포학(폭력)은 보통 신체적으로 상처를 입히거나(삼하 22:3) 피를 흘리게 하는 것을 의미하지만(삿 9:24), 거짓 증거를 통해서 이루어지기도 한다(출 23:1; 신 19:16). 겁탈(강도질)은 남의 재산을 무력으로 빼앗는 행위를 뜻한다(미 2:4; 욥 5).

이렇게 가난하고 연약한 자들을 억압하면서 자신들의 향락을 추구하는 이스라엘의 지도자나 권력자들을 가리켜 하나님께서는 '바른 일을 행할 줄 모르는 자들'이라고 책망하신다. 이스라엘 사회에서 지도자적인 위치에 있으면서 하나님의 계명에 따라 그 사회를 올바르게 이끌어 갈 방도를 더 잘 배울 수 있었던 자들이 오히려 물질주의와 향락주의에 빠져 선한 일을 실천하지 않았다. 그 결과 이스라엘 사회는 공의가 사라지고 빈부의 격차가 심해지며 무질서만 남았다.

아모스 시대의 사회적 죄악상은 우리 사회에서도 쉽게 찾아볼 수 있다. 인권을 보호하기 위해 공의롭게 법을 집행해야 하는 법관들이 뇌물을 받거나 판사 출신 변호사들에게 유리하게 판결해 주는 일이 비일비재하다. 이러한 현실 속에서 어려움을 당하는 자는 유능하고 비싼 변호사를 선임할 수 없는 가난한 서민들이다.

또한 중소기업가들은 재벌이나 대기업가들의 횡포에 밀려 사업을 포기하고 있다. 국민의 세금을 징수하는 자들까지도 부정한 방법으로 자신들의 재물을 축적하며 나라를 어지럽히고 있다. 결국 우리 사회는 자기의 직업에 충실하면서 정직하게 살아가는 자는 항상 가난하고, 부정한 방법으로 재물을 취하는 자는 잘 살게 된다는 말이 통하는 사회가 되고 있다.

이것이 현실이라면 아모스를 통하여 전해진 하나님의 심판의 메시지가 우리 사회에도 적용될 수도 있다는 점을 인식해야 할 것이다. 그리하여 우리 그리스도인들부터 각성하여 사회 전역에서 공의로운 삶을 실행해야 한다. 특히 우리 사회의 여러 분야에서 중요한 자리에 있는 그리스도인들은 그들이 처한 곳만큼이라도 하나님 앞에서 공의로운 삶이 이루어지도록 이끌어야 한다.

아모스 시대에 학대와 포학과 겁탈을 통해 가난하고 힘없는 자들을 억압하고 자신들의 재산과 권력을 키워 나간 자들 때문에 하나님께서는 그 백성에게 어떠한 심판을 예비하셨는가? 3:11에 의하면 하나님께서는 적들이 쳐들어오게 하셔서 그 나라를 진멸시키셨다. 궁궐 안에 있으면 안전할 것이라고 생각한 권력자들도 대부분 죽음을 당하고 극히 소수의 사람만 살아남을 것이라고 아모스는 예언한다(12절).

뿐만 아니라 그는 궁궐 안에 숨는 것이 불안해서 벧엘에 있는 성소로 가 제단에 있는 뿔들을 잡는다 할지라도 하나님의 도우심을 얻지 못할 것이라고 경고한다. 하나님의 임재의 상징인 성소 중에서도 가장 중요한 부분인 제단은 하나님의 은혜와 위로를 강하게 체험할 수 있는 곳으로 여겨져 왔다. 그중에서도 제단의 네 귀퉁이에 위치한 뿔들은 하나님의 보호하심을 더욱 강하게 느낄 수 있는 곳으로 간주되어 왔다. 아도니야가 솔로몬을 두려워하여 제단 뿔을 잡았던 사실이 그 대표적인 예다(왕상 1:50).

사회에서 가난한 자들을 억압하고 재물이나 축적하다가 전쟁이 나자 죽음이 두려워 성소로 달려가 제단 뿔을 잡고 하나님의 보호하심을 간구하는 죄인들에 대해 하나님께서는 그 뿔을 취하심으로써 그들을 구원하실 의사가 없음을 명확히 하신다. 하나님의 이러한 행동은 하나님의 백성들의 사회생활과 신앙 생활이 결코 이중적인 원리 속에 이루어져서는 안 된다는 점을 깨우쳐 준다.

사회에서 이웃에게 의도적으로 많은 죄를 짓고도 교회에 가서 하나님께 의례적으로 기도하면 당연히 죄를 용서받을 거라 생각해서는 안 된다(사

1:15; 렘 7:1~7; 14:10~12). 오히려 하나님께서는 가정과 직장과 사회에서 성실하고 정직하게 살면서 이웃에게 봉사하는 자들의 기도와 간구를 듣고 응답해 주신다(5:14, 15).

가난한 자들을 학대하고 포학과 겁탈을 행하여 재물을 모은 부자들에 대한 하나님의 심판은 여기에 그치지 않는다. 그분은 그들이 부정한 방법으로 마련한 겨울 별장, 여름 별장, 호화스러운 별장(상아궁), 그리고 큰 별장들을 모조리 부숴 버리신다. 그리하여 그들의 부정한 노력이 허사라는 것을 명백하게 보여 주신다. 여기에서 언급된 상아궁은 상아로 건축된 궁이 아니라 실내 여러 곳이 상아로 장식된 궁을 의미한다. 아무튼 하나님께서는 가난한 자들과 힘없는 자들의 인권을 유린하면서 향락을 위한 처소를 마련하는 자들에게 반드시 보응하신다.

설교를 위한 적용

아모스가 살던 시대의 부정한 재력가들과 권력가들이 그 사회를 무질서하게 만들고 그 결과 하나님의 심판을 초래하였다는 점을 파악한 오늘날의 설교자들은, 가끔 설교의 일차적인 대상을 청중들 중에 있는 힘 있고 권력 있는 자들로 삼아야 한다. 그리하여 그들이 먼저 하나님 앞에서 공의롭게 살고 가난한 이들에게 긍휼을 베풀며 살도록 권유해야 한다. 물론 교회에 출석하고 있는 사회적 권력자나 재력가들에게 이와 같은 주제로 설교하는 것이 쉽지는 않을 것이다. 그러나 설교자들이 교회 내에 있는 연약한 자들에게 위로의 메시지를 전하면서 가끔 물질적·지위적 특권을 누리고 있는 자들에게 책임을 일깨워 주는 설교를 할 때, 우리 사회가 하나님 앞에서 더불어 살기에 좋은 사회로 변화하는 데 기여하게 될 것이다.

07

이스라엘 백성의 죄목과
하나님의 반응

아모스 4장 주해와 적용

아모스는 3장에서 하나님의 선민 된 이스라엘 백성들이 하나님께서 베푸신 축복들을 만용하면서 그들의 책임을 감당하지 못할 때 그분으로부터 얻게 되는 심판에 대해 외쳤다. 이어서 그는 4장에서 이스라엘 백성들이 하나님 앞에서 범한 죄악들 중에 세 가지를 구체적으로 소개한다. 아울러 그러한 죄악들에 대한 하나님의 반응을 소개한다.

본문 주해

1. 사회적 부패상(1~3절)

1~3절은 이스라엘 사회의 부패상 중의 한 면을 부각시킨다. 여기에서 특히 강조되는 죄악의 주체는 향락에 빠진 여인들이다. 아모스는 그들을 "바산의 암소"로 묘사한다. 바산은 갈릴리 호수 동쪽에 위치한 지역으로 울창한 삼림(사 2:13; 겔 27:6)과 넓은 초장, 그리고 살진 가축(신 32:14; 겔 39:18; 시 22:12)이 있는 곳으로 알려져 왔다. 그러므로 아모스가 이스라엘의 수도 사마리아에 거하는 여인들을 "바산의 암소"에 비유한 것을 볼 때, 그들은 물질적인 풍요와 생활의 안일함으로 말미암아 윤기 넘치는 얼굴과 풍만한 몸집을 가진 자들이었던 것 같다.

아모스의 설교를 듣는 청중들 중에 이와 같은 모습을 한 부유한 여인들이 많이 있었을 것을 추측해 본다면, 아모스의 이 비유는 매우 파격적인 것이다. 하나님의 백성으로서, 아내로서, 또 자녀들의 어머니로서 자신의 위치를 잘 지켜 나가는 여인들에게 이러한 비유를 사용했다면 아모스가 지나친 표현을 사용했다고 비난할 수밖에 없을 것이다. 그러나 다음 구절에서 소개되는 그들의 행위는 아모스의 극단적인 표현을 정당화한다.

그러면 1절에서 소개되는 사마리아 여인들의 죄목은 무엇인가? 첫째로, 가난한 자를 학대하고 궁핍한 자를 압제한 것이다. 둘째로, 향락주의에 빠진 것이다. 하나님의 뜻은 그의 백성들이 하나님께서 베푸신 물질들을 가지고 주위의 어려운 사람들을 돕는 것이다(레 19:9~10; 신 14:28~29; 24:19~22; 잠 14:31; 22:16; 28:3; 전 4:1~3). 그런데도 주위의 가난하고 궁핍한 자들의 인권을 짓밟으면서까지 사욕을 취하려 한 여인들의 행위는 분명히 죄악이다.

여러 구약학자들은 사마리아의 여인들이 가난한 자를 학대하고 궁핍한 자를 억압하는 일에 직접 나서지는 않았을 것으로 추정한다. 오히려 그들이 사치와 향락을 누리기 위해 필요한 충분한 경제적 뒷받침을 남편들에게 요구했을 때, 그 남편들이 부정을 저지르면서까지 아내들의 요구를 충족시키는데, 그 과정 속에서 희생되는 자들이 바로 가난하고 궁핍한 자들이라는 주장이다.

그러나 아모스 당시의 여인들도 잠언 31장에 소개되는 현숙한 여인처럼 사회·경제적 활동에 적극적으로 참여할 수 있었을 것으로 보인다. 따라서 그들이 사업 활동 중에 가난하고 궁핍한 자들을 어려움에 빠뜨리는 경우를 만들었을 수도 있다.

이러한 여인들이 남편들에게 "술을 가져다가 우리가 마시자"라고 권유하는 말은 여러 가지 상황을 추측하게 한다. 이것은 안일하고 단조로운 생활에 권태감을 느끼는 아내들이 술로 무료함을 달래려는 모습일 수도 있고, 아니면 직접 사업에 뛰어들어 많은 돈을 벌어서 자주 술파티를 여는 모습일 수도 있다. 아무튼 이 구절은 이스라엘의 부유한 여인들이 주위의 가난하고 궁핍한 이웃들의 고통을 아랑곳하지 않고, 오히려 그들의 재산을 불의한 방법으로 빼앗아서 이기주의와 향락주의에 빠져 살아가는 면을 아주 인상 깊게 묘사해 준다.

거룩하신 하나님께서 이들을 향하여 준비하신 심판은 무엇인가? "때가 너희에게 임할찌라 사람이 갈고리로 너희를 끌어가며 낚시로 너희의 남은 자들을 그리하리라"(2절). 이 예언은 이스라엘의 여인들이 많은 백성들과 함께 포로로 끌려가는 모습을 묘사하고 있다. 특히 여인들이 갈고리와 낚시에 꿰인 채 타국으로 끌려가는 모습은 보는 이들로 하여금 안타까움을 자아내게 하지만, 하나님의 관점에 의하면 그것은 그들의 개인주의적이고도 향락주의적인 삶에 대한 정당한 결과다. 가난하고 궁핍한 자들을 압제함으로써 그들의 인권을 짓밟고 사회 질서를 파괴시킨 자들에게 주어지는 보응이다.

한때는 살진 암소처럼 삶의 풍요를 마음껏 누리던 자들이 가축이나 물고기처럼 갈고리나 낚시에 꿰인 채 타의에 의해 끌려가는 모습은 독자들의 두뇌 속에 하나의 커다란 아이러니로 남는다. 그리고 이러한 아이러니는 독자들로 하여금 자신들의 삶 속에서 이런 일이 일어나지 않게 해야겠다는 결단을 하도록 이끈다. 어떤 이들은 이 구절을 문자적으로 이해하기를 꺼린다. 그러나 앗수르 인이 전쟁 포로들을 코나 입에 갈고리를 끼워 끌고 갔던 일이 역사적 기록으로 남아 있는 것을 고려할 때 이 구절은 문자적으로 해석할 수 있다.

하나님께서는 이러한 심판이 죄악된 여인들에게 반드시 임한다는 사실을 강조하기 위하여 "자기의 거룩함을 가리켜" 맹세하셨다. 그리하여 이 예언을 듣는 자들이나 읽는 자들이 이 심판 예언을 쉽사리 간과하지 못하게 하고 있다.

3절에 의하면 이 여인들이 전쟁 포로가 되어 끌려가는 곳이 하르몬이다. 이곳에 관한 이해가 분분하다. 히브리어 성서의 아람어 번역서나 시리아어 번역서, 그리고 라틴어 번역서에서는 이곳을 아르메니아로 간주했다. 그런가 하면, 유대인 학자 하예스는 하르몬을 '후궁'이라는 의미의 아랍어(harem)

와 연관지어, 그들이 침략자들의 후궁들이 모인 곳으로 끌려갔다고 해석했다. 또 어떤 이는 그들이 시리아의 신인 리몬(Rimmon)을 섬기기 위해 끌려갔다고 간주했는가 하면, 보다 많은 학자들은 하르몬을 바산 지역에 있는 헬몬산으로 이해했다. 비록 하르몬의 의미에 관해 명확한 이해를 얻어낼 수는 없지만, 이것은 이스라엘 백성, 그중에서도 여인들이 포로로 잡혀가서 당했던 극도의 불행과 고난을 암시한다.

아모스 시대의 부유하고, 사치스럽고, 자신의 향락을 위해 주위의 가난한 자들의 인권까지도 직접·간접으로 빼앗아 버린 여인들에게 엄한 심판을 내리신 거룩하신 하나님께서는 오늘날 우리 사회에 존재하는 이 같은 여인들이나 남자들에게도 마찬가지로 대하실 것이다. 비록 전쟁 포로로서의 고통은 아니라 할지라도 다른 여러 방편을 통해서 그들의 삶이 극한 괴로움에 처하도록 만드실 것이다. 이러한 면을 우리는 너무나 자주 목격하고 있다. 자신의 향락을 위해 조금이라도 돈을 더 벌려고 부실 공사를 한 결과 수많은 무고한 어린이와 시민을 죽게 만들고 결국 쇠고랑을 차는 자들의 모습이 그 대표적인 예다.

그러므로 설교자들은 우리의 성도들이 하나님께서 주신 물질적인 축복을 단순히 사치와 향락, 또는 개인의 사욕을 위해서 낭비하는 일이 없도록 가르쳐야 할 것이다. 그리고 특히 여인들이 향락심과 사치심을 충족시키는 데 필요한 재정적인 지원을 남편들에게 강요함으로 말미암아 그들을 부정부패에 빠뜨리는 일이 없도록 해야 한다. 뿐만 아니라 직장 여성들이 많은 오늘날의 현실 속에서 남녀 모두가 직장생활에서 올바르게, 또 정직하게 번 돈을 하나님의 선한 관리인답게 사용하도록 그 구체적인 방법까지도 제시해 주어야 할 것이다.

2. 형식적인 예배(4~5절)

아모스가 4장에서 지적한 이스라엘 백성들의 두 번째 죄악은 그들의 예배 행위와 관련되어 있다. 북왕국 이스라엘의 두 성지인 벧엘과 길갈에서 많은 백성들이 모여 예배드리는 모습을 보았던 아모스는 그들의 대중 예배 행위에 매우 중요한 요소가 빠져 있는 것을 간파했다. 그것은 하나님께 감사드리는 마음과 그분의 말씀에 순종하는 마음이었다. 이러한 마음이 결핍된 가운데 진행된 예배 의식은 형식주의나 감상주의로 빠져 버렸다. 여러 가지 제사는 빠짐없이 진행되고 제물들은 쏟아져 들어오지만, 제사를 드리는 자들은 하나님과의 인격적인 관계를 회복하려는 의도를 전혀 보이지 않고 오히려 감상적인 만족감에 빠져 있었다. 이러한 상황을 파악한 아모스는 다음과 같은 역설적 외침을 내뱉는다.

"너희는 벧엘에 가서 범죄하며 길갈에 가서 죄를 더하며 아침마다 너희 희생을 삼 일마다 너희 십일조를 드리며 누룩 넣은 것을 불살라 수은제로 드리며 낙헌제를 소리내어 광포하려무나 이스라엘 자손아 이것이 너희의 기뻐하는 바니라 이는 주 여호와의 말씀이니라"(4:4~5).

아모스는 예언자임에도 불구하고 마치 제사장이 성전에 들어오는 자들을 기쁘게 맞이하는 것과 같은 말로 백성들을 초청한다. 그런데 그 초청의 내용을 보면 풍자(sarcasm)로 가득하다. 백성들이 벧엘과 길갈에 있는 성소에서 예배드리는 행위는 하나님을 영화롭게 하는 일이 아니라 오히려 그분 앞에서 죄를 범하는 것이라고 아모스는 지적한다. 원어에 의하면 그들이 하나님 앞에서 형식적으로 예배드리는 행위는 실수로 범하는 단순한 죄로 이해되지 않고, 의지적으로 그분의 뜻을 반항하며 거역하는 행위(페샤)로 간주되었다. 이 용어가 아모스서 1장과 2장에서 언급되는 이방 국가들의 죄악을 열거할 때 거듭 사용된 점을 생각한다면, 하나님의 백성들이 그분께 그릇된 예배를 드리는 행위가 이방 백성들이 하나님의 뜻을 거역하고 살아가는 모습과 별다른 차이가 없다는 점을 유추할 수 있다. 벧엘은 이름 자체가 '하나님의 집'으로 백성들로 하여금 성스러움을 느끼게 한다. 여로보암 1세에 의해 북왕국 이스라엘의 국가적 성소가 세워진 곳이다(왕상 12:28~32). 그 이전부터도 야곱이 하나님께 단을 쌓았던 곳이고(창 28:10), 사사 시대에는 부족 연합으로 예배를 드리는 데 벧엘의 성소가 이용되었다(삿 20:18). 그리하여 벧엘의 성소는 신앙적 열심이 있는 이스라엘 백성들이 가장 방문하고 싶어 했던 곳으로 주전 8세기경에는 제사장 아마샤에 의해 '왕의 성소'나 '왕국의 성전'이라고 불리기도 했다(7:13). 길갈의 성소는 여리고 동쪽 변방에 있었다. 길갈 역시 이스라엘 백성이 가나안 땅으로 들어온 이후부터 성스러운 곳으로 간주되었다(수 4~5장).

또한 사울은 거기에서 기름부음을 받았다(삼상 11:14~15). 그곳 역시 백성들이 순례하여 제사드리기를 원했던 곳이다(5:5; 호 12:11). 이렇게 볼 때, 하나님께 예배드리는 자들이 거룩함을 느낄 수 있는 최적의 장소에서 예배를 드린다고 할지라도, 그들의 마음이 하나님을 향하지 않고 자기만족이나 자기 과시에 빠져 있다면 그것은 아무런 의미 없는 종교 놀음에 지나지 않을 뿐더러 하나님 앞에서 커다란 거역 행위다.

4절과 5절에서 소개되는 여러 가지 제사행위는 이스라엘 백성의 종교적인 열심이 어땠는지를 잘 묘사해 준다. 그들이 타성에 젖은 채 다양한 제사와 절기에 따라 여러 가지 제물을 바치는 모습을 누누이 보아 온 아모스는 그들에게 더 열심히 바쳐 보라고 비꼬는 투로 말한다. 진실된 마음이 결핍된 제물을 하나님께서 기뻐하지 않으신다는 것을 잘 알았기 때문이다. '희생'(זֶבַח제바)은 아마도 화목제를 뜻하는 것으로 추정된다. 이는 가장 보편적인 제사 행위로, 동물을 잡아 불에 태우고, 일부는 하나님과 화목한다는 의미에서 제사 드리는 자가 먹는다(레 3장; 7:11). 이 제사는 일 년에 한 번이나 세 번 이하로 드리도록 요구된다. 그런데 아모스는 그 제사를 매일 드리는 열심을 보여 보라고 권유한다. 하나님께서 기뻐하지 않으실 것을 알면서 한 권유이기에 다분히 역설적인 말이다.

십일조는 이스라엘 백성이 수확물의 십분의 일을 일 년에 한 번씩 성소에 가져오면 그것이 축제를 위한 음식과 레위 인을 위한 음식이 되었다(신 14:22~29). 그리고 그 십일조는 삼 년에 한 번씩 가난한 레위 인이나 이방인,

과부 등을 구제하는 데 사용되었다. 이 점은 오늘날 한국 교회가 교회 예산 중에서 구제를 위한 예산을 더 책정해야 함을 일깨워 준다. 일 년에 한 번씩 십일조를 드리게 되어 있는 것을 알면서도 아모스가 "삼 일마다 십일조를 드리라"고 말한 것은, 순례자들이 성소에 와서 첫날 아침에 희생을 드리고 사흘째 되던 날에 십일조를 드리던 풍습을 기억하고 "사흘째"를 "사흘마다"로 교묘히 바꾼 것이다. 이러한 수사학적 기교의 사용으로 말미암아 아모스는 백성들의 헛된 신앙적 열심이 하나님께 아무런 감동을 주지 못한다는 점을 강조한다.

'수은제'(thank offering)는 하나님께서 축복 주시고 기도에 응답해 주신 것에 감사하는 마음으로 화목제를 드리는 것이다. 이스라엘의 율법에 의하면 제물에 누룩을 넣어 태우는 것은 금지되어 있었다(레 2:11; 6:17; 출 23:18). 그런데도 아모스가 "누룩 넣은 것을 불살라 수은제로 드리라"고 한 것은 하나님의 율법에 어긋나는 방식으로 제사를 열심히 드리는 것이 헛된 일임을 역설적으로 깨우치기 위해서이다. 이러한 말은 '그런 식으로 제사를 드려도 소용 없다'는 말보다 더 강한 여운을 남긴다.

'낙헌제'(freewill offering)는 제사 드리는 자가 하나님 앞에 헌신의 마음을 표시하기 위해 드리는 제사로서 자원의 성격을 띤다(출 35:29). 그러므로 "낙헌제를 소리내어 광포해 보라"는 아모스의 말은 백성들이 진정으로 하나님 앞에 헌신하려는 마음도 없이 사람들 앞에서 자신들의 믿음을 가식적으로 보이는 것을 지적하기 위해서 한 말이다. 이러한 제사가 하나님을 기쁘시게 하지 않고 제사 드리는 자들의 종교적 심성만 만족시킨다는 점은 "이것이 너희의 기뻐하는 바니라"라는 말로 표현되고 있다.

이 구절들을 통하여 아모스는 하나님께 제사 드리는 자들이 그분께 진정으로 감사하는 마음과 헌신하는 마음도 없이 행하는 모든 종교적 행위가 의미 없는 일일 뿐만 아니라, 하나님의 뜻을 의지적으로 거역하는 행위라고 분명히 지적한다. 또한 하나님과의 인격적인 관계를 유지하기 위해서는 무엇보다도 백성들의 마음 자세가 바르게 되어야 한다는 진리를 가르친다.

선교 백 주년을 조금 넘어선 오늘날의 한국 교회는 벌써부터 형식적인 예배, 습관적인 예배를 드리면서 예배의 주체 되시는 하나님의 뜻을 벗어나고 있다는 지적을 받고 있다. 현 시점에서 아모스의 가르침은 한국 교회 예배의 갱신을 위해서 새롭게 조명되어야 한다. 이제 교회의 지도자들은 양보다는 질을 중시하는 예배, 내용과 형식 둘 다 알찬 예배, 봉헌물과 봉헌자의 마음이 분리되지 않는 예배, 예배 행위 자체가 목적이 아니라 인격적인 하나님을 경험하는 것이 유일한 목적이 되는 예배를 이끌도록 최선을 다해야 할 것이다. 여기에 한 가지 덧붙인다면 예배 인도자 혼자만 활동하고 다른 이들은 구경만 하는 예배가 아니라 모든 참석자들이 예배의 주체들로서 동참할 수 있는 예배가 되도록 구상해야 할 것이다.

아모스 4:1~3과 4~5의 내용을 연관지어 볼 때, 또 하나의 영적인 교훈을 유추할 수 있다. 물질적인 풍요 속에 향락을 즐기고 사치에 빠져 살다가 주님의 날이 되었다고 하나님 앞에 예배드리러 나와 여러 가지 명목의 제물을 바친다고 해서 하나님께서 결코 기뻐하지 않으신다는 사실이다. 한 걸음 더 나아가서, 자신들의 향락을 추구하기 위해 주위의 가난한 자들과 궁핍한 자들의 인권까지도 짓밟은 자들이 주님 앞에서 많은 제물을 바치는 행위를 하나님께서는 역겹게 느끼신다. 그러므로 우리는 일상 생활이 검소하고, 대인 관계에 있어서도 남에게 폐를 끼치기보다 유익을 끼치는 자들이 될 때, 하나님 앞에서 드리는 예배행위가 하나님을 기쁘시게 한다는 점을 명심해야 한다. 독자들은 이 점을 함축적으로 강조하여 노래하고 있는 시편 15편과 이사야 1:10~19을 반드시 읽어 보기 바란다.

3. 회개할 줄 모르는 죄(6~11절)

6~11절에는 이스라엘 백성들의 가장 고질적인 죄악상이 언급된다. 그것은 다름이 아니라 그들이 이미 저지른 죄악된 행동이나 마음에 품었던 죄악된 생각에 대해 후회하고 돌이킬 줄 모르는 것이다. 이 부분에서 다섯 번이나 반복되는 "너희가 내게로 돌아오지 아니하였느니라"는 구절이 그들의 회

개할 줄 모르는 굳은 마음을 강조한다.

하나님께서는 자신이 택한 백성들이 사회 전반적인 면으로나 신앙적인 면에 있어서 하나님의 뜻에서 벗어나 살아갈 때, 그들을 돌이키게 하기 위해 그들의 역사에 개입하신다. 그리하여 그들의 삶에 조그만 역경을 던져 주신다. 이때에 그들은 역경을 신적인 관점에서 해석하여 자신들의 죄악된 삶의 모습들을 회개하는 기회로 삼아야 한다. 그러나 하나님께서 주시는 삶의 역경을 회개의 기회로 삼지 않고 계속 죄악에 머물러 있을 때, 또다른 역경들이 다가오며, 결국 하나님의 최종적인 심판을 초래하게 된다. 아모스는 이스라엘의 역사를 통해 경험할 수 있었던 일련의 사건들 속에서 하나님의 구속사적인 의지가 담긴 심판의 손길을 느낄 수 있었다. 그러자 그는 백성들에게 그러한 사건의 예들을 소개하면서 회개하도록 요청한 것이다.

아모스가 제시한 바, 하나님의 구속사적 의지가 담긴 역사적 사건들 중에는 국가적인 기근(6절), 가뭄(7~8절), 풍해와 병충해(9절), 염병과 전쟁(10절), 지진(11절) 등이 포함된다. 이 모든 것이 아모스가 살던 당시에 일어났는지 아니면 그 이전 시대에 일어난 것들을 포함한 것인지 묻는 것은 별로 의미가 없다. 오히려 자기 백성들의 역사 가운데서 일어났던 국가적 재난들 속에서 하나님의 구속사적 의지를 발견하고 그 백성들로 하여금 죄를 회개하도록 권하는 아모스의 신본적인 역사관과 구속사적인 역사 이해를 우리 하나님의 사역자들도 지녀야 할 것이다.

하나님께서 이스라엘 백성에게 기근이 닥치게 하셨다는 점을 아모스는 '이빨을 한가하게 하셨다'는 표현과 '빵이 부족하게 하셨다'(6절)는 표현을 통해 소개하는데, 그중에서도 전자는 매우 흥미로운 것으로 청중들의 뇌리에 오래 남아 기근의 의미를 생각하게 했을 것이다.

하나님께서 그들에게 가뭄을 주심으로써 회개하도록 이끄셨다는 점을 강조하기 위해 아모스는 가뭄이 계속되는 시기를 구체적으로 밝힌다. "추수하기 석 달 전에"(7절) 비를 멈추게 했다는 것은 이스라엘의 1월과 2월, 곡식들이 잘 자라고 열매를 맺기 위해 비가 가장 필요할 때에 가뭄이 들어 열매가 없게 하셨다는 점을 쉽사리 인식하게 한다. "어떤 성읍에는 비가 내리고 어떤 성읍에는 비가 내리지 않게 했다"는 말도 가뭄의 심판적인 의미를 강화시킨다. 만약에 모든 지역에 비가 내리지 않으면 백성들이 가뭄의 의미에 관해 깊이 생각하지 않을 수도 있다. 그러나 한 지역에는 비가 오는데 다른 지역에는 비가 오지 않을 때, 많은 사람들이 "왜 이런 현상이 일어날까?" 하고 물으며 숨겨진 의미를 이해하려고 할 수 있다.

9절의 "풍재"는 아라비아 사막에서 불어닥치는 건조하고 강한 시로코 열풍(serocco wind)을 뜻하는 것으로 이것이 수확기에 불어오면 농작물들의 수확은 기대하기 어렵다(학 2:17; 왕상 8:37; 신 28:22). "팟종이"는 메뚜기나 그와 유사한 곤충을 뜻하는데, 그것이 떼를 지어 습격할 때의 두려운 모습과 결과는 요엘서 1장에서 자세하게 언급한다. "염병이 임하게 하기를 애굽에서 한 것처럼 했다"(10절)는 말은 하나님께서 모세를 통하여 바로와 애굽 백성들에게 행한 일을 암시한다(출 12:29; 신 28:27, 60; 시 78:50; 사 10:24, 26).

10하절에 언급되는, 전쟁에서의 패배로 말미암은 참혹한 현상은 주전 9세기와 8세기 초에 있었던 이스라엘과 시리아 간의 전쟁을 암시한다(왕하 10:32, 33; 13:3, 7). 이스라엘의 젊은 용사들과 말들이 전쟁터에서 너무나 많이 죽어서 치울 엄두도 내지 못하자 그 시체들이 썩어 악취가 진동하는 처참한 장면은, 아모스의 예언을 듣고 있는 자들로 하여금 눈살을 찌푸리게 함과 동시에 하나님의 심판의 심각성을 깨닫게 했다. 11절에서 불로 이스라엘 백성을 멸하신다는 말은 1:1에 언급되는 지진과 연관이 있는 것으로 추정할 수 있다.

이스라엘 백성의 역사 속에서 기억에 남을 만한 재앙적 사건들을 열거하면서 그 속에 내포되어 있는 하나님의 구속적인 의지를 발견하고 백성들로 하여금 회개하도록 권유한 아모스의 신본적이고도 구속사적인 역사관을 오늘날의 설교자들도 진지하게 수용해야 한다. 과학주의 시대에 산다고 해서 이 세상에서 일어나는 자연 현상들을 자연법(natural law)에 따라 해석한다든지, 기근, 질병, 전쟁 등의 문제를 단순히 사회학적·의학적·외교적인 관점에서 해석한다면 우리는 하나님의 뜻을 대변하는 자로서의 역할을 잘 감당하지 못하는 것이다. 그러므로 우리는 우리 민족의 근대사와 현대사를 신학적으로 해석해 나가는 작업을 시시때때로 시도해야 하며, 아울러 지금 우리 사회에 비일비재하는 큼직한 사건들에 대해서도 신적인 해석을 할 수 있는 지혜와 용기가 있어야겠다.

4. 이스라엘의 죄에 대한 하나님의 반응(12~13절)

12~13절에서 이스라엘 백성이 사회 전반적인 죄악과 신앙적인 죄악, 특히 죄에 대해 회개할 줄 모르는 죄악을 계속 범하고 있을 때, 하나님께서 어떻게 반응하실지를 소개한다. "그러므로 이스라엘아, 내가 이와 같이 네게 행하리라. 내가 이것을 네게 행하리니, 이스라엘아 네 하나님 만나기를 예비하라." '그러므로'는 하나님의 인내의 한계를 밝혀 준다. 사랑과 정의의 성품을 공유하고 계신 하나님께서 이제 사랑의 성품으로부터 돌아서 정의의 성품을 통해 그의 백성을 다스리실 것임을 선포한 것이다.

이 구절에서 "이와 같이"나 "이것을"이라는 말이 의미하는 심판의 내용이 무엇인지 본문은 밝히지 않는다. 그러나 문맥으로 볼 때, 5장에 언급되는 심판의 내용이 바로 그것인 것 같다. 백성들로 하여금 하나님 만나기를 예비하라는 말은 그분께서 내리시는 심판의 심각성을 일깨워 주면서도, 그분의 심판을 경험하는 속에서 그 주체 되시는 하나님을 발견하라는 초청의 말이다.

아모스는 마지막으로 13절에서 하나님께서 창조주시며("산들을 지으시며 바람을 창조하시며"), 전지전능하시며("자기 뜻을 사람에게 보이시며 아침을 어둡게 하시며"), 온 세상에 편재하시는 분("땅의 높은 데를 밟는 자")으로 묘사함으로써, 그분께 죄악된 그의 백성들을 심판하실 자격과 능력이 있음을 밝힌다. 이 구절이야말로 이 세상 만물의 주인이 누구인지, 인간 역사의 주권자가 누구인지, 그리고 하나님의 백성들을 포함한 모든 인간의 삶에 대해 공의로 심판하실 분이 누구인지를 분명히 명시해 준다. "그 이름이 만군의 하나님 여호와니라."

08

형식적인 종교의 말로

아모스 5장 주해와 적용

여느 때와 같은 주일낮 예배 시간이었다. 예배 인도자가 예배의 시작을 알리는 시점에 한 낯선 사람이 예배당으로 들어와 큰 소리로 슬픈 노래를 부르기 시작했다. 덕분에 예배당 안에 있는 사람들의 시선을 모을 수 있었던 그는 설교를 시작했다. 설교 내용은 예배당에 모인 자들의 잘못된 신앙 형태와 삶의 모습에 대한 하나님의 심판을 소개하는 것과 그들의 회개를 촉구하는 것이었다. 그는 설교 도중에 갑자기 성가대 앞에 서서 더 이상 마음에도 없는 찬송을 부르지 말라고 하더니 온 회중들에게 의미 없는 예배 모임을 그만두고 집으로 돌아가라고 외쳤다.

그러고는 그들이 속해 있는 가정과 사회에서 정의롭게 사는 것이 하나님을 기쁘시게 한다고 외쳤다. 갑자기 엉망이 되어 버린 예배 분위기를 수습하기 위해 예배 인도자는 청년들로 하여금 그를 쫓아내도록 시켰다. 이윽고, 그 낯선 사람은 예배당 밖으로 쫓겨났지만 예배당 안에서 예배를 드리던 사람들은 그 사람의 말과 행동을 오래 되새겨보게 되었다.

필자가 위에서 가상으로 꾸며 본 상황이 아모스 5장에서 암시하는 상황과 유사하지 않을까 생각한다. 앞선 장에서도 다양한 이미지를 담고 있는 비유적인 용어들을 사용하며 시적으로 하나님의 말씀을 전한 아모스는 5장에 들어와서 메시지의 핵심을 소개한다. 그것은 형식적인 예배생활에 치우쳐 신앙적 열심은 보이나 삶의 전반적인 분야에서 공의롭게 살지 못하는 하나님의 백성들이 공의로우신 하나님의 심판을 받을 수밖에 없다는 점이다. 아울러 하나님의 이러한 심판이 이르기 전에 그의 백성들이 진심으로 돌이켜 삶의 모든 면에서 하나님을 의지하고 정의롭게 살아야 한다는 것이다.

아모스 5장의 구조는 주제를 중심으로 파악할 때 가장 쉽게 이해할 수 있다. 왜냐하면 심판과 회개의 주제가 번갈아 가면서 나열되기 때문이다. 1~3절까지는 죄악된 백성들에 대한 하나님의 심판이 얼마나 처절한지를 보여주는 '애가'(lamentation)가 나타난다. 이어서 4~6절까지는 회개에의 요청이 소개된다. 다시 7~13절까지는 이스라엘 백성들의 사회 전반적인 죄악상에 대한 하나님의 심판이 언급되는가 하면, 14~15절에서는 회개에의 요청이 거듭되고 있다. 16~20절까지는 종말에 대한 그릇된 이해를 지니고 살아가는 자들에게 임할 하나님의 심판을 소개한다. 21~24절은 하나님께서 원하시는 신앙인의 참된 모습이 무엇인지를 극단적인 대조법을 통해 언급하고 있다. 마지막으로 25~27절까지는 형식적인 신앙생활이 가져다주는 말로를 시각적으로 보여 준다.

본문 주해

1. 이스라엘 족속을 위한 애가(1~3절)

아모스가 이 애가를 지은 이유는 2장부터 4장 사이에 암시되어 있다. 하나님께서는 그의 백성들이 신앙적으로나 사회 전반적으로 죄악에 빠져 있을 때, 그들이 회개할 수 있도록 여러 가지 국가적·자연적 사건들을 일으키셨다. 4장에 기록된 기근, 가뭄, 풍해, 병충해, 염병 그리고 지진 등이 그 대표적인 예다. 그러나 하나님의 구속적인 의지가 담긴 사건들을 경험하면서도 죄를 회개할 줄 모르는 백성들에게 하나님께서는 다음과 같이 말씀하셨다. "그러므로 이스라엘아 내가 이와 같이 네게 행하리라 내가 이것을 네게 행하리니 이스라엘아 네 하나님 만나기를 예비하라"(4:12). 이윽고 아모스는

5:1~3에 이르는 애가를 통하여 하나님의 백성들의 회개할 줄 모르는 죄악에 대한 하나님의 처절한 심판이 어떠한 것인지를 시청각적으로 소개하고 있다.

'애가'는 단순히 슬픈 사건을 만난 자들이 부르는 탄식의 노래를 의미할 수도 있지만, 장례식에서 불리는 노래를 의미하기도 한다. 특히 고대 이스라엘에서는 장례식 때에 슬픈 분위기를 고조시키기 위하여 직업적으로 애가를 불러 주는 여인들을 동원하기도 했다. 만약 아모스가 벧엘이나 길갈의 성소에서 예배드리는 회중들 앞에 직업적으로 애가를 부르는 여인들을 이끌고 나타나 그가 지은 장송곡을 부르게 했다고 가정한다면 5:2~3의 애가는 듣는 자들의 귀에, 그리고 기억 속에 오래 남았을 것이다.

"처녀 이스라엘이 엎드러졌음이여 다시 일어나지 못하리로다 자기 땅에 던지움이여 일으킬 자 없으리로다"(암 5:2).

아모스가 이 애가를 통하여 그의 청중들에게 남겨 두려고 했던 시각적 이미지는 무엇인가? 부모들의 사랑과 보호 가운데서 순결하게 자라 온 한 처녀가 낯선 이방인들에 의해 겁탈을 당하고 길거리에 내버려져 있는 모습이다. 스스로의 힘으로는 도저히 일어날 수도 없을 뿐더러 주위에 그녀를 일으켜 줄 사람도 없어 고통 속에서 죽어 간다. 아모스는 이러한 처절한 이미지를 통하여 그의 백성들이 곧 처하게 될 재난 상황을 예시해 준다. 여기에서 아모스가 이스라엘을 처녀로 비유한 이유는 그 나라가 주전 8세기 이전에는 다른 나라의 지배를 받은 적이 없기 때문이다.

그런데 그 나라 백성들이 하나님 앞에서 죄를 범하고 회개하지 않자 하나님께서 그들을 다른 나라 백성들의 속박 아래 두려고 작정하셨다는 점을 아모스는 강조하고 있다. 결국 아모스는 하나님의 백성들이 신앙적으로나 사회 전반적으로 죄악에 빠져 살아가면서 회개할 줄 모를 때, 공의로우신 하나님께서는 그들을 묵과하시지 않고 전쟁이라는 수단을 통해서라도 심판하신다는 점을 이 애가를 통하여 교훈한다.

2절의 애가가 청중들에게 들려졌을 때 아직 일어나지도 않은, 그리고 일어날 가능성도 없는 일에 대해 노래한다는 비난을 받을 수도 있다고 간주한 아모스는 3절의 애가를 시작하는 시점에 "주 여호와께서 가라사대"라는 구절을 첨가한다. 그리하여 그는 그의 애가가 하나님의 영감 가운데 만들어진, 신적인 권위와 신빙성이 있는 것임을 옹호한다.

3절의 애가는 하나님의 심판이 전쟁의 형태로 임할 것임을 2절보다도 더 명확하게 보여 준다. 이방 백성의 침입을 막기 위해 어떤 성읍에서 천 명의 군인이 전쟁에 나갔는데 그중 살아 돌아온 자가 백 명밖에 되지 않는 장면이나, 백 명의 군인이 전쟁에 나가서 열 명밖에 남지 않는 장면은 전쟁에서의 처절한 패배를 실감나게 보여 준다. 아모스는 하나님의 백성 된 이스라엘이 그들의 죄악된 생활과 회개할 줄 모르는 어리석음으로 말미암아 당하게 될 심판의 처절한 결과를 효과적으로 소개한다.

2. 회개에의 요청(4~6절)

회개할 줄 모르는 백성들에게 주어지는 처절한 심판의 모습을 아모스를 통하여 소개한 하나님께서는 그의 백성들이 회개하도록 다시 한 번 초청한다. 그런데 이 부분에서는 특히 회개의 방법까지 구체적으로 제시하고 있다는 점이 중요하다. "너희는 나를 찾으라 그리하면 살리라 너희는 여호와를 찾으라 그리하면 살리라"(4, 6절). 이 명령에 대조되는 금지사항은 무엇인가? 그것은 "벧엘을 찾지 말며 길갈로 들어가지 말며 브엘세바로도 나아가지 말라"는 것이다.

필자는 이스라엘 백성들의 신앙생활에 벧엘과 길갈이 얼마나 중요한 의미를 지니는지에 관해 앞에서 언급한 바 있다. 이곳의 성소들은 그 백성들이 하나님의 임재를 느낄 수 있다고 생각한 곳들로서 매년 많은 순례자들이 방문하게 되었다. 브엘세바는 남왕국 예루살렘의 남서쪽 약 80킬로미터에 위치한 곳으로서 여기에도 족장 시절부터 유래된 성소가 존재했다. 아브라함이 하나님을 부르고, 하나님께서 이삭과 야곱에게 나타나시고, 사무엘의 아들들이 사사들로 통치했던 그곳이 이스라엘 백성들에 의해 성지로 간주되어 북왕국에서도 많은 순례자들이 내려오곤 했다(창 21:31~33; 26:23~25; 46:1~5; 삼상 8:1~2). 후일에 요시야 왕이 종교개혁을 시도했을 때 이곳의 성소를 파괴하기도 했다(왕하 23:8).

그런데 4~6절에 의하면 이스라엘 백성들이 하나님을 찾는 것과 그 일을 위해 성소들을 찾는 것이 대조되고 있다. 다시 말해서, 신앙생활의 궁극적인 목적과 그것을 이루기 위한 수단이 대조되고 있다. 그렇다면 왜 하나님께서는 그의 백성들이 자기를 찾는 것과 성소들을 찾는 것을 대조적인 관계로 이해하셨을까? 아모스의 본문이 암시해 주는 대답은 하나님의 백성들이 성소에서 하나님을 찾는 자세가 잘못되었다는 점이다.

아모스 4:4~5에서는 이미 이스라엘 백성들의 타성에 젖은, 습관적이고도 형식적인 예배와 제사가 하나님에 의해 거부될 수밖에 없다는 점이 강조되었다. 여기에 덧붙여서 5:4~6의 본문이 암시하는 바는 이스라엘 백성들이 일상생활의 여러 터전에서 죄악되게 살다가도 일 주일에 한 번이나 또 중요한 절기 때마다 성소들에 나아가기만 하면 하나님의 축복을 자동으로 받을 수 있다고 오해한 점이다. 가정과 직장에서 매순간 하나님과 인격적인 만남을 가지지도 않고, 또 이웃들을 인격적으로 대하지도 않은 채, 때와 절기에 따라 성소에 나아가 전통적으로 내려오는 신앙 풍습을 따르는 행위 자체가 하나님의 축복을 보장해 준다고 생각한 것이 바로 이스라엘 백성들의 잘못된 신앙 자세였다.

한 걸음 더 나아가 하나님의 임재를 느끼게 만드는 성소 자체가 매일의 생활 모습에 관계없이 하나님의 축복을 제공한다고 간주한 것이 그들의 커다란 실수였다. 그러기에 하나님께서는 단호한 어조로 말씀하셨다. "너희는 나를 찾으라. 그리하면 살리라. 벧엘을 찾지 말며 길갈로 들어가지 말며 브엘세바로도 나아가지 말라."

하나님의 백성들에게 신앙생활의 목적은 온 우주의 창조주이시며 주관자이신 하나님과 인격적인 만남을 가지면서 그분의 뜻을 따라 살아가며, 그분께서 제공하시는 풍성한 생명을 누리는 것이다. 이러한 사실을 깨닫지 못하고 신앙생활을 위한 여러 가지 수단을 목적화시켜 그것들을 섬긴다면 비참한 결과를 맞이할 수밖에 없다.

이스라엘 백성들이 성소에서 인격적인 하나님을 만나려는 목적을 가지지 않고, 오히려 성소를 신격화하여 신비한 힘이 있는 것으로 오해하고 있는 점을 간파한 하나님께서는 그곳들이 전쟁에 의해 파멸될 때 아무런 의미가 없는 곳이 될 수도 있다는 사실을 5절과 6절에서 분명히 밝혀 주신다.

혹시 오늘날의 설교자들 중에서 성도들로 하여금 그들이 처한 가정과 직장과 사회 전역에서 인격적인 하나님을 만나며, 그분의 뜻을 따라 하나님의 공의와 사랑을 실천하도록 권하기보다는 현대판 벧엘과 길갈과 브엘세바를 만들어 놓고서 그곳들이 하나님과의 만남을 보장하는 것처럼 외치는 이는 없는지 스스로 되돌아보아야 할 것이다. 아울러 자신의 독특한 사역을 통해 만들어 놓은 신앙적 전통을 통해서만 하나님을 만날 수 있는 것처럼 강조하는 교만의 모습은 없는지 항상 주의깊게 살펴보아야 할 것이다. 시대를 막론하고 거룩한 곳이 거룩한 분을 대신할 수 없다. 또한 인격적인 하나님을 만나지 못하게 하는 많은 종교적 모임과 헌물과 노래 등은 무의미하다.

3. 이스라엘 사회의 전반적인 죄악상에 대한 심판(7~13절)

5절과 6절을 통해서 이스라엘 백성들이 신앙생활의 궁극적인 목적을 바르게 이해하고 있지 못했다는 점을 지적하며 교정을 요구한 아모스는, 7~13절에서 그들의 사회생활에 있어 잘못된 점들을 열거하기 시작했다. 그리하여 이스라엘 백성들의 신앙생활과 사회생활은 하나님의 관점에서 볼 때, 둘 다 중요하며 또 불가분의 관계로 간주된다는 점을 유추하게 한다. 그러면 아모스가 이 부분에서 지적한 이스라엘 백성들의 사회악에는 어떤 것들이 있는가?

첫째는 "공법을 인진으로 변하며 정의를 땅에 던지는" 것이다(7절). 이 절에서 사용된 '공법'(미쉬파트)과 '정의'(체다카)는 24절과 6:12에서도 동시에 사용되면서 아모스가 강조하는 메시지를 가장 단적으로 보여 준다. 공법이란 단어는 '재판하다'라는 동사에서 파생된 명사로서 어떤 법적인 소송이 정당하게 판결되도록 하는 기준이 된다. 특히 예언서들에 의하면 하나님의 백성들이 여러 형태의 인간관계 속에서 하나님의 법도에 따라 서로를 인격적으로 대하도록 하는 잣대가 되기도 한다.

정의라는 단어는 '진실되게 말하다'라는 동사에서 파생된 것으로 역시 도덕적이고도 인격적인 인간관계를 유지하게 하는 중요한 기준이 된다. 이 두 단어는 하나님의 백성들이 처한 사회 전역에 걸쳐 항상 서로를 인격적으로 대하고 진실로 대하도록 요구한다. 그리고 이 일의 실천을 위해 어떤 뇌물수수나 배금주의나 인간 경시 풍조도 과감히 배격하도록 요청한다. 그러므로 어떠한 가정이나 사회 단체, 그리고 민족이라 할지라도 공법과 정의를 실현하는 자들이 공존할 때 그 단체는 하나님의 보호하심을 약속받는다고 믿을 수 있다. 그러나 공법과 정의를 무시하면서 이웃의 인권을 짓밟는 자들이 조금이라도 있는 단체는 하나님의 심판을 면할 수가 없다. 아니, 어쩌면 하나님의 심판을 필요로 하지도 않은 채 서로 자멸할 것이다.

7절에서 언급되는 "인진"(wormwood)은 팔레스타인에서 자라는 쓴 쑥의 일종으로 아주 쓴 맛의 즙을 내는 식물이다(신 29:18; 잠 5:4). 이것은 성경에서 주로 재난의 처절함을 표현할 때 비유적으로 사용되었는데, 본문에서는 공법을 짓밟은 자들에 의해 희생자들이 맛보게 되는 삶의 처절한 고난을 강조한다. 아모스는 백성을 공의롭게 다스리지 못하는 지도자들로 말미암아 많은 선량한 백성들이 삶 속에서 공법의 단맛을 보지 못하고 불의의 쓴맛을 보게 된다는 점을 미각적인 이미지를 통해 효과적으로 소개한다.

공법을 인진으로 바꾸며 정의를 땅에 던지는 자들이 존재하는 사회를 향해 하나님께서 전쟁을 통해 심판하실 것이라는 점을 9절이 지적해 준다. 그런데 이러한 일을 일으키시는 분이 창조주 되시며 능력 많으신 여호와라는 점을 주지시키기 위해 아모스는 8절에서 그분의 위엄스러운 활동을 몇 가지 소개한다. 첫째는 하나님께서 묘성(Pleiades)과 삼성(Orion)을 비롯한 하늘의 별들을 만드신 점이요, 둘째는 밤과 낮을 주관하시는 점이요, 셋째는 해일을 일으키시는 점이다. 하늘과 바다와 날을 창조하시고 자신의 의로우신 뜻에 따라 온 세상 만물을 마음껏 주관할 수 있는 하나님께서 이방 백성들을 보내어 전쟁으로 그의 백성들을 심판하실 때, 그들은 그 심판을 수용할 수밖에 다른 도리가 없다.

아모스는 10절에서 그의 백성들이 하나님의 심판을 받을 수밖에 없는 또 하나의 이유를 제시한다. 그것은 죄악에 빠진 다수의 백성들이, 하나님의 법도에 따라 올바르게 판단하여 죄악에 빠진 자들을 꾸짖는 이들을 미워하고 싫어하기 때문이다. 이 점은 소수의 지도자들이 자신들의 사욕을 위해 불의를 행하는 것도 나라의 멸망을 초래하지만, 다수의 악한 백성들이 소수의 의로운 지도자들의 조언을 무시하고 살아갈 때 그 사회도 마찬가지로 멸망할 수밖에 없음을 주지시킨다.

아모스가 세 번째로 지적한 이스라엘 백성의 심판 이유는 부당한 방법으로 경제적인 부를 취한 자들 때문이다. 그들은 재물을 축적하기 위해 가난한 자들의 생존권을 담보로 했다. 부자들이 "가난한 자를 밟고 저에게서 밀의 부당한 세를 취했다"는 말은 노동을 심하게 시키는 면이나, 소작세를 과하게 받는 면 등을 포함하여 다양한 인권 유린의 모습을 암시하게 만든다. 이러한 일을 초래한 자들에게 주어지는 하나님의 심판은 무엇인가? 그들은 "비록 다듬은 돌로 집을 건축하였으나 거기 거하지 못할 것이요, 아름다운 포도원을 심었으나 그 포도주를 마시지 못하게" 된다.

재물을 조금이라도 더 축적하기 위해 비인간적인 행동까지 자행하는 자들의 결과는 빈털터리요, 또한 그 사회에서 격리되는 것이다. 아모스의 입을 통해 전해진 하나님의 말씀은 오늘날에도 어찌 그리 진리로 다가오는지!

아모스가 네 번째로 지적한 심판 이유는 법조계 지도자들의 비리와 관련되어 있다. 하나님의 백성들 사이에서 발생하는 다양한 소송을 정의롭게 판단해야 하는 법관이나 변호사들이 자신들의 사욕을 추구하기 위해 뇌물을 받고 재판을 그르칠 때 공의로우신 하나님께서는 그들을 그냥 두시지 않으신다. 아울러 그러한 법관들이 많은 사회를 심판하신다.

13절에서 아모스가 추가하는 심판의 이유는 세월이 악한 때에 많은 지혜자, 즉 지식인이나 신앙인들이 불의하고 악한 세력들에 대해 침묵하고 있는 현상이다. 어떤 이들은 아모스가 이 구절을 통하여 악한 때에 지혜자들이 잠잠하도록 권한다고 오해하는 것 같다. 그러나 사실은 아모스가 그 사회에서 일어나고 있는 잘못된 현상을 비판적으로 풍자하는 것으로 이해하는 것이 바람직하다.

오늘날 우리 사회가 하나님의 관점에서 의로운 사회요 그로 말미암아 그분의 축복을 받을 수 있는 사회가 되려면 누구보다도 먼저 오늘날의 참지혜자인 그리스도인들이 깨어 있어야 한다. 그들이 뜻과 힘을 합치고 목소리를 높여서 이 사회에 존재하는 불의한 세력들과 조직들을 무너뜨려야 한다. 우리 사회의 전반적인 분야에 걸쳐 활동하고 있는 그리스도인들이 용기 있게 뭉쳐서 그들이 속한 단체와 사회를 하나님의 말씀에 따라 공의와 사랑이 넘치는 곳으로 변화시켜 나갈 때, 우리 사회는 하나님 나라의 일면을 보여 주게 될 것이다. 그러나 아모스 시대처럼 지혜자가 침묵할 때, 우리 사회의 미래는 어두울 수밖에 없다.

4. 회개에의 요청(14~15절)

하나님의 심판을 초래할 수밖에 없었던 이스라엘 백성들의 사회 전반적인 죄악의 모습들을 앞부분에서 열거한 아모스는 14절과 15절에서 다시 한 번 그들이 하나님 앞에서 회개할 기회를 제공한다. 그가 여기에서 제시한 회개의 구체적인 방법은 악을 버리고 선을 행하는 것이다. 15절에 따르면, "악을 미워하고 선을 사랑하며 성문에서 공의를 세우는" 것이다. 물론 여기에서 언급되는 선행과 악행의 기준은 하나님의 말씀이다. 그러면 이러한 회개의 모습을 보이는 자들에게 주어지는 약속은 무엇인가? 14절에 의하면 만군의 하나님 여호와께서 그들과 함께하시며, 15절에 의하면 여호와께서 이스라엘의 남은 자들에게 긍휼을 베풀어 주신다.

이러한 회개의 가르침을 4~6절에서 제시된 회개의 가르침과 연관지어 본다면, 하나님께서 그의 백성들로부터 원하시는 참된 삶의 모습은 매순간 하나님의 뜻을 발견하며 그분의 도우심을 얻기 위해 하나님의 말씀과 기도를 통하여 그분과 인격적인 만남을 가지는 것과 동시에 이웃들에게 선을 베풀고 공의롭게 대하는 것이다.

다시 말하여, 가정이나 교회에서 이루어지는 예배생활과 직장이나 사회에서 이루어지는 사회생활이 둘 다 거룩하고도 공의로워야 한다는 것이다. 하나님의 백성들이 주일날 예배당 안에서 풍겨 주는 거룩하고 의로운 삶의 냄새가 엿새 동안의 가정과 직장생활 속에서도 그대로 풍겨야 한다는 말이다. 그러므로 아모스가 강조한 바, 주일만의 성도(Sunday Christian)가 아닌 매일의 성도(Everyday Christian)를 만들자는 외침은 오늘날 설교자들의 외침으로 이어져야 한다.

5. 그릇된 종말론의 결과(16~20절)

아모스는 14절과 15절을 통해서 그 백성들이 삶의 모습을 어떻게 회개해야 하는지 소개하고, 또 회개할 때 얻을 수 있는 축복들을 제시했다. 그러나 이어지는 16절과 17절에서는 아직도 회개하지 않고 신앙적·사회 전반적 죄악에 빠져 살아가는 그의 백성들에게 닥치게 될 하나님의 심판을 소개한다. 하나님께서 이방의 군대들을 동원하여 이스라엘을 진멸하고 지나가실 때, 이스라엘의 살아남은 자들에게서 볼 수 있는 모습은 모든 광장과 거리와 논밭과 포도원에서 큰 소리로 통곡하는 모습이다. 여기에는 도시 사람이나 시골 농부, 직업 울음꾼이나 포도원 주인들이 예외가 될 수 없다. 이렇게 거국적인 통곡의 날이 임하는 이유는 다름이 아니라 그 백성들의 신앙적·사회 전반적 죄악 때문이다.

현재 우리 사회의 여러 곳에서 일어나는 비참한 사건들을 통하여 거국적인 슬픔이 지배하고 있음을 느낄 수 있는 설교자들은 이 시점을 계기로 하나님의 심판과 회개의 주제를 강조해야 한다고 본다.

4~6절에서와 마찬가지로 18절에서도 아모스는 잘못된 신앙적 가르침이 초래하는 결과를 풍자적으로 소개하고 있다. 특히 그는 가까운 미래에 임하게 될 여호와의 날에 관해 백성들이 잘못 이해함으로 인해 그들의 현재와 미래가 모두 불행해진다는 점을 지적한다. 아모스 시대에 팽배했던 종말론은, 하나님의 백성들이 가정과 직장 그리고 사회에서 어떠한 행동을 하든지 상관없이 종교적인 열심만 보인다면, 미래에 여호와에서 임하실 때에 그들을 축복하실 것이라는 가르침으로 일관했다. 이처럼 하나님의 백성들의 사회 전반적인 생활과 신앙생활의 조화와 균형을 이끌지 못하고, 또한 미래에 일어날 일들을 가르쳐서 현재의 삶을 바로잡아 주는 역할을 하지 못했던 그릇된 종말론적 신앙이 결국 하나님의 심판을 맛보게 하였다.

아모스가 18절을 통해 분명히 하고 있는 바는, 하나님의 뜻을 벗어나서 사회에서 불의를 행하고 예배당에서 형식적·습관적으로 예배 드리면서 주님의 날에 축복해 주시기를 기도하는 하나님의 백성들에게는 축복 대신 심판이 주어진다는 점이다. 여호와의 날이 그들에게 빛이 아니라 어두움이 된다는 말이 이 점을 암시한다.

그릇된 종말론으로 말미암아 현재의 삶을 불의하고도 불경건하게 살다가 하나님께서 심판하시는 날에 커다란 어려움을 당하는 자들의 모습을 아모스는 19절에서 비유적인 이야기로 묘사하고 있다.

사자를 피하기 위해 도망가다가 곰을 만난 자나, 집으로 도망가서 가쁜 숨을 내쉬며 손을 벽에 대었다가 뱀에 물려 버리는 자는 둘 다 고난의 때에 참으로 의지할 바를 얻지 못한 자들이다. 이들의 신세가 바로 죄악에 빠져 전쟁으로 멸망당하게 될 이스라엘의 신세와 마찬가지다.

자신들의 죄악을 깨닫지도 못하고 고난 가운데 살아가다가 삶이 하도 고달퍼서 하나님의 도우심을 구하려 했더니 하나님께서 오히려 전쟁을 일으켜 그들을 더 큰 어려움에 빠뜨리신다는 역사의 줄거리를 아모스는 뛰어난 비유로 가르치고 있다. 이러한 문학적 기교를 통해 신학적인 메시지를 효과적으로 전달할 수 있었던 아모스야말로 위대한 설교자요 오늘날 설교자들을 위한 한 모델이다.

6. 신앙인의 참된 모습(21~24절)

이 부분을 설교하는 자들이 주의해야 할 바는 항상 21절부터 24절까지를 연관지어서 설교해야 한다는 점이다. 왜냐하면 21~23절만을 설교할 때에는 대중예배 폐지론을 강조하게 되고, 24절만을 설교할 때에는 사회정의의 당연성만을 강조하게 되기 때문이다. 그러나 이 부분을 연관지어 해석할 때에는 균형잡힌 이해에 이르게 된다.

21~23절에서 하나님께서는 자신이 미워하고 한 걸음 더 나아가 멸시하는 것들을 밝히시는데, 이 모두가 그 백성들의 종교적인 행위와 연관되어 있다. 하나님의 백성들이 정해진 절기와 거국적인 집회 때마다 모여서 번제와 소제 그리고 화목제 등을 드리지만 하나님께서 그러한 예배 모임과 제사들을 싫어하신다고 본문은 공포한다. 또한 하나님의 백성들이 목청 높여 부르는 찬양도 원하지 아니하신다고 밝힌다. 이렇게 하나님께서 그 백성들의 대중적 예배 행위를 눈으로 보기도 싫어하시고, 제물들을 손으로 받기도 싫어하시며, 그들의 찬양을 귀로 듣기도 거부하신 이유가 분명히 있을 것이다.

이때까지 진행되어 온 아모스서의 문맥이나 24절과의 연관성을 고려할 때, 그 이유는 크게 두 가지로 집약될 수 있다. 하나는 그들이 하나님과의 인격적인 만남을 기대하지 않은 채 자신들의 감정이나 종교적인 분위기에 젖어 형식적이고도 습관적인 예배를 드렸기 때문이다. 다시 말하여, 예배의 목적을 잃어버린 채 수단만을 강조했기 때문이다. 또 하나의 이유는 그들의 예배에서 보이는 신앙적 열심이 사회생활에서 공의로운 삶의 형태로 이어지지 못했기 때문이다. 즉 그들의 신앙 윤리와 사회 윤리가 일치하지 못했기 때문이다.

이스라엘의 여러 성소들은 하나님께 예배드리는 자들로 가득 차며 제물들도 넘쳐나는데, 사회 전역에서 들려오는 소리들은 불의와 편견으로 말미암은 가난하고 소외된 자들의 울부짖음과 탄식이었다. 이러한 부조리 현상이 초래할 국가적 패망을 내다볼 수 있었던 아모스는 그 백성들이 간과하고 있었던 바인, "공법이 물같이 흐르고, 정의가 하수같이 흐르는" 사회를 만드는 일에도 주력하도록 그들에게 호소한다.

아모스의 가르침은 오늘날 그리스도인들이 하나님 앞에서 참다운 신앙인으로 나타날 수 있는 비결을 제시한다. 그것은 개인적으로나 대중적으로 하나님께 예배를 드릴 때마다 그분을 인격적으로 만나 그분의 거룩하고 공의로운 뜻을 발견하는 것이요, 그 뜻을 사회 전역에서 가감없이 실천하는 것이다. 다시 말하여, 교회에서 얻을 수 있었던 개인의 영적이고도 신비한 체험들로 말미암아 사회생활 속에서 보다 공의롭고 인자하게 이웃을 대해야 한다는 말이다. 이러한 가르침이야말로 우리 주님 예수 그리스도의 가르침의 핵심이기도 하다.

> "네 마음을 다하고 목숨을 다하고 뜻을 다하여 주 너의 하나님을 사랑하라 하셨으니 이것이 크고 첫째 되는 계명이요 둘째는 그와 같으니 네 이웃을 네 몸과 같이 사랑하라 하셨으니 이 두 계명이 온 율법과 선지자의 강령이니라"(마 22:37~40).

필자는 오늘날 한국의 기독교계가 개인의 영성 운동이나 경건주의 운동을 강조하는 무리와 사회정의의 실현을 강조하는 무리로 크게 양분되는 현상을 보면서 안타까움을 금치 못한다.

아직도 개인 구원이 먼저인지 아니면 사회 구원이 먼저인지를 다투는 자들을 보면서 마찬가지 마음을 갖게 된다. 아모스의 가르침을 비롯하여 성경의 어디에서도 이 두 강조점 중에 하나를 결핍하고 있지 않기 때문이다.

이제 우리 설교자들은 아모스를 통해 전해진 하나님의 말씀에 따라 우리의 성도들이 형식적이거나 습관적인 예배 행위에서 돌이켜 인격적인 하나님을 찾아 만나는 자들이 되도록 이끌어야 한다(4, 6절). 그리하여 그들이 하나님께서 제시하시는 영적이고도 공의로운 가르침에 따라 악을 떠나고 선을 행하며(14~15절) 사회 전반에 있어서 공의와 사랑을 전하는 자들이 되도록 가르쳐야 한다. 설교자들이 이 두 가지를 병행하여 가르치며 그리스도인들이 그것을 실행할 때에 우리 한국 교회와 사회는 하나님의 축복 속에 머무르게 될 것이다.

7. 형식적인 신앙생활의 말로(25~27절)

아모스는 5장을 마치는 즈음에서 백성들의 형식적인 신앙생활과 우상숭배가 초래할 하나님의 심판을 언급한다. 25절은 수사적인 의문문의 형태로, 하나님께서 그 백성들로부터 진정으로 원하시는 것은 희생과 소제물이 아니라 그분을 순종하고 의지하는 마음이라는 점을 반어적으로 강조한다. 아모스는 출애굽한 이스라엘 백성들이 사십 년 동안 광야생활을 할 때에 하나님께서 그들에게서 여러 가지 제물을 받지 않으셨지만 그들의 중심어린 예배는 받으셨다는 점을 상기시키면서 당대 백성들의 형식주의와 의식주의를 비판한다.

이어서 26절에서는 그 백성들의 우상숭배적인 모습을 지적하면서 그로 인한 하나님의 심판을 소개한다. '식굿'은 앗수르인이 믿었던 전쟁의 신을 의미하는 것으로 추론된다. 이것을 '너희 왕'이라고 부른 이유는 그 신이 전쟁시 최종적인 결정을 내리는 왕으로 간주되어 신봉자들에 의해 왕으로 불리었기 때문이다. '기윤'은 앗수르인이 신봉한 별 형상의 우상이다. 아모스 시대의 이스라엘 백성들은 오랫동안 그 사회를 좀먹어 온 우상숭배의 모습을 벗어나지 못한 채 아수르의 우상까지도 신봉하고 있었다. 그 결과 그들은 유일하신 하나님의 심판을 맞이하는 신세가 된다. 27절에 의하면 그들이 다메섹 밖으로 사로잡혀 가게 되는데, 이것은 그들이 앗수르 군대의 침입을 받아 전쟁에서 패하여 앗수르로 포로 되어 가는 모습을 암시한다. 앗수르로 포로 되어 가면서도 우상을 버리지 못하는 이스라엘 백성들의 어리석은 모습은 하나님의 공의로운 심판을 보다 정당화한다.

09

풍요 속에서 범한 죄악에 대한 하나님의 심판

아모스 6장 주해와 적용

일제의 압박에서 벗어나 광복을 맞이한 후 우리 국민은 정치, 사회 그리고 경제적인 면에서 많은 사건들을 겪어 왔다. 그리고 이러한 사건들을 계기로 전 국민의 삶이 질적으로 크게 변화했다.

1. 잿더미에서 일어난 기적

한국전쟁이 불러온 가난과 빈곤, 극심한 보릿고개를 특유의 근면함과 성실함으로 이겨 낸 우리나라는 이제 세계에서 손꼽히는 경제 부국으로 자리 매김하였다. 생존을 위해 밤낮으로 일할 수밖에 없었던 십여 년 전만 해도 생각하지 못했던 유흥 시설이나 여가 시설들이 주위에 넘쳐 있다. 그러므로 현재의 우리 사회가 과거보다 정치·사회·경제적으로 훨씬 더 풍요롭다고 평가할 수 있을 것이다.

이러한 시대를 살아가는 그리스도인들은 이 사회와 민족을 복음화하고, 하나님 앞에서 보다 공의롭고 거룩한 모습으로 변화시키기 위해 현 사회의 여러 현상들에 대해 올바른 관점을 가지고 있어야 한다.

특히 우리는 정치·사회·경제적 풍요에 대해 바르게 이해해야 하며, 이 일을 위해 다음과 같은 질문들을 음미해야 한다. 현재 우리가 누리는 정치적·외교적 안정이 하나님의 축복인가? 이러한 상황 속에서 경계해야 할 죄악이나 염두에 두어야 할 교훈은 있는가? 그리스도인으로서 하나님의 말씀이나 양심에 어긋나지 않는 직장에 종사하며, 열심히 일하여 번 돈으로 자신이 사고 싶은 것을 다 사고, 하고 싶은 일을 다 하면서 호화롭게 사는 것이 잘못된 것인가? 그리스도인들도 현 사회가 제공하는 다양한 유흥 시설이나 여가 시설들을 즐기며 살 수 있지 않을까? 풍요로운 사회 속에 있는 그리스도인들의 책임은 무엇인가?

이와 같은 질문들에 관한 신적인 해답을 기대하는 자들은 아모스 6장에서 도움을 얻을 수 있다. 왜냐하면 예언자 아모스는 주전 8세기에 살면서 당대의 풍요로운 사회 속에서 일어나고 있는 다양한 일들을 영감에 근거하여 비평함으로써 청중들의 삶을 올바르게 변화시키려고 노력했기 때문이다.

2. 이스라엘의 죄악에 대한 심판 예언

아모스 6장은 '화 예언'에 속한다. 이것은 이스라엘 백성의 죄악에 대한 하나님의 공의로운 심판이 정당하며 또 준엄하다는 점을 아모스의 청중이나 독자들에게 시적으로 소개하는 것이다. 그러므로 아모스 6장의 화 예언이 뛰어난 낭송가에 의해 슬픈 곡조로 읽혀졌을 때, 청중들은 자신들에게 임할 어두운 미래에 대해 두려워할 수밖에 없었을 것이다.

6장을 세분해 본다면 1~6절은 하나님께서 이스라엘 백성을 심판할 수밖에 없는 이유들을 열거한다. 이어서 7절에서는 하나님의 심판이 구체적으로 소개된다. 8~14절에서는 여호와께서 일인칭으로 등장하셔서 죄악된 백성들을 향한 자신의 심판이 얼마나 처절한지를 선포하며(8~11절), 아울러 심판의 이유(12~13절)를 다시 한 번 제시한다. 아모스 6장의 구조상으로 볼 때, 10절은 매우 이색적이다. 이 절은 화 예언이라는 시 양식 속에 자리잡은 하나의 짧은 이야기로서, 그 절이 담고 있는 내용의 중요성을 부각시키기에 충분하다. 이렇게 시 양식 속에 짧은 이야기를 넣어 내용의 심각성을 부각시키려고 한 아모스는 설교의 내용뿐만 아니라 전달 방식도 중요하다는 점을 인식하고 있었던 뛰어난 설교가이다.

이 예언이 처음으로 청중들에게 전달된 시기나 사회적 상황을 구체적으로 파악하기는 불가능하다. 그러나 6:2에 언급되고 있는 갈레, 하맛, 가드 등의 도시가 앗수르 왕 디글랏 빌레셀 3세(Tiglat Pileser III)의 침공에 의해(주전 738~734년) 함락되었기에, 이 예언은 분명히 주전 738년 이전에 전해진 것이다. 추측건대, 아모스는 여로보암 2세가 통치하던 시대에 사회 전반적으로 풍요함을 누리던 백성들이 내다보지 못했던 바인 앗수르의 침공을 미리 바라보고, 그 속에 하나님의 뜻이 담겨 있다고 보면서 당대 백성들의 죄악상을 지적하고 회개를 촉구하였다.

본문 주해

1. 이스라엘 백성이 풍요 속에서 범한 죄악(1~6절)

아모스는 1~6절에서 풍요 속에 있던 이스라엘 백성이 범한 여러 가지 죄악 중에서 이스라엘의 가진 자들과 부유한 자들이 지녔던 자만심(1~3절), 방탕한 생활(4~6절) 그리고 주위의 가난한 자들에 대한 무관심(6절) 등을 부각시키고 있다. 아모스 시대의 이스라엘 백성들은 여로보암 2세가 제공하는 정치·외교·사회·경제적 풍요를 마음껏 누리고 있었다. 자국의 군사력이 증대됨으로 말미암아 영토가 확장되고, 여러 신도시가 건설되었다.

또한 이웃 나라들과의 교역이 활발하게 진행되고 국내에서는 부동산 투기 등이 성행하였다. 그리하여 정치와 경제계에서 중요한 위치에 있는 자들은 국가적 풍요의 혜택을 만끽할 수 있었다. 그들은 이러한 정치·경제적 풍요를 하나님께서 택하신 자들에게 주신 축복으로 이해하며 자만했다. 아울러 자신들의 정욕을 채우려고 풍요한 재물들을 낭비하고 정치적 권력을 남용하며, 주위에 공존하고 있던 가난하고 소외된 자들의 부르짖음을 외면했다. 이러한 사회 풍토를 간파한 아모스는 삶의 풍요를 누리는 자들이 자만하고 또 그들이 지닌 것들을 선하게 사용하지 못할 때, 하나님께서 그들을 정당하게 심판하실 것임을 분명히 밝힌다.

1) 심판의 대상

그러면 아모스가 지적하는 바, 하나님의 심판을 받을 수밖에 없는 대상은 누구인가? 1절은 그들이 바로 "시온에서 안일한 자"와 "사마리아산에서 마음이 든든한 자"라고 언급한다.

예루살렘(이 절에서는 시온으로 표현되고 있음)은 사마리아보다 훨씬 오랫동안 성지로서 인정되어 왔지만, 둘 다 유다와 이스라엘 백성들의 정치·경제·사회·종교적 영역에 있어서 가장 중요한 곳들로 인식되어 왔다. 오늘날 우리나라의 현실에서도 나타나고 있는 것처럼, 고대 유다와 이스라엘의 정치와 경제의 핵심 현장이 바로 두 나라의 수도인 예루살렘과 사마리아였다.

결과적으로 이 두 곳이야말로 정치·사회·경제적으로 영향력을 지닌 두 나라의 부호들이 집중되어 있는 곳으로 모든 면에서 풍요로웠다. 그런데 예루살렘과 사마리아에 거주하는 정치 지도자들과 경제 부호들은 서로 긴밀하게 유착된 가운데 사회의 조세 제도를 자신들에게 유리하게 조정하고, 국가적 사업 계획들을 사전에 누설하여 이익을 챙기고, 소수의 가진 자들의 유익을 위한 특혜들을 만들어 내는 일에 분주했다. 그리하여 유다와 이스라엘 사회에서 성공하고 가진 자들의 계열에 들고자 하는 많은 자들이 그들을 찾아가 뇌물을 주고 여러 가지 도움을 요청하였다. 1하절에 이스라엘 족속이 열국 중에 우승한(뛰어난) 나라의(즉 이스라엘과 유다를 뜻함) 유명한 자들을 찾으려 한다는 말이 바로 이러한 현상을 의미한다.

"시온에서 안일한 자"라는 구절에 언급되는 '안일하다'는 동사가 다른 곳에서는 긍정적인 의미로 사용되고 있기도 하다(렘 30:10; 46:27; 잠 1:33). 예를 들어, 예레미야 30:10에 의하면 하나님께서 회개한 그의 백성들을 구원하여 태평과 "안락"을 주실 것이라고 약속하셨다. 그러므로 시온에서 안일한 자의 잘못은 1절 후반부와 뒤에 이어지는 구절들과의 연관성에 기인하여 유추되어야 한다. "사마리아 산에서 마음이 든든한 자"라는 구절에서 언급되는 '마음을 든든하게 하다'(batach)는 동사는 적어도 40회 이상이나 하나님을 향한 인간의 신뢰를 강조할 때 사용되었다(왕하 18:5; 시 19:10; 사 26:3~4).

그런데 본문에서는 사마리아에 거하는 권력자나 재력가들이 사마리아를 중심으로 하여 그 국가가 지닌 권력이나 재력을 신뢰하고 있음을 암시한다. 하나님과의 인격적인 만남을 통해 태평함과 안락함을 얻으려 하기보다는, 권력이나 재물로 그것을 얻으려고 할 때 커다란 문제가 발생한다는 점을 아모스는 지적한다.

이렇게 볼 때, 예루살렘(시온)에서 안일한 자나 사마리아 산에서 마음이 든든한 자는 자신들이 지니고 있는 정치적 권력이나 재력의 풍요함에 근거하여 헛된 안락감을 누리는 자들이다. 이들은 하나님을 두려워하지도 않고 그분을 의지하지도 않은 채, 지위나 재력이 자신들의 현재와 미래를 책임져 준다고 생각하는 자만에 가득 차 있었다.

또한 이들은 그 사회의 연약한 자들의 처지를 고려하지도 않은 채 자신들의 사욕이나 채우는 이기주의자들이었다. 아울러 이들은 자신들의 권력과 재력을 이용하여 주위에서 자신들의 도움을 필요로 하는 자들에게 뇌물을 받고 살아가는 자들이다(1하절). 그러므로 아모스는 이러한 자들이 거룩하시고 공의로우신 하나님 앞에서 생존할 수 없다는 엄연한 사실을 본장에서 분명히 밝힌다.

2) 풍요로운 자들에게 임할 심판

아모스 6:2의 해석이 다양하다. 스튜어트(Douglas Stuart)는 '그곳들이'를 '너희가'로 바꾸어 번역하여, 이스라엘이나 다른 나라들이나 모두 하나님 앞에서 동등하기에 이스라엘이 하나님과의 특별한 관계 때문에 자만심을 가질 수 없다는 점을 부각시키는 구절로 설명했다.

그러나 메이(James May)를 비롯한 여러 학자들은 이 구절이 하나님께서 이스라엘을 다른 나라들보다 훨씬 축복되게 이끄셨다는 점을 청중들에게 깨닫게 하기 위한 명령문으로 이해한다. 후자의 견해에 의하면, 하나님께서 이스라엘을 갈레나 하맛이나 가드보다 훨씬 풍요롭고 살기 좋은 곳으로 만들어 주셨음에도, 그 백성들이 하나님의 축복을 깨닫지 못하고 자신들의 노력의 결과로 그와 같은 나라를 만들었다는 자만심에 빠지고 말았다는 점을 아모스는 호소력 있게 강조하고 있다다는 것이다.

이 절에서 언급되고 있는 갈레(사 10:9)와 하맛(6:14)은 이스라엘 북쪽에 있는 도시국가들로서, 후자는 북시리아의 오론테스 강변에 위치하고 있었고 전자는 보다 북쪽의 길가메쉬 지역에 위치했다. 가드는 예루살렘 서쪽에 위치한 블레셋의 다섯 도시 중 하나이다. 이 도시국가들이 본문에서 언급되는 점을 고려할 때, 그곳들의 환경이 이스라엘과 비교할 수는 없지만 상당히 풍요로웠다는 점을 유추할 수 있다.

3) 흉한 날이 곧 오리라

이스라엘 백성과 특히 그 나라의 가진 자들은 하나님께서 제공하신 풍요로운 삶을 신적인 축복으로 이해하여 겸손하게 살아야만 했다. 그러나 그들은 오히려 그것을 자신들의 노력의 결과로 얻은 것으로 오해하여 극한 자만심 가운데서 당대의 풍요로운 삶의 환경이 영원히 계속되리라고 생각했다. 마음 상태가 이 지경에 이르자 아모스와 같은 예언자가 "흉한 날", 즉 하나님께서 그들을 심판하실 날이 곧 임한다고 예언해도 그들은 들으려 하지 않았다(3절).

그들은 한 걸음 더 나아가서 자신들이 불행을 당할 존재들이 아니라는 주장까지 하게 되었다(9:10). 그리고는 "강포한 자리"로 다시 나아가 그 사회의 연약한 자들에게 불법과 강포(폭력)를 행하며 그들을 짓밟고 억압하였다(3절). 여기에서 "자리"는 재판이 이루어지는 장소(왕의 보좌나 성문 앞)를 암시하는 것으로 법적인 뉘앙스를 내포하고 있기에, "강포한 자리로 가까워진다"는 구절은 정치적인 권력이나 법적인 권력을 지니고 있는 자들의 횡포를 연상하게 한다. 언젠가 심판자 되신 하나님께서 나타나셔서 그의 백성들을 선악간에 심판하실 것이라는 엄연한 사실을 망각한 채, 자신들의 법적 지위를 악용하여 선량한 시민들에게 폭력을 행사하는 자들은 공의로우신 하나님의 심판을 절대로 피할 수가 없다.

4) 그들의 방탕한 생활 모습

1~3절에 걸쳐서는 아모스 시대의 이스라엘 권력자들이나 부유한 자들이 표출했던 자만심이나 연약한 자에 대한 무관심, 그리고 그들에 대한 학대 등 하나님의 심판을 초래할 수밖에 없었던 구체적인 죄목들이 소개되었다.

이어서 4~6절에서는 전자의 방탕한 생활 모습들을 적나라하게 묘사하고 있다. 상아로 치장된 값비싼 침대에 누워(원문의 의미는 술에 곯아떨어진 채 침대에 몸을 던지는 장면을 암시한다) 늦잠을 자고 일어나 기지개를 켜는 부유하면서도 나태한 자의 모습은 진귀한 음식을 먹는 장면으로 이어진다. 그는 왕성한 식욕을 충족시키기 위해 자신이 키우고 있는 양과 소들을 둘러본다. 그리하여 그중에서 가장 연한 살을 지닌 것으로 보이는 어린 양과 송아지를 잡아 숯불구이를 해 먹는다. 이러한 장면은 부유한 자들이 주위의 가난하고 헐벗은 자들의 고통에 무관심한 채 자신들의 사욕을 채우고 있는 모습을 단적으로 묘사한다. 특히 양이나 소를 먹는 일이 보통 사람들에게는 흔히 있는 일이 아니었던 고대 이스라엘의 상황을 고려할 때, 본문에서 언급되는 자의 행동은 분명히 극도의 방탕함을 내포한다.

잠과 배고픔을 충분하게 해결한 부유하고도 방탕한 자는 이제 다시 삶의 즐거움을 찾기 위해 개인 노래방을 찾았다. 그곳에는 비파를 연주하는 자들이 대기하고 있었다. 그는 당대에 유행하던 유행가들을 목청껏 불러댔다. 자신이 알고 있는 유행가를 다 부르고 나자 흥에 겨워 즉흥적으로 새 노래를 만들어 부르기에 이른다. "헛된 노래를 지절거리다"는 구절의 원어적 의미가 바로 이것이다.

여러 학자들은 "다윗처럼 자기를 위하여·악기를 제조하다"라는 구절을 "다윗처럼 자기를 위하여 모든 종류의 노래를 만들다"라는 구절로 이해한다. 흥에 겨워 노래 잔치가 벌어진 곳에서 악기를 만드는 장면보다는 여러 가지의 새 노래를 즉흥적으로 짓는 장면이 문맥적인 상황에 보다 부합한다고 본다. 뿐만 아니라 5절에서 비파에 맞추어 즉흥적인 노래를 만든다는 상절과 다윗처럼 많은 노래를 짓는다는 하절이 동의적 평행법을 이루고 있다고 본다면 이러한 해석도 신빙성이 있다. 히브리어로 볼 때에도 '악기'(ㄅㄅ케리)라는 단어와 '모든 노래'라고 할 때 '모든'(ㄅㄅ콜)이라는 단어가 매우 유사하기 때문에 필자는 악기를 제조한다는 의미보다는 모든 종류의 노래들을 만든다는 해석을 선호한다.

부유하고 방탕한 자의 모습은 여기에 그치지 않는다. 오랫동안 노래방에서 유행가와 자작곡들을 불러 목이 마른 그는 이제 술을 마시기 시작한다. 조그만 잔으로 마시는 것이 성에 차지 않은 그는 포도주를 대접으로 마시기 시작한다. 여기에서 사용된 '대접'(미즈라크)이란 용어가 구약성경의 다른 여러 곳에서 제의적인 상황에서 사용되고 있는 점을 고려할 때(출 27:3; 38:3; 민 4:14; 왕상 7:40, 45; 렘 52:18), 아모스는 단순히 부요한 자의 방탕함과 낭비벽을 지적하는 데 그치지 않고 그의 신앙적인 무관심과 불경건성도 지적하고 있는 것으로 유추된다.

어느 정도 술에 취한 그는 이제 값비싼 기름을 몸에 바른다. 고대 이스라엘 백성들은 자신들의 몸을 깨끗하게 하거나 치장하기 위해 기름을 바르기도 했다. 그러나 그러한 용도로 기름을 바를 때 사용하는 동사는 '수크'나 '다산'이다. 본문에서 사용된 '마샤흐'(ㄆㄆㄆ)는 구약성경의 다른 곳들에서 거의 모두 제의적인 기름부음을 의미한다. 그러므로 부유하고 방탕한 자가 귀한 기름을 온몸에 바른 행동 역시 그의 방탕함과 낭비벽뿐만 아니라 신앙적인 불경건성과 무관심도 아울러 암시한다.

4~6상절에 이스라엘의 부유하고도 방탕한 자들이 보여 준 죄악상을 영상화한 아모스는 6하절에서 그들이 보여 준 또 하나의 심각한 죄악상을 지적한다. 그것은 이스라엘의 권력자와 부호들이 자신에게 주어진 재물을 가지고 방탕하며 이기적으로 살아가는 가운데, 환난에 처한 이웃(요셉으로 묘사되고 있음)들의 고통에 무관심한 점이다.

'요셉의 환난'이 군사적인 어려움을 의미하든지 아니면 사회·경제적 억압을 의미하든지에 상관없이, 가진 자들은 이스라엘의 가난하고 소외된 자들의 삶의 무게를 가볍게 하는 일에 전혀 관심을 두지 않았다. 그들은 오로지 자신들의 향락적 욕구를 충족시키는 일에만 전념했다. 이러한 자들의 모습은 애굽에서 고난당하고 있던 백성들의 고통을 직접 보시고, 그들의 부르짖음을 들으시고, 그 우고를 아시고, 그들을 구원하신 여호와 하나님의 마음을 아프게 했다. 그 결과 그들은 하나님의 심판을 피할 수가 없게 되었다.

이 시점에서 독자들이 주의하여 볼 것은 아모스 6장에서 언급되는 방탕하고 불경건하며 이웃의 어려움에 무관심한 부자의 삶과 예수님께서 비유로 말씀하신 부자와 나사로 이야기의 부자의 삶이 깊은 연관성을 지니고 있다는 점이다(눅 16:19~31). 그들은 둘 다 자신들이 지닌 물질을 방탕하게 사용하고, 주위의 어려운 자들에게 무관심하며 살다가 결국 하나님의 심판을 받아 영원한 고통을 맛보게 되었다.

물질적 풍요를 하나님의 무조건적 축복으로만 간주하거나 자신들의 노력의 열매로만 간주한 채, 그 상황 속에서 주어진 책임을 망각하고 살다가 하나님의 심판을 당한 것이다. 그러므로 설교자들은 아모스 6:4~7과, 누가복음 16:19~31을 연결시킨 가운데 하나님의 백성들이 고난 중에 있는 이웃을 돕는 주체가 되며 물질을 선하게 관리하는 청지기가 되도록 교훈해야 한다.

2. 하나님의 피할 수 없는 처절한 심판(7~14절)

그러면 이스라엘 백성 중에서 자신들이 지닌 권력과 재물의 부요함 때문에 자만하고, 하나님을 의지할 줄도 모르고, 방탕하며, 주위의 고난당하는 자들에 관해 무관심한 자들에게 주어지는 하나님의 심판은 구체적으로 어떠한 형태를 취하는가? 7~14절 말씀이 그 해답을 제공한다.

1) 사로잡히리라

먼저 7절에 의하면 그들은 하나님께서 이웃나라의 침공을 통해 그들을 심판하실 때 가장 먼저 포로가 된다. "기지개 켜는 자의 떠드는 소리가 그치리라"는 구절은 자만하고 방탕하게 살던 부요한 자의 삶이 완전히 역전되어버린 것을 시청각적으로 묘사해 준다. 이스라엘 사회의 권력자와 재벌로 인정받던 자가 전쟁에서의 패배 후에 포로가 되어 대열의 맨 앞에 서서 끌려가는 모습은 그들의 삶의 비참한 말로를 역설적으로 보여 준다. 아울러 안일하고 방탕한 자의 노랫소리가 더 이상 들리지 않고, 오랜 침묵 끝에 그들의 탄식소리와 신음소리만이 간간히 들리는 유배 상황은 그들의 죄악된 삶에 대한 하나님의 준엄한 심판이 얼마나 처절한지를 청각적으로 느끼게 한다.

8~11절은 하나님의 심판의 처절함을 밝히면서 아울러 그 합당한 이유를 제시한다. 특히 8절의 "여호와가 자기를 가리켜 맹세하였노라"는 구절은 아모스에서 세 번 언급되면서 죄악된 백성들을 심판하시려는 하나님의 의지가 얼마나 단호한지를 천명해 준다(4:2; 8:7). 이 절에 의하면 하나님께서는 "야곱의 영광을 싫어하시며 그 궁궐들을 미워하셔서" 이스라엘의 성읍들과 거기 가득한 것을 적들로 하여금 파괴시키도록 하셨다.

그러므로 만약 이 구절이 하나의 사상을 두 개의 유사한 표현들로 전달하는 동의적 평행법을 사용하고 있다는 점을 인정한다면, 야곱의 영광(교만)은 그들이 구축한 궁궐이나 요새의 든든함에 기인한 것으로 이해된다. 즉, 이스라엘 백성이 지녔던 군사적 우세함에 근거한 자만심이 그들로 하여금 하나님을 의지하려는 마음을 멀리하게 하였고, 그 결과 하나님께서는 그들을 싫어하시고 미워하실 수밖에 없었다. 그러므로 이 구절은 하나님께서는 시대를 초월하여 어떤 국가나 개인이든지 자신들이 지닌 권력이나 재물에 근거하여 자만하면서 하나님을 신뢰하는 삶에서 벗어날 때, 그들을 미워하시고 심판하신다는 점을 교훈한다.

뿐만 아니라 소수의 가진 자들의 안전을 위해 건축된 궁궐들이 다수의 가난하고 힘없는 자들의 희생을 동반했다는 점을 고려할 때, 하나님께서는 그것들을 미워하실 수밖에 없었다. 소수의 권력자들은 다수의 힘없는 백성들의 희생을 담보로 하여 굳건하게 건축된 궁궐에서 안락을 누릴 수 있다고 생각했지만, 그것은 하나님의 생각과는 달랐다. 하나님께서는 이방의 적들을 부르셔서 그들의 죄악된 처소들을 산산이 부수도록 하시고(11절) 그들을 모두 죽이도록 하셨다(9절). "한 집에 열 사람이 남는다 하여도 다 죽을 것이라"

는 말은 군사적 자만심을 지닌 채 하나님을 따르지 않은 자들에게 임하는 심판이 완전하고도 확실하다는 점을 강조한다.

2) 그를 두려워하라

시적인 구문 속에 유일하게 존재하고 있는 이야기 형태의 10절은 하나님의 심판을 체험한 자들이 그분을 두려워하는 장면을 매우 극적으로 전달한다. 적들의 침략으로 수많은 가족과 친지들이 죽음을 맞이하였을 때, 그들의 시신을 처리하던 자들이나 살아 있는 자들이 서로 "잠잠하라. 우리가 여호와의 이름을 일컫지 못할 것이라"고 속삭이면서 더 이상의 재앙이 임하지 않기를 바라고 있다.

이 시점에서 중요한 사실은 이스라엘 백성이 국가적 재난 속에서 드디어 하나님의 심판의 섭리를 깨닫고 하나님을 두려워하기 시작했다는 점이다. 그들은 하나님께서 어떤 방법을 동원하시든지 죄악된 백성을 반드시 심판하신다는 점을 드디어 깨달았다. 그러나 그들의 깨달음은 시기적으로 너무나 늦어 버렸다.

3) 심판의 이유

아모스는 12절과 13절에서 하나님께서 이스라엘 백성을 심판하시는 이유를 제시한다. 12절 전반부에 소개되는 수사적 의문문은 당연히 "아니요, 그럴 수가 없소"라는 대답을 얻어 낸다. 말이 바위 위를 달릴 수 없고, 소로 바다를 갈 수 없는 것이 당연한 것처럼, 이스라엘의 지도자들과 권력자들도 공법을 쓸개로 변하게 하거나 정의의 열매를 인진(쓴 맛을 내는 식물)으로 변하게 해서는 안 되는 것이 당연하다는 점을 아모스는 유사법을 사용하여 부각시킨다.

"소로 바다를 간다"는 구절은 맛소라 본문의 "소들로"라는 의미의 단어를 분리하여 읽음으로써 "소로 바다를"이라는 의미로 변형시킨 것이다. 이렇게 해야만 문맥적인 어려움이 없기 때문이다. "소들로 밭을 가느냐?"라는 질문에 대한 대답은 "물론"이다. 그런데 12절의 수사적 의문문이 유도하는 대답은 "아니요"이기 때문에 이러한 변화를 고려할 수밖에 없다. 아울러 아모스는 공법과 정의를 먹는 것에 비유하여 단것으로 묘사하면서, 공법과 정의의 단맛을 쓴맛(쓸개와 인진이 암시하는 바임)으로 바꾸어 버린 악한 지도자들을 꾸짖는다.

그러므로 12절에 의하면 이스라엘의 악한 지도자들을 비롯하여 모든 백성이 하나님의 심판을 받을 수밖에 없는 이유는 악한 지도자들의 불의 때문이다. 그들이 공의롭게 이끌었으면 그 사회는 살기 좋고, 맛있는 사회가 되었을 것이다. 그러나 불행하게도 그들이 공의를 거스르고 부정부패에 빠져 사회를 어지럽게 했기 때문에, 수많은 선량한 자들의 삶이 고통스럽게 되어 버렸고, 급기야는 그 나라가 패망하였다.

오늘날 우리 사회에서 우리 국민 모두의 마음을 고통스럽게 하는 크고 작은 사건들 배후에는 항상 공법을 쓸개로, 정의의 열매를 인진으로 바꾸어 버린 악한 공무원이나 재벌들이 연관되어 있다는 점은 아모스 예언의 정당성을 증명한다. 그러므로 오늘날의 설교자들은 우리 사회에서 불의를 행하는 소수의 사람들로 말미암아 우리 모두가 고통을 받게 된다는 점을 깨우치면서, 그리스도인들부터 먼저 하나님의 말씀에 입각하여 공의롭게 살도록 일깨워 주어야 한다. 뿐만 아니라 우리 사회에 팽배한 불의의 결과가 궁극적으로 초래할 국가적 재난에 대해서도 경각심을 심어 주어서, 그때가 이르기 전에 국민 각자가 하나님 앞에서 바르게 살도록 촉구해야 한다.

13절은 아모스가 고도의 수사학적 기교를 사용하여 예언하고 있다는 점을 잘 보여 준다. "허무한 것을 기뻐한다"는 구절에서 '허무한 것'은 우상숭배의 대상이 된 것으로 자주 이해되었다. "우리의 뿔(karnaim)을 우리 힘으로 취했다"는 구절에서 '뿔'은 구원을 상징한다. 그러므로 아모스 시대의 이스라엘 백성은 우상숭배의 늪에서 헤어나오지 못했고, 그들이 당대에 누리던 국가적 번영과 구원이 자기 힘에 의한 것이라는 자만심에 가득 차 있었다.

그런데 '허무한 것'이라는 단어는 원어적으로 볼 때 길르앗의 동쪽에 위치한 '로다발'이라는 도시로 이해될 수도 있다(삼하 9:4; 17:27). 또한 '뿔'이라는 단어도 원어적으로 볼 때 카르나임이라는 지역을 의미하는 것으로 해석될 수 있다. 후자는 로다발보다 훨씬 북동쪽에 위치하였는데 아스다롯의 자매 도시로 간주되기도 했다(창 14:5). 이 두 도시는 여로보암 2세가 아람인들을 정복할 때에 이스라엘의 손 안에 들어온 곳들로 추정된다. 이렇게 볼 때, 13절은 "로다발로 인하여 기뻐하며 이르기를 카르나임은 우리의 힘으로 취하지 아니하였느냐 하는 자로다"라고 번역될 수도 있다.

사실 많은 구약학자들이 이러한 번역을 선호하고 있는 추세이다. 후자의 번역에 근거하여 본다면, 이 절은 이스라엘 백성이 자신들의 군사적 우세함에 근거하여 자만하고 있는 장면을 보다 실감나게 느끼게 한다. 그런데 후자의 의미 이면에는 강한 풍자가 깔려 있다. 이스라엘 백성이 로다발과 카르나임을 정복했다고 주장하는 동안 그들의 뇌리에서 떠오르는 또 하나의 소리는 "너희의 뿔로 취한 것은 바로 허무한 것이다"라는 것이다. 아모스는 이렇게 언어 유희(word play)라는 고도의 수사적 기법을 사용하여 그 백성들의 자만심을 힐책하고자 했다.

4) 너희를 학대하리라

끝으로 아모스는 14절에서 정치·사회·경제적 풍요와 군사적 우월함에 근거하여 하나님 앞에서 자만심을 보이며 그분을 신뢰할 줄 모르고 살아간 이스라엘 백성을 향한 하나님의 심판을 명시한다.

특히 그들 중에서도 고난받는 이웃들의 삶에 무관심하거나 불의를 행함으로써 그들의 삶을 보다 어려운 지경에 빠뜨린 자들에게 임하는 심판을 단언한다. 그것은 바로 하나님께서 택하신 한 나라(앗수르를 암시함)를 통하여 죄악된 백성의 국가를 진멸하는 것이다. 하맛 어귀가 여로보암 2세 때에 존재했던 이스라엘의 북쪽 경계를 뜻하며, 아라바 시내가 사해 남쪽 끝에 위치하여 그 시대의 남쪽 경계를 뜻한다고 볼 때, 14절은 이스라엘 전역이 앗수르의 정복하에 들어가게 된다는 점을 명확하게 해 준다.

13절에서 로다발과 카르나임을 군사적 힘으로 정복하였다고 자랑하던 백성이 전쟁에 능하신 하나님의 허락하심 속에서 앗수르에 정복당하게 된다는 예언적 선포는 다분히 역설적인 내용으로써 아모스의 청중들로부터 구체적인 반응을 얻기에 충분했다. 아마도 그들은 이 예언을 통해, 하나님께서 세상 만국을 다스리시는 주관자가 되신다는 점과 이스라엘의 국가적 운명도 오로지 그분의 뜻 안에 달려 있다는 점을 깨닫게 되었을 것이다. 이러한 깨달음이야말로 그들을 자만, 헛된 안위, 방탕, 가난한 자들에 대한 착취와 무관심 등으로부터 벗어나게 하는 지름길이었다.

아모스 시대의 이스라엘 백성들이 거룩하신 하나님 앞에서 표출했던 여러 가지 죄악들은 오늘날 우리 국민의 삶 속에서도 나타나고 있다. 정치적 안정과 경제적 발전이 가져다 준 물질적 풍요 속에서 우리 국민은 정신적으로 심하게 방황하고 있다. 아니 영적으로나 정신적으로 심각한 질환을 가지고 있다는 표현이 더 합당할 것이다.

수십 년 전에 극심한 배고픔에 시달리면서도 뼈가 상하도록 일할 때에는 상상조차 하지 못했던 죄악상들이 물질적 풍요를 누리고 있는 현재의 우리 국민들에게서 나타나고 있다. 그중에서도 아모스가 지적한 바, 가진 자들의 사치와 방탕함, 향락주의, 물질만능주의, 개인주의, 가난한 이웃에 대한 무관심, 자국의 번영에 근거한 자만심과 국수주의, 사회의 부정부패 등은 바로 우리의 문제이다.

이와 같은 죄악상들의 뿌리에는 우리 국민 각자의 죄성이 자리잡고 있다. 그러므로 우리 사회의 죄악상들을 바로잡기 위해 우리 그리스도인들이 우선적으로 해야 할 일은 그들에게 예수 그리스도의 복음을 전하는 일이다. 그리하여 우리 국민이 예수님을 통하여 하나님께서 주시는 새로운 성품을 가지고, 이 세상에서 그리스도의 제자요 하나님의 백성으로서 거룩하고도 공의롭게 살아가도록 권고해야 한다.

한 걸음 더 나아가서 그리스도인들은 향락주의와 물질만능주의 그리고 개인주의에 빠져서 하나님께서 주신 물질을 방탕하게 사용하던 과거의 죄악된 생활에서 벗어나려는 결단을 해야 한다. 보다 좋은 차, 보다 크고 안락한 전자기기, 보다 넓은 집, 보다 비싼 옷, 보다 맛있는 음식, 보다 재미있는 여가생활 등을 추구하려는 생각에서 벗어나 반드시 필요한 것만을 이용하려는 근검절약의 미덕을 살려야 한다. 이것이 바로 온 만물의 주인 되신 하나님 앞에서 선한 청지기로 사는 모습이다.

아울러 하나님께서 우리에게 허락하신 물질을 우리 주위의 가난하고 소외된 자들을 위해 공유하는 일에 그리스도인들이 앞장서야 할 것이다. 이러한 면에서 필자는 모든 설교자나 교회의 지도자들이 앞장서서 신명기 14:28, 29를 실천하는 운동을 범교단적으로 벌이기를 바란다. '매 삼 년 끝에 그 해 소산의 십분 일을 다 내어 네 성읍(교회)에 저축하여 너희 중에 분깃이나 기업이 없는 레위인(은퇴하신 목사님과 시골 목회자들)과 네 성중에 우거하는 객과 및 고아와 과부들로 와서 먹어 배부르게 하라. 그리하면 네 하나님 여호와께서 너의 손으로 하는 범사에 네게 복을 주시리라'(신 14:28, 29).

5) 하나님을 신뢰하는 국가

아모스 6장을 통하여 설교자들은 우리 사회와 교회에 속한 부유한 자들이 부를 취하는 방법에 있어서 정당해야 한다는 점을 지적할 수 있다. 왜냐하면 부정한 방법으로, 또는 가난하고 힘없는 자들을 착취하면서 재물을 취할 때에는 하나님께서 반드시 보응하시기 때문이다. 뿐만 아니라 아무리 정당하게 취한 재물이라 할지라도 방탕하게 사용될 때, 그러한 행동도 하나님 앞에서 합당하지 않다는 점을 그들에게 주지시켜야 한다. 왜냐하면 우리가 누리는 물질적 풍요는 하나님께서 허락하신 축복이면서도 동시에 크나큰 책임이기 때문이다.

그러므로 설교자들은 그리스도인 중에서 재물이 많은 자들이 개인적 향락을 추구하는 데 재물을 사용하기보다 선교, 전도, 구제, 봉사 등을 위해 그것들을 사용하도록 권유해야 한다. 우리 그리스도인들이 솔선수범하여 재물에 대한 선한 청지기로 살아갈 때, 하나님의 축복이 우리에게 머무르게 되어 우리가 속한 교회와 사회가 더불어 살기에 좋은 곳이 될 것이다.

이스라엘 백성들이 표출한 국가적 자만심과 그로 인한 불신앙의 모습이 오늘날 우리 국민들에게서도 나타나고 있다. 국제 사회에서 후진국이나 개발도상국으로 간주되던 우리나라가 선진국의 대열에 들어서자 우리 국민들이 자만하여 하나님을 신뢰하는 모습에서 점점 멀어지고 있다. 오로지 자신들의 힘과 노력으로 지금의 경제적 부흥과 정치적 안정이 이룩되었다고 간주한 채, 이 나라의 역사를 선하게 이끌어 주신 하나님의 섭리와 은혜를 깨닫지 못하고 있다. 그리하여 해가 가면 갈수록 우리 국민의 영적인 갈급함이 사라지고 있다. 이러한 추세는 여러 교회와 그리스도인들에게서도 나타나서 부흥의 불길이 꺼져 가고 있다. 그러므로 설교자들은 우리 한국 교회가 영적으로 새롭게 각성하게 하기 위해 아모스가 이스라엘 백성들에게 던진 경종의 예언을 시시때때로 전해야 한다.

재난의 환상들과
아마샤의 반응

아모스 7장 주해와 적용

영상적인 설교의 시도

아모스 7:1~9는 이전의 장들에서 보여지는 설교 형태와 차이가 나는 설교들을 소개한다. 즉, 이전의 장에서는 시적인 장르를 사용하여 청각적인 요소를 부각시키는 설교들이 소개되었지만, 이 장에서는 아모스가 본 환상들을 소개함으로써 시각적인 요소가 지배적인 설교들이 제시된다.

필자는 이 점과 관련하여 우리 설교자들에게 '영상적인 설교'(pictorial preaching)의 중요성을 강조하고자 한다. 이것은 오늘날 구미의 설교학계에서도 중요한 사안으로 논의되고 있는 것으로, 우리 설교자들이 보다 유능한 설교자가 되기 위해 반드시 긍정적으로 고려하고 적용해 보아야 한다.

10~17절에서 소개되는 제사장 아마샤의 반응과 그에 대한 아모스의 예언은 하나님의 말씀의 대변자들이 청중들과의 사이에서 겪게 되는 갈등을 소개한다. 그리하여 설교자들로 하여금 자신의 정체성과 설교사역의 합당성에 대하여 다시 한 번 자가진단하게 만든다. 오늘날 설교사역 중에 다양한 청중들로부터 많은 상처를 받고 있는 설교자들이 사역을 계속해 나갈 수 있는 비결을 본문은 제시한다.

아모스 7장은 아모스가 이스라엘의 미래와 관련하여 본 네 가지 환상 중에서 세 가지를 소개한다. 이어서 아모스가 소개한 환상들에 대한 제사장 아마샤의 반응이 소개되며 끝으로 아마샤에 대한 아모스의 반응이 이어진다. 그러므로 이 장의 구조는 다음과 같다.

아모스가 본 첫째 환상: 황충(1~3절)
아모스가 본 둘째 환상: 불(4~6절)
아모스가 본 셋째 환상: 다림줄(7~9절)
제사장 아마샤의 반응(10~13절)
아마샤에 대한 아모스의 반응(14~17절)

본문 주해

1. 아모스가 본 첫째 환상: 황충(1~3절)

아모스의 네 환상들 중에 처음 두 개가 구조적으로 동일하다. 즉, 여호와께서 먼저 아모스에게 환상을 보이시면(1, 4절), 아모스가 환상을 보고(1~2, 4절), 중보기도를 드린다(2, 5절). 그러자 하나님께서 뜻을 돌이키시고 심판을 보류하신다(3, 6절). 처음 두 환상의 신학적 주제도 동일하다. 공의로우신 하나님의 뜻을 벗어나 살아가는 이스라엘 백성들이 하나님께서 정하신 때에 심판을 받아 국가적 재난을 당할 수밖에 없었지만, 하나님의 뜻을 대변하는 아모스의 중보기도로 말미암아 하나님께서 심판을 보류하신다는 점이다.

이 주제를 통하여 몇 가지 교훈을 얻을 수 있다. 그것은 첫째로, 하나님 앞에서 불의하게 살아가는 개인이나 국가는 반드시 하나님의 심판을 받아 재난을 당하게 된다는 점이다. 이 점은 앞의 장들에서 제시된 예언들에서 누누이 강조된 바다. 둘째로, 하나님께서 내리시는 재난이 심각하다는 점이다. 셋째로, 비록 하나님 앞에서 정죄받은 개인이나 국가라 할지라도 그들의 영적인 지도자들이 각성하여 하나님께 진정으로 중보의 기도를 드리면 하나님께서 그들의 기도를 들으시고 재난을 보류하신다는 사실이다. 이 세 번째 사실은 두 가지를 포괄한다. 즉, 하나님의 뜻을 잘 대변하며 의롭게 사역하는 하나님의 사역자들을 하나님께서 인정하시고 그들의 기도에 응답하신다는 점이다. 아울러 하나님께서는 그의 백성들의 죄에 대한 형벌을 계획하셨다가도 그들이 다시 한 번 회개한 삶을 살아갈 수 있도록 기회를 주시는, 은혜가 많으신 분이라는 점이다.

이와 같은 교훈들은 우리로 하여금 하나님의 성품을 보다 올바르게 이해하게 하며, 하나님의 사역자들의 의로운 삶과 사역에 얼마나 하나님의 마음을 움직이는 힘이 있는지를 입증해 준다.

1) 신적 권위의 메시지

7:1에서 아모스는 자신이 본 환상이 스스로 만들어 낸 것이 아니라 신적인 근거가 있는 것임을 강조하기 위하여 "주 여호와께서 내게 보이신 것이 이러하니라"는 구절을 언급한다. 오늘날의 설교자들이 하나님께서 제공하시는 환상을 품고 설교할 때에 서론 부분에서 반드시 밝혀야 할 말이라고 본다. 설교자가 하나님의 말씀을 연구하거나 기도하는 가운데 하나님께서 제공하신 거룩한 환상들을 마치 자신이 개발한 것처럼 소개한다면 이는 설교자의 교만을 단적으로 보여 주는 것이다.

"왕이 풀을 벤 후 풀이 다시 움돋기 시작할 때"라는 구절에서 풀은 곡식을 의미하며, 그중에서도 삼월이나 사월에 내리는 늦은 비를 맞고 자라는 곡식을 의미한다. 그러므로 이 구절은 가을에 자란 첫 곡식을 왕에게 반(半)강제적으로 모두 상납하고, 이듬해 봄에 곡식이 늦은 비를 맞고 자랄 때를 뜻한다. 이때에 자라난 곡식은 드디어 가난한 소작농들의 식물이 되며 유일한 생계 수단이 되었다. 그러므로 늦은 비를 맞고 곡식들이 자라나는 때에 하나님께서 황충을 지으셨다는 말은 하나님의 심판행위가 얼마나 심각한 것인지를 짐작하게 만든다.

오랫동안 고생하여 얻은 첫 수확은 왕에게 빼앗기고 늦수확을 고대하던 백성들에게 메뚜기 떼가 나타나서 그들의 곡식을 모두 갉아먹어 버리는 장면은 백성들이 당하는 국가적 재난의 처절함을 잘 보여 준다. 그런데 아모스는 이러한 국가적 재난을 일으키신 분이 바로 공의로우신 하나님이라는 점을 분명히 말하고 있다.

그리하여 하나님의 백성들이 죄악된 생활을 회개하도록 강조한 것이다. 1절에서 언급된 황충이 떼는 메뚜기 떼를 의미하는데, 이것은 구약성경에서 죄악된 백성들에 대한 하나님의 심판을 자연현상을 통해 소개할 때 자주 사용된다(신 28:38, 42; 출 10:12~15; 욜 1장; 암 4:9).

2) 이스라엘을 택하신 이유

2절에서 소개되는 아모스의 중보기도 내용에 주의를 기울일 필요가 있다. 하나님의 뜻을 백성들에게 전하며 백성들의 처지를 하나님께 알리는 아모스가 하나님으로부터 심판을 받고 고난당하고 있는 백성들을 위해 중보기도 할 때, 그는 야곱(이스라엘 백성 전체)의 연약함을 언급한다. 이것은 아모스가 약자들에게 더 많은 관심을 기울이시는 하나님의 성품에 호소하였음을 보여 준다.

모든 민족 중에서 가장 작은 민족을 택하신 하나님(신 7:7~8), 강한 민족들에게 압박당하고 있는 민족을 구원하신(출 3:7~9) 하나님께 다시 한 번 긍휼을 베풀어 주시도록 간구한 것이다. 뿐만 아니라 아모스는 모든 인간이 하나님 앞에서 죄인 됨을 인정한 것이다. 인간은 이성이나 의지로 하나님의 뜻을 모두 이루어 드릴 수 없는 연약한 존재들이라는 점을 그는 인정했다.

이러한 고백은 하나님의 용서와 긍휼을 얻어내기에 합당하였다. 그리하여 하나님께서는 뜻을 돌이켜 자신이 계획하신 심판의 방법으로 그의 백성을 멸하시기를 취소하셨다. 아모스의 이와 같은 기도는 구약성경에 나타나는 여러 인물들의 기도에서도 발견되는데, 그중에서도 다윗의 기도(시 51편)와 모세의 기도(시 90편), 욥의 기도(욥 42장), 그리고 무명의 시편 저자들의 기도가 대표적이다(시 32, 38편).

오늘날에도 죄악 가운데 살다가 하나님의 징계를 받고 있는 개인이나 민족들은 하나님께 회개의 기도를 드려야 한다. 이러한 시점에 있는 설교자들의 책임은 그들로 하여금 회개하도록 권유하는 일이다. 아울러 그들은 백성들의 연약함을 인정하고 하나님께 긍휼을 베풀어 달라고 중보기도 해야 한다. 이러한 사역은 모세(출 32:11~14; 30~32; 민 14:13~19)나 사무엘(삼상 7:8; 12:19~23)과 같은 훌륭한 영적 지도자들에게서도 발견된다. 현재 우리 백성들이 당하고 있는 여러 가지 대형 사고와 자연 재난들을 보면서 하나님 앞에 무릎을 꿇고 우리 백성들의 연약함을 고백하면서 하나님의 긍휼을 구하는 설교자들이 더욱 많이 나와야 우리나라의 미래가 밝을 것이다.

3) 사랑과 공의의 하나님

많은 학자들은 흔히 아모스서의 하나님은 공의와 심판의 하나님이요, 호세아의 하나님은 사랑의 하나님이라고 가르친다. 그러나 7장 3절과 6절은 이러한 가르침이 너무 경솔하다는 점을 지적한다. 이 절들에 의하면 하나님께서는 여전히 사랑과 긍휼을 보이고 계신 분이다. 공의의 성품 때문에 죄악에 빠진 백성들을 심판하기로 계획하시고 또 그 계획을 진행시키다가도, 백성들의 죄에 대해 용서를 비는 중보기도자들이 있을 때에는 다시 긍휼과 용서의 성품으로 그들을 대하시는 하나님의 사랑이 부각되고 있다(창 18:22~32; 민 14:11~20; 수 7:6~13; 왕하 22:19~20; 렘 18:1~10; 욘 3:10; 욜 2:13~14).

이렇게 그의 백성들에게 조금이라도 더 긍휼을 베풀기 위해 항상 내적으로 갈등하시는 하나님의 인격적인 모습을 우리 설교자들은 부각시켜 소개해야 할 것이다. 아모스가 하나님의 약속을 받아서 "이것이 이루어지지 아니하리라"고 백성들 앞에서 외쳤을 때, 그의 가슴은 벅찼을 것이다. 왜냐하면 자신이 백성들을 위한 중보자요 하나님의 대변자로서의 역할을 충실히 담당하고 있다는 사실을 느꼈을 것이기 때문이다.

2. 아모스가 본 둘째 환상: 불(4~6절)

아모스가 본 두 번째 환상에서 하나님의 심판의 도구로 소개된 것은 불이다. 이것 역시 구약성경에서 죄악된 백성들에 대한 하나님의 심판의 방편으로 자주 사용된다(1:4, 7, 10, 12; 2:2; 민 11:1; 26:10; 레 10:2; 왕상 18:24). 아모스 1장과 2장에서 언급되는 불은 이웃의 강대국이 쳐들어와서 일으키는 불을 의미하지만, 본문의 불은 그러한 국가적 규모보다 훨씬 광대하여 온 우주적인 불이라는 느낌을 준다.

4절의 "불로 징벌하게 하시니"라는 구절은 원어적으로 볼 때, 억수같이 쏟아지는 불로 징벌한다는 의미를 담고 있다. 또한 "불이 큰 바다를 삼킨다"는 구절은 불이 '아주 깊은 곳'을 삼킨다는 의미로 이해되어야 한다. 여기에서 아주 깊은 곳은 바다와 육지를 포함하여 인간이 다다르거나 상상할 수조차 없이 깊은 바다와 땅 아래의 세계를 암시한다.

그리하여 하나님께서 불을 통하여 바다와 땅 아래의 아주 깊은 세계를 삼키신다는 말은 창조주 되신 하나님의 활동 범위가 얼마나 넓은지를 깨닫게 한다. 특히 이 단어가 고대 근동 지역에서 신화적으로 해석되어 여러 신들이 사는 곳으로 이해된 것을 감안한다면, 하나님께서는 자신이 이러한 신들과 그들의 처소를 불로 소멸하실 수 있는 능력자가 되시고, 또 스스로 유일신이시라는 점을 아모스의 환상을 통해 명확히 하고 계신다. 특히 "불이 육지(땅)까지 먹으려 한다"는 구절은 앞의 구절에 이어서 하나님의 위엄성을 더 높이고 있다.

결과적으로 이 구절은 하나님께서 이스라엘 백성이 거하는 땅뿐만 아니라 온 세계를 불로 소멸시킬 수 있는 능력자이심을 강조한다. 이 구절을 읽고 있는 독자들 중에서 신명기 32:22을 기억하는 이들은 이 절에서 강조하고자 하는 신학적 교훈들(즉, 창조주 하나님께서 온 세계 만물과 만민을 주관하시는 능력자시요, 그들을 의롭게 심판하시는 심판자시라는 사실)을 보다 쉽게 이해할 수 있을 것이다.

"내 분노의 불이 일어나서 음부 깊은 곳까지 사르며 땅의 그 소산을 삼키며 산들의 터도 붙게 하는도다"(신 32:22).

창조주 되신 하나님께서 의롭게 만드신 이 세상 속에서 하나님의 형상들로 지음받은 인간들이 죄악에 빠져 살아갈 때, 하나님께서는 온 만물과 만민들을 불로 삼켜 버리실 수 있다. 이 일을 위해 사용하시는 불은 우주적이거나 전세계적인 규모일 것이다.

과학의 시대를 살아가는 오늘날의 독자들은 옛날의 독자들에 비해 이러한 일이 일어날 가능성을 보다 잘 이해할 수 있다. 땅 속에 있는 불덩이인 마그마가 분출하거나, 지구와 다른 혹성들이 충돌한다면 가능할 것이다. 아니면 죄성에 가득 찬 인간들이 만들어 놓은 수많은 핵무기들이 전세계적으로 불을 일으킬지 누가 알겠는가?

공의로우신 하나님의 심판 활동이 이렇게 우주적이거나 전세계적인 규모로 시행될 수 있다는 점을 간파한다면, 하나님께서 죄악된 백성인 이스라엘의 땅을 불로 삼키실 수 있다는 사실은 두말할 나위도 없다. 이러한 사실을 파악한 아모스는 하나님 앞에서 "제발 그치소서"라고 기도할 수밖에 없었다. 아모스의 짧지만 진심어린 중보의 기도는 긍휼이 많으신 하나님의 마음을 움직였다. 그 결과 다시 한 번 하나님의 최종적인 심판은 보류되었다.

3. 아모스가 본 셋째 환상: 다림줄(7~9절)

아모스의 셋째 환상과 넷째 환상(8:1~3)의 구조는 앞의 두 환상의 그것과 다르다. 셋째와 넷째는 여호와께서 아모스에게 환상을 보여 주시는 것으로 시작하지만(7:7; 8:1), 곧 이어서 아모스에게 질문을 하신다(7:8; 8:2). 이윽고 여호와의 질문에 아모스가 대답을 하자(7:8; 8:2), 그분께서 아모스에게 보여 주신 환상들의 의미를 설명하신다(7:8~9; 8:2~3).

아모스는 셋째 환상을 통해 하나님께서 담 곁에 서서 다림줄로 그 담이 똑바로 서 있는지 측정하고 계신 모습을 보았다. 그러므로 하나님께서 아모스에게 "네가 무엇을 보느냐?"라고 물으셨을 때, 그는 "다림줄이니이다"라고 대답하면서 하나님의 독특한 행동의 의미를 파악할 수가 있었을 것이다. 집을 짓는 자들이 벽을 쌓아 가면서 다림줄로 그 벽이 곧게 세워지는지 시시때때로 확인하는 것처럼, 하나님께서도 그의 백성들이 그의 나라를 의롭게 세워 가는지를 점검하고 계신다는 점을 아모스는 간파할 수 있었다. 그리고 만약 벽이 기울어진 채 세워지고 있다면 집을 짓는 자가 그 벽을 허물어 버리는 것처럼, 하나님께서도 그 백성들이 죄악된 국가를 세워 나갈 때, 그 국가와 백성을 허물어 버리실 것이라는 점도 인지할 수 있었다.

아모스는 그의 백성들이 이미 하나님의 긍휼을 맛볼 수 없을 정도로 타락했다는 사실을 잘 알았기에, 하나님께서 그 백성을 멸망시킬 의도를 보여도 더 이상 용서를 비는 기도를 할 수가 없었다. 그럼으로써 그는 타성에 젖은 채 죄악을 범하는 인간들이, 긍휼하시면서도 또한 공의로우신 하나님을 함부로 대할 수 없다는 점을 깨우쳐 준다. 이 점에서 아모스의 영적 분별력이 두드러진다.

그는 하나님의 성품의 다양성을 깨달은 가운데 그 앞에서 펼쳐지는 다양한 사건들에 대한 하나님의 뜻을 올바로 분간할 수 있는 능력을 지녔다. 그리하여 그는 하나님의 긍휼하심에 근거하여 백성들의 죄를 용서해 달라고 비는 중보기도를 해야 할 때와 하나님의 공의로우심에 근거하여 그분의 심판을 수용해야 할 때를 바로 깨달았다. 아모스의 이러한 영적 분별력은 오늘날 하나님의 성품의 일면만을 강조하여 '쪽복음'이나 '값싼 복음'만을 전하는 설교자들을 변화시킬 수 있는 힘이 될 것이다.

하나님 말씀의 대변자인 설교자들은 강단에 설 때마다 그들이 처한 목회 상황이 하나님에게서 오는 위로와 구원의 말씀을 전해야 할 때인지, 아니면 죄에 대한 심판의 처절함을 공포하고 회개를 촉구해야 할 때인지를 바르게 분간하여 설교해야 한다. 이러한 분별력을 얻기 위해 설교자들이 기도에 매진하는 일은 필수적이다.

아모스가 본 셋째 환상은 위에서 언급한 바와 같은 영상적 요소(다림줄을 들고 계신 하나님의 모습)를 통하여 신앙적인 교훈을 전달하면서, 아울러 청각적인 요소를 통해서도 중요한 교훈을 암시한다. 즉, '다림줄'이라는 단어의 발음(아나크)과 '신음하다, 슬피 울다'라는 단어의 발음(טжא아나흐)이 거의 비슷하기에,

독자들은 이 구절에서 다림줄이라는 단어가 세 번이나 반복되는 가운데 "내가 다림줄을 내 백성 이스라엘 가운데 베풀고 다시는 용서치 아니하리라"는 하나님의 말씀을 들을 때에는, 그들에게 다가올 신음과 슬픔의 때를 예견할 수 있었던 것이다.

아모스가 사용한 이러한 문학적 기교를 '단어 유희'(word play 혹은 paronomasia)라고 하는데, 이것은 독자들로 하여금 하나님의 말씀을 오래 기억하게 하며, 그것이 암시하는 의미까지도 파악하도록 돕는다. 그러므로 아모스가 제시한 신앙적 교훈뿐만 아니라 그 교훈을 효과적으로 전달하기 위해 사용한 문학적 기교까지 연구하여 우리의 설교에 적용할 필요가 있을 것이다. 그와 유사한 수사학적 기교를 사용하거나 우리의 청중들이 이해할 수 있는 기교들을 사용하여 설교하는 것이 오늘날 설교자들의 이중적 책임이다.

9절은 이스라엘 백성을 향한 하나님의 심판이 거국적이며 사회 전반적이라는 점을 부각시킨다. 이삭의 산당과 이스라엘의 성소들이 훼파될 것이라는 점은 그 나라의 종교적 부패에 대해 하나님께서 깊은 관심을 보이고 계셨음을 유추하게 한다. 아울러 여로보암의 집을 칼로 치실 것이라는 예언은 그 백성의 정치적·사회적 지도자들의 부정부패에 대해서도 하나님께서 심판하실 때에 반드시 짚고 넘어가신다는 점을 깨닫게 한다.

하나님의 백성들이 신앙적으로 부패하여 형식적인 신앙행위나 우상숭배에 빠져 있을 때, 그리고 정치·경제·사회적 지도자들이 자신들의 사욕을 채우기 위해 부정하게 행정하며 백성들의 권익을 침해할 때, 하나님께서는 메뚜기 떼, 가뭄, 홍수, 불 등과 같은 자연재해를 통해 그 나라를 심판하실 수 있다. 또는 이웃 나라 백성들의 군사력(칼)을 동원하여 그들을 심판하실 수도 있다. 최근 부쩍 발생 빈도가 높아진 강한 홍수와 태풍, 그리고 극한 가뭄 현상을 보면서 우리 설교자들은 무슨 설교를 했는지 참으로 궁금하다.

1) 영상적인 설교의 중요성

아모스뿐만 아니라 많은 예언자들이 자신들이 경험한 환상을 설교하였다는 사실은 오늘날 설교학계에서 중요하게 다루어지고 있다. 그들의 환상에 근거한 설교는 청중에게 구체적인 영상(picture, image)을 제시하기에 영상적인 설교라고 부를 수 있다. 이러한 설교는 하나님께서 제시하신 거룩하고 공의로운 세계에 관한 영상을 청중들의 두뇌에 심어 주어 그 영상이 오랫동안 기억되게 한다. 그 결과 현실의 어려움에 시달리는 하나님의 백성들이 하나님께서 보여 주시는 보다 나은 미래를 꿈꾸며 인내할 수 있게 된다.

또한 죄악에 빠진 백성들이 하나님의 심판으로 말미암아 펼쳐지게 될 비참한 미래를 미리 봄으로써 회개의 결단을 내릴 수 있다. 그러므로 설교는 어떤 사상이나 교훈을 청중들의 귀에 심는 것이기보다 그것을 어떤 구체적이고도 영상적인 언어를 통하여 청중들의 두뇌 속에 영상적으로 남게 만드는 것이다.

과거와 달리 오늘날 우리의 설교를 듣는 청중은 라디오 시대가 아닌 텔레비전과 비디오 시대에 살고 있다. 그들은 매일 많은 시간을 텔레비전이나 컴퓨터에 투자하면서 수많은 영상을 두뇌 속에 심고 있다. 그리고 그 영상이 삶에서도 실현되기를 기대한다. 그러나 안타깝게도 대중매체에서 제시하는 영상은 대부분 세상적이거나 비신앙적인 것들이다. 이러한 시점에서 설교자들의 책임이 부각된다.

오늘날의 설교자들은 설교를 통하여 하나님께서 제공하시는 거룩한 영상들을 청중들에게 심어 주어야 한다. 하나님의 말씀에서 발견되는 하나님의 신적인 활동에 관한 영상이나, 개인적으로 기도하는 가운데 보았던 거룩한 환상들을 청중들에게 보여 줄 수 있는 설교를 해야 한다. 그렇게 하지 않으면 우리의 청중들은 세상적이고도 향락적인 영상들의 영향 아래에서 방황하며 더욱더 빠르게 죄악의 길로 빠지기 때문이다.

사실 성경에 나타나는 위대한 설교자들 대부분이 영상적인 설교를 했다. 마른 뼈들이 군대가 되는 환상을 통해 이스라엘의 재건을 보여 준 에스겔이나(겔 37장), 죽이는 칼, 시체를 찢어먹는 개, 공중의 새, 들짐승 등을 동원하여 하나님의 심판의 처절함을 강조한 예레미야(렘 15장), 하나님의 메시야가 도래했을 때 이루어질 이상적인 세계를 보여 준 이사야(사 11장) 등이 대표적인 설교자들이다. 신약성경에서도 계시록을 통해 그리스도인들이 다다를 곳을 보여 준 요한이나, 여러 가지 비유적인 설교를 통하여 하나님의 나라를 보여 주신 우리 주님 예수님도 영상적인 설교가셨다.

이제 우리는 우리의 설교를 듣는 자들이 하나님의 임재를 보고 느낄 수 있게 만드는 영상들을 하나님의 말씀 안에서 발견하여 소개해야겠다. 추상적이고 철학적이며 난해한 용어들로 가득 찬 설교를 하기보다 그들의 두뇌에 거룩한 영상을 심어 주는 설교를 하도록 한층 더 노력해야 한다. 이 일을 위해 성경연구도 열심히 해야 하지만, 아울러 하나님께서 은밀한 가운데 제공하시는 환상(vision)을 볼 수 있도록 항상 깨어 있어야 할 것이다.

4. 제사장 아마샤의 반응(10~13절)

아마샤는 아모스 시대에 벧엘의 제사장이었다. 히브리어 본문에 의하면 그는 벧엘 성소에 있는 제사장 중에서 가장 중요한 자였던 것 같다. 그는 벧엘 성소에 예배드리러 자주 왔던 여로보암 왕과의 친분 덕에 정치적 영향력도 지니고 있었다. 그리하여 아마샤는 고대 이스라엘 사회의 최고 지도자층의 일원으로서 자신에게 주어진 종교적 권위와 정치·사회적 영향력을 만끽하고 있었다.

그는 아마도 왕족과 가진 자들이 중심이 되어 예배드리는 벧엘 성소에서 사역하면서 시골의 가난한 백성들이 겪고 있는 삶의 문제들에 대해 눈이 멀었거나 알면서도 관심을 기울이려 하지 않았던 것 같다. 그는 가진 자들의 기득권을 옹호해 주며 '현상 유지'(status quo)에 힘쓴 자였다.

이러한 가치관에 준하여 볼 때, 지도자들이 중심이 되어 펼쳐지고 있는 사회 전반적인 죄악상에 대한 아모스의 개혁적인 설교들은 아마샤에게 커다란 부담이었다. 아모스를 그대로 두었다가는 자신의 입지가 손상될 뿐만 아니라 경제적인 손실까지도 입게 될 것으로 아마샤는 예측했다. 결국 아마샤가 취할 수 있는 유일한 방편은 아모스를 유다 땅으로 쫓아 보내는 것이었다. 이 일을 위해 그는 여로보암 왕과의 친분 관계를 이용하고, 그를 설득하기 위해 과장법과 거짓말까지도 서슴치 않는다.

아모스가 여로보암 왕을 모반했다는 말은 아모스의 설교 핵심을 왜곡시킨 것이다. 아모스는 신앙적인 관점에서 사회 전반적인 부패를 지적했기 때문이다. 아모스서 어디에도 왕정체제의 전복을 요구하거나 무력적 봉기를 주도한 내용이 없다는 사실이 아마샤의 곡해를 입증한다. 아마샤의 죄악은 여기에서 그치지 않는다. 그는 이스라엘 백성이 유배생활을 하게 된다는 결과는 언급하면서도 보다 중요한 바, 즉 유배를 당하는 이유에 대해서는 언급하지 않았다.

만약 그가 하나님의 참다운 제사장이었다면, 자신의 백성들이 당하게 되는 심판의 이유를 분별하여 그들로 하여금 회개하도록 했을 것이다. 뿐만 아니라, 아모스로 하여금 "유다 땅으로 가서 거기서 예언하고 떡을 먹도록" 명령한 점으로 볼 때, 아마샤의 사역의 목적이 바로 자신의 의식주 문제나 해결하고 부귀나 축적하는 것이었다는 점을 추정하게 만든다.

아마샤의 이 말은 늦은 밤 지하철역 한쪽 구석에서 잠자리를 차지하기 위해 옆에 있는 사람을 쫓아 버리려는 집 없는 사람의 푸념이나 다를 바 없다. "다시는 벧엘에서 예언하지 말라. 이는 왕의 성소요 왕의 궁임이니라"는 아마샤의 명령은 이스라엘 백성의 영적 지도자인 그가 정치적인 지도자들과 결탁하여 그들의 시녀노릇을 하는 데 얼마나 충실했었는지를 쉽게 이해하게 만든다.

오늘날 하나님의 말씀을 가감없이 전하려는 설교자들이 깨달아야 할 바는 우리의 청중이나 친구 사역자 중에도 현대판 아마샤가 많이 있다는 점이다. 그들이 우리의 설교를 듣기 싫어하여 모함하기도 하고, 사역지를 옮기도록 옥박지르기도 할 것이다.

한 발은 이 세상이 제공하는 쾌락적이고도 풍요로운 삶에 내딛고, 또 다른 한 발은 형식적인 신앙생활을 통해 하나님의 축복을 얻으려고 교회당에 걸쳐 놓은 많은 자들이 아모스와 같은 설교자들을 미워할 것이다. 그들은 자신이 지니고 있는 지위나 재산을 계속 유지하기 위해 모든 것이 하나님의 축복 아래에서 잘 되어 간다고 설교하기를 바란다. 그리고 사회 전반적인 문제나 신앙적인 문제점을 지적하면서 개혁하기를 권하는 설교를 하면 설교자의 신앙색깔이 이상하다면서 배척한다.

우리 주위에는 하나님의 축복을 무조건적으로 빌어 주는 설교를 하거나 그들의 비위에 맞는 설교를 하면 아멘을 외치다가도, 그들의 죄악에 대해 회개하도록 요청하거나 각자의 십자가를 지고 주님을 따르도록 설교를 하면 가차없이 해고시키려는 자들이 교회 안팎에 많이 존재한다. 이러한 현실 속에서도 참다운 설교자들은 하나님의 말씀을 가감없이, 용기 있게 전해야 한다. 하나님께서 항상 그들과 함께하시면서 위로와 평안, 인내와 소망을 주실 것을 굳게 믿으면서 말이다.

5. 아마샤에 대한 아모스의 반응(14~17절)

아마샤가 아모스의 사역에 대해 문제를 제기하자 그는 즉각 반응을 보인다. 그런데 그 반응은 자신의 소명과 관련한 간증을 하는 것으로 나타났다. 14절과 15절에서 소개되는 아모스의 간증은 그의 예언 활동이 하나님의 부르심에 의한 것이라는 점을 분명히 한다. 뿐만 아니라 그는 자신을 당시에 존재했던 많은 직업적인 예언자들과 분리시켰다.

아모스 당시의 왕궁 예언자들이나 부모의 뒤를 이어 예언 활동에 종사하던 예언자들은 생계를 유지하기 위해 권력자들의 비위를 맞추는 예언을 하기에 급급했다. 이러한 일이 비일비재하였기에 아마샤까지도 아모스를 그러한 부류에 속하는 자로 간주하여, 딴 곳에 가서 예언하며 생계를 유지하라고 명령했다(12절). 그러자 아모스는 자신의 예언 활동이 전적으로 하나님의 특별한 부르심에 따른 것이기에 자신의 사역은 오직 하나님의 뜻만을 전하는 것이라는 점을 강조한다.

오늘날 우리가 하나님의 말씀을 가감없이 전하는 설교자로서 살아갈 때 많은 사람들로부터 여러 가지 비난과 모함을 받을 수 있다. 우리에게 설교하는 자격을 어디서 얻었는지 묻는 자들도 있을 것이다. 이런 때마다 우리가 힘주어 말할 수 있는 바는 하나님께서 우리를 당신의 말씀을 전하는 설교자로 부르셨다는 점이다. 이 소명의 체험이 확실할진대 우리의 말씀선포 사역은 흔들리지 않을 것이다. 뿐만 아니라 우리의 소명 의식이 확실할 때, 우리는 청중들의 비위나 맞추어 주고서 그들에게 재정적 도움을 받으려 하는 삯꾼 사역자가 되지 않을 것이다.

17절은 아모스로 하여금 하나님의 말씀을 전하지 못하도록 막았던 아마샤와 그의 가족, 그리고 모든 백성에게 임할 하나님의 심판을 소개한다. 이절에서 구체적으로 소개되고 있는 사항들은 곧 닥칠 앗수르의 침공으로 말미암아 일어날 일들에 대한 암시다. 이스라엘의 신앙적인 지도자였음에도 자신의 입지를 유지하기 위해 하나님의 대변인으로 하여금 말씀을 전하지 못하도록 막았던 아마샤와 그 가족에게 주어지는 심판이 너무나 처절하다고 느껴지기도 할 것이다.

그러나 하나님의 말씀이 선포되지 못하여 이스라엘 백성들이 죄를 회개하지 않는 상황이 계속될 때의 결과는 어떠한가? 전쟁에 의해 젊은이들이 죽고, 백성들이 유배당하며, 여인들이 팔려간다. 그러므로 오늘날의 설교자들은 자신의 사역이 하나님의 나라를 확장하는 일을 위해, 그리고 우리나라와 민족을 구원하는 일을 위해 얼마나 중요한가를 인식하면서 항상 최선의 자세로 임해야 할 것이다.

11

이스라엘 백성의 죄악과 국가적 종말

아모스 8장 주해와 적용

아모스 8장은 이스라엘 백성의 죄악된 삶에 대해 하나님께서 계획하시는 거국적인 재난과 종말의 모습을 생생하게 보여 준다. 아울러 하나님으로 하여금 거국적인 재난을 일으키시도록 동기를 유발한 당사자들의 죄악상을 구체적으로 열거한다. 그러므로 하나님의 말씀으로 우리 사회와 교회를 신적인 공동체로 유지시키기 원하는 오늘날의 설교자들은 이 장을 통하여 그들이 반드시 설교해야 하는 대상과 귀중한 설교 재료를 발견할 수 있다. 아모스 8장을 내용에 따라 아래와 같이 나눌 수 있다.

국가적 종말에 관한 환상(1~3절)
부유한 자들의 죄악상 일곱 가지(4~6절)
이스라엘 백성의 죄악에 대한 하나님의 심판 예언(7~14절)

본문 주해

1. 국가적 종말에 관한 환상(1~3절)

1~3절에 소개되는 환상은 7장에서 제시된 이스라엘의 미래에 관한 세 가지 환상에 이어지는 것이다. 하나님의 질문과 아모스의 대답 형식으로 진행

되는 이 부분에서 가장 부각되는 용어는 "여름 실과"와 "이스라엘의 끝"이다. 이 용어들은 시각적으로뿐만 아니라 청각적으로도 연관성을 띠고 있다.

무르익은 여름 실과가 광주리 가득 담긴 것을 보는 이들은 여름 과실 농사철이 끝났다는 사실을 파악하게 된다. 비록 나쁜 열매들이 열렸다고 해도 그 해에는 어쩔 도리가 없다는 사실을 그들은 깨닫는다. 이렇게 일반적인 이해를 하고 있는 아모스에게 하나님은 보다 영적인 의미를 덧붙여 설명하셨는데, 이것은 이사야의 표현을 통해 설명할 때 보다 명확해진다.

하나님께서는 이스라엘 백성을 "극상품 포도나무"(사 5:2)로 심으시고 정성을 다하여 가꾸었는데, 그들이 맺은 열매는 "좋은 포도"가 아니라 "들 포도"였다. 이미 수확기가 되어 들 포도를 수확한 시점에서 좋은 포도를 얻으려고 그 해의 포도 재배를 다시 시작할 수는 없는 일이다. 모든 일이 끝난 시점이기 때문이다. 그러므로 하나님께서는 들짐승들을 보내어 쓸모없는 그 열매들을 먹고 짓밟게 하셨다(사 5:5).

하나님께서는 이스라엘 백성의 역사를 통하여 끊임없이 함께하시면서 그들이 하나님의 뜻에 합당하게 살도록 권유하셨다. 그러나 그 백성들은 하나님의 뜻을 벗어나 사회 전반적으로 죄악이 팽배한 국가를 유지해 왔다. 몇 번이나 회개할 수 있는 기회를 주셨지만 그들은 거절했다. 결국 하나님께서 그들에게 선포하셨다. "내 백성 이스라엘의 끝이 이르렀은즉 내가 다시는 저를 용서치 아니하리라"(2절). 하나님께서는 앞장의 예언들에서 이스라엘 백성이 맺은 "들 포도"에 관해 자세히 열거했기에, 본문에서는 그들이 이제 '끝장이 난' 존재들임을 강조한다.

이 환상에서 사용된 '여름 실과'(카이츠)와 '끝'(케츠)이라는 용어는 발음이 유사하기 때문에, 이 환상의 내용을 듣는 이나 읽는 이로 하여금 환상의 의미를 유추하게 하는 데 크게 이바지한다. 여름 실과를 보고 있다고 대답하는 아모스 자신도 이 환상의 의미 속에 이스라엘의 끝이 내포되어 있음을 느낄 수 있었을 것이다. 청중의 귀에 유사하게 들리면서도 의미 전달에 도움을 주는 단어를 사용하는 이러한 '단어 유희'(word play)는 7:7~8에서도 설명된 바 있다.

3절에서 하나님은 이스라엘 국가의 종말에 일어날 여러 가지 일들의 심각성을 두 가지 인상 깊은 예를 통해 강조하신다. 그 첫째는 궁전의 즐거운 노래들(혹은 '성전의 거룩한 노래'로 번역이 가능함)이 애곡(장례식에서 불리는 노래)으로 변하는 것이요, 둘째는 많은 사람들의 시체가 그 땅의 여러 곳으로 분산되어 버려지는 것이다.

구약학자들은 "잠잠히"라고 번역된 단어가 어떠한 상황에서 사용되었는지에 관해 설명하지만 의견이 분분하다. "그가 침묵을 던질 것이다", "내가 침묵을 던질 것이다"(70인역), "그들이 침묵 속에 던져질 것이다"(RSV, 개역), "그들이 '잠잠하라'고 하면서 시체들을 던질 것이다"(BDB) 등의 의견들 중에서 필자는 후자를 가장 선호한다. 왜냐하면 하나님의 거국적인 심판에 대해 백성들이 두려워하는 모습을 이 구절이 가장 잘 묘사하기 때문이다. 하나님께서 적군을 부르셔서 죄악에 빠져 있는 이스라엘 백성을 치게 하신 결과, 천지가 통곡 소리와 죽은 자들의 시체로 가득하게 될 것이라는 이 한 절의 예언은, 하나님의 심판의 심각성을 시청각적 이미지들을 사용하여 효과적으로 소개한다.

2. 부유한 자들의 죄악상 일곱 가지(4~6절)

아모스서에서 이스라엘을 향한 하나님의 심판을 처음 소개하는 예언 가운데 하나님의 힐책을 받는 대상은, 가난하고 궁핍하고 겸손한 자들을 억압하는 부자들이었다(2:6~7). 그런데 이 책에서 마지막으로 소개되는 하나님의 심판 예언에서도 하나님의 힐책을 받는 자들은 동일하다(8:4~8). 이러한 점은 아모스가 그 사회의 여러 죄악상 가운데서 어떤 점을 더욱 심각하게 고려했는지 짐작하게 만든다.

1) 힘 있는 자들에 대한 심판

이 본문을 4:1~3과 비교하여 볼 때, 흥미로운 점이 발견된다. 4장에서 하나님의 힐책을 받는 자들이 부유한 자의 부인들이나 여성 사업가들이었다면, 본문에서는 부유한 남편들이나 남성 사업가들이 하나님의 힐책의 대상이 되고 있다. 이들의 공통점은 자신의 부귀와 탐욕을 채우기 위해 수단과 방법을 가리지 않은 결과 사회의 가난하고 힘없는 자들까지도 억압하였다는 사실이다. 그리고 이러한 행위들로 말미암아 하나님의 엄한 심판을 받게 된다는 점이다.

아모스는 4절에서 하나님의 심판을 야기한 자들이 그들의 행위의 결과로 만들어 내는 현상들을 소개한다. 그것은 다름이 아니라 "궁핍한 자를 삼키며 땅의 가난한 자를 망케 하는" 것이다. 개역한글에 의하면 궁핍한 자를 삼키고 가난한 자들을 망케 하는 것이 탐욕에 빠진 부자들의 삶의 목표인 것처럼 보이지만, 사실 부정한 부자들의 삶의 목표가 후자인 경우는 드물다. 오히려 자신들의 부귀를 추구하다 보니 그 결과 가난한 자들의 인권이 침해되는 것이다.

이 절에서 '삼키다'로 번역된 단어는 원어적으로 볼 때 '짓밟다'라는 의미가 강하다. 그리고 '망케 한다'는 단어에는 아주 '끝장을 내 버린다' 혹은 '제거해 버린다'는 의미가 내포되어 있다(출 12:15; 왕하 23:5). 이렇게 볼 때, 이스라엘 사회에서 자신의 부귀를 축적하는 데 수단과 방법을 가리지 않던 악덕 사업가들은 결국 그 사회에서 가난하고 궁핍한 자들의 존재 기반까지도 흔들어 놓았다.

5절과 6절에 이르자 아모스는 이러한 악덕 사업가들의 부정한 생각과 행위들을 일곱 가지로 구체화시키고 있다. 첫째로 그들은 새로운 달의 시작을 암시하면서 네 주에 한 번씩 지키는 월삭일(new moon day)이라는 신앙적 축제일이 빨리 지나가 다시 장사에 매진하게 되기를 기대했다. 모세의 율법에 의하면 이날은 번제, 소제, 포도주, 그리고 속죄제 등을 드리는 거룩한 날이다(민 28:11~15). 그런데도 이날의 진정한 의미를 망각한 채, 오로지 그 다음 날에 어떻게 돈을 벌 것인지만 생각한 이들이야말로 참다운 신앙인의 모습에서 너무나 벗어나 있다. 둘째로 그들은 모든 상거래가 금지된 안식일도 이와 같은 마음 자세로 보냈다(출 20:8; 23:12; 신 5:12~15).

이 두 마음 자세와 아울러 고려되어야 할 바가 있다. 그것은 다름이 아니라 그들이 적어도 월삭과 안식일이라는 신앙적 제사일만은 준수했다는 점이다. 오늘날로 말한다면 그들이 주일날 예배당에는 빠지지 않고 출석하는 열심은 보이는 교인이라는 말이다. 바로 이 점이 거룩하신 하나님의 분노를 야기한 것이다. 겉으로는 하나님의 말씀을 따라 사는 신앙인인 것처럼 행동하지만 마음속은 전혀 다른 것들에 관심을 두고 있는 자들의 형식적인 신앙생활을 하나님께서는 혐오스러워하셨다.

2) 신앙과 생활의 일치를 강조

아모스 시대에 팽배했던 이러한 자들의 모습이 오늘날의 교회에서도 쉽게 발견된다. 설교자들은 예배 참석자 중에서 몸은 예배당에 있지만 마음은 월요일에 있을 사업을 구상하고 있는 자들을 쉽게 발견할 수 있다. 그러므로 이들의 형식적인 신앙 행위를 지적하고 그들로 하여금 몸과 마음을 다하여 하나님을 섬기도록 권유하는 것이 설교자들의 책임이다.

5절의 전반부에서 악덕 사업자들의 잘못된 마음 자세들을 지적한 아모스는 5절의 후반부에서 그들의 부정 행위를 다섯 가지로 열거한다. 그 첫째는 에바를 작게 한 행위이다. 에바는 부피를 측정하는 하나의 기준으로써 약 36리터나 두 말 정도의 부피를 뜻한다. 이렇게 어떤 물품의 부피를 재는 기준이 되는 에바의 바구니를 작게 만들어서 상품을 팔 때, 파는 사람은 부당한 이익을 누리지만 사는 사람은 그만큼 손해를 보게 되는 것은 당연하다.

둘째로는 '세겔'을 크게 하는 행위이다. 세겔은 무게를 측정하는 단위로써 약 11.5g 정도에 해당한다. 그러므로 상품을 사는 자가 추로 무게를 달 때, 한쪽 추에는 보다 무겁게 변조된 세겔이 올려져 있어서 값을 더 치르고 상품을 사게 된다.

셋째는 거짓 저울로 속이는 행위다. 이 행위는 저울 자체의 조작을 통해서 가능할 뿐만 아니라 저울을 다는 자의 수완을 통해서도 가능하다. 율법서, 예언서 그리고 지혜서 등에는 이와 같은 부정한 상거래를 금지하는 법이 엄연히 제시되어 있다(레 19:35, 36; 신 25:13~15; 미 6:10; 겔 45:9~12; 잠 11:1; 16:11; 20:23; 욥 31:6). 그런데도 이스라엘 백성 중의 악덕 사업가들은 하나님의 말씀을 무시한 채 부정한 상거래를 계속해 나갔다. 그 결과 공의로우신 하나님의 심판을 피할 수 없게 되었다.

넷째는 은으로 가난한 자를 사며, 신 한 켤레로 궁핍한 자를 사는 행위이다. 이 말은 가난하고 궁핍한 채무자들이 약간의 은이나 신 한 켤레 값 정도의 채무를 갚을 능력조차 없어 결국 채권자들의 노예가 되는 현상을 말한다(2:6). 이러한 현상은 오늘날 우리 사회에도 팽배해 있다. 고리대금업자들이 채무자에게 돈을 받아내기 위해 해결사까지 동원하는 현상을 볼 때, 필자의 평가가 잘못되지 않았다고 본다. 자신의 부귀만을 고려하여 가난한 자의 인권까지도 쉽게 유린하는 가진 자들의 이 같은 행위는, 가난하고 궁핍한 자들을 변호하시는 하나님의 성품을 거슬러 결국 하나님의 심판을 초래한다.

다섯째는 잿밀을 섞는 행위이다. 여기서 잿밀은 깨끗한 밀을 가려내고 남은 쭉정이들을 말한다. 순수한 밀에 겨나 쭉정이까지 섞어 파는 비뚤어진 상혼을 하나님께서는 가만두시지 않는다. 결국 위에서 언급한 다섯 가지 행위와 두 가지 마음자세를 지닌 자들에 대해 하나님께서 7절부터 심판의 목소리를 발하신다. 악덕 사업가들의 부정행위뿐만 아니라 그 행위의 결과로 가난하고 궁핍한 자들의 인권이 유린되는 현상을 하나님께서는 짚고 넘어가기를 원하신 것이다. 특히 그 악덕 사업가들이 하나님의 날을 지키는 하나님의 백성이라는 사실에 대해 하나님께서는 더욱 분개하셨다.

3. 이스라엘 백성의 죄악에 대한 하나님의 심판(7~14절)

7절에서 아모스는 하나님의 심판의 확실성을 더하기 위해 "여호와께서 야곱의 영광을 가리켜 맹세하신다"고 선포한다. "야곱의 영광"을 가리켜 맹세한다는 의미에 관해 많은 논의가 이루어지고 있다. 어떤 이는 사무엘상 15:29에 언급되는 바, 여호와를 "이스라엘의 지존자"로 묘사하는 구문이나 미가서 5:4에 언급되는 "그 하나님 여호와의 이름의 위엄(영광)을 의지하고"라는 구문 등에 근거하여 "야곱의 영광"이 바로 여호와 하나님 자신을 가리키는 것이라 이해했다.

그러나 보편적으로는 아모스 6:8과 시편 47:4에 근거하여 이스라엘의 땅을 의미하는 것으로 간주한다. 이러한 견해에 따르면, 하나님께서 자신의 백성에게 주시기로 약속하신 그 땅이 하나님의 성실하심 가운데서 그 백성에게 제공되어 있는 것처럼, 하나님께서는 그 백성들의 죄악된 행위들을 영영 잊지 않으신다는 말에도 성실하실 것임을 강조한다. 아모스 4:2에서 자신의 거룩하심을 두고 맹세하시며, 6:8에서는 자신을 두고 맹세하신 하나님께서는 본문에서 신적인 약속을 이루시는 데 성실하시다는 점을 증거하는 이스라엘 땅을 두고 맹세하심으로써 죄악된 이스라엘을 향한 자신의 심판의 확실성을 강조하셨다.

1) 지도층의 죄악과 그 결과

그러면 악덕 사업가들을 비롯하여 사회 각계 각층의 그릇된 지도자들의 죄악된 행위로 말미암아 야기되는 국가적인 재난은 어떠한 모습을 띠는가? 8~14절에서 그 답이 제시된다. 먼저 8~10절에서는 하나님께서 자연 현상들을 통하여 그들을 심판하실 것이라는 암시를 한다. 땅이 흔들리거나, 나일 강이 넘치는 듯이 땅이 솟았다가 가라앉는 모습, 대낮에 해가 지는 것처럼 땅이 캄캄해지는 모습 등은 하나님께서 죄악된 백성들을 심판하시기 위해 자연 현상들을 자유롭게 사용하실 수 있는 주관자시라는 점을 깨우쳐 준다.

그런데 어떤 학자들은 자연 현상과 관련된 이미지를 전쟁 이미지와 연관지어 해석한다. 그리하여 그들은 이 본문이 앗수르의 침공으로 말미암아 야기된 초토화 상태를 암시하는 것으로 본다. 물론 이스라엘이 앗수르의 침입에 의해 패망하게 되었다는 역사적 사실을 부인할 수는 없지만, 그렇다고 해서 본문에서 언급되는 지진이나 해일, 일식 등의 자연 현상들이 하나님의 심판의 도구로 함께 사용되었을 가능성을 완전히 배제할 수도 없다. 주전 784

년 2월 9일과 763년 6월 15일에 이스라엘에서 개기 일식이 있었다는 점과 760년경에 지진이 있었다는 점(1:1) 등은 아모스로 하여금 미래에 있을 하나님의 심판이 이 같은 자연 현상을 통해 이루어질 수 있다는 점을 강조하기에 충분하게 만들었다고 보인다.

그러므로 우리는 이 구절들을 대할 때 하나님의 심판이 적군의 침략으로 이루어졌는지 아니면 지진이나 일식 등의 형태로 이루어졌는지 가려내는 데 그쳐서는 안 된다. 오히려 죄악된 백성들에 대한 하나님의 심판은 자연 현상을 통해서든 전쟁을 통해서든 기필코 실현된다는 점과, 매우 처절하다는 점을 부각시키려고 노력해야 할 것이다. 더욱이 하나님의 계약을 실천하지 않은 자들에게 제시된 신명기적 저주가 반드시 이루어진다는 점을 강조하려 한 아모스의 노력을 높이 평가해야 할 것이다(신 28:29).

2) 천재지변을 통한 메시지

하나님의 심판을 지진, 해일, 일식 같은 천재지변적 이미지들을 통해 소개하는데, 이것을 경험하는 백성들의 반응이 심각하다. 모든 거민이 주위에서 죽어 가는 자들을 보면서 두려움에 사로잡힌 채 애통한다(8절). 기쁨으로 가득 찬 축제의 때가 사라지고 오직 죽은 자들을 애도하는 일만 남았다. 한쪽에서는 장송곡을 부르는가 하면 다른 쪽에서는 굵은 베로 허리를 동이고 머리를 깎은 채 죽은 자들을 애도한다. 그 슬픔이 너무나 심하여 독자의 죽음을 애도하는 듯 느껴질 정도다(10절).

이러한 재난 날의 모습은 하나님의 백성들이 죄악에 빠진 삶을 살면서 회개하지 않은 결과라는 점을 아모스는 분명히 밝히고 있다. 우리도 유난히 많은 천재지변을 겪을 때, 아모스의 이와 같은 심판 예언이 우리의 삶을 보다 거룩하고 정의롭게 하는 계기를 마련할 수도 있다고 생각해 본다.

죄악된 백성들에 대한 하나님의 심판은 전쟁이나 천재지변의 형태만을 취하지는 않는다. 11~13절에 의하면 하나님의 백성을 영적인 굶주림에 방치되도록 하는 것도 심판의 한 형태이다. 타성에 젖은 채 죄에서 헤어나오지 못하던 백성들, 그리고 하나님의 대변자들을 통해 선포되는 회개와 구원의 메시지를 등한시하던 백성들이 하나님의 심판을 당하자 뒤늦게 하나님의 뜻을 찾으려고 노력한다.

그러나 이미 구원의 기회를 놓쳐 버린 그들에게 주어지는 하나님의 준엄한 행위는 그들을 영적인 기갈 상태에 내버려 두는 것이다. 죄악에 빠져 국가적 재난을 당한 백성들이 하나님의 말씀에서 회개의 길을 찾고 위로와 평안을 얻으려고 "이 바다에서 저 바다까지"(동쪽의 요단강과 서쪽의 지중해 사이), 북쪽에서 동쪽까지 비틀거리면서 돌아다니지만 허사가 될 것이라고 하나님께서 말씀하신다(12절).

원어적으로 볼 때, 12절과 13절을 분리하여 이해하는 것이 바람직하다. 왜냐하면 "그날에"라는 구문이 주로 새로운 예언을 시작하는 역할을 하기 때문이다. 11절과 12절에서 여호와의 말씀이 기갈될 날이 임할 것에 관해 언급한 아모스는 13절과 14절에서 육체적 기갈이 있을 날을 예언한다. 13절에 의하면 죄악에 빠진 백성에게 하나님의 심판으로써 임하는 가뭄과 기근의 정도가 너무나 심각하여 그 나라에서 가장 건강하다고 여겨지는 젊은 남녀들까지도 목마름과 배고픔에 의식을 잃고 쓰러질 것이라고 아모스는 묘사한다.

3) 우상숭배의 심각성

14절에서 아모스는 이스라엘 백성들 사이에 뿌리 깊게 자리하고 있는 우상숭배의 모습을 다시 지적하며 그 행위의 무력함을 피력한다. 유일하신 하나님의 뜻을 벗어나 우상숭배에 빠짐으로써 국가적 재난을 당했던 그들은, 재난 가운데서도 하나님께 회개하는 길을 택하기보다 우상들을 의존하는 길을 택했다. 아모스는 그들이 우상숭배 하는 모습을 세 가지 대표적 예로써 설명하는데, 그것들은 사마리아와 단에 세워 둔 우상들을 두고 맹세하는 것과 브엘세바의 우상에게 예배하기 위해 그곳까지 순례하는 모습이다.

"사마리아의 죄된 우상"으로 번역된 구문은 원어적으로 볼 때, '사마리아의 수치(스러운 것)'라는 뜻이다. 어떤 학자들은 '수치스러운 것'을 왕하 17:30에 언급되는 '아시마'라는 신으로 간주하기도 하지만, 이렇게 하면 이 구문이 7절의 '야곱의 영광'과 대조되는 맛이 줄어들기 때문에 필자는 후자의 번역을 선호하지 않는다. 그리고 맛소라 본문의 단어가 분명한 의미를 지니기 때문에 그대로 두는 것이 번역상의 원칙을 따르는 것이기도 하다.

그러면 '사마리아의 수치거리'가 무엇인가? 어떤 학자들은 이스라엘의 공적인 예배처소가 벧엘에도 있었다는 점에 근거하여, 그것이 벧엘 성소에 있었던 금송아지 우상을 뜻한다고 이해한다. 그러나 그러한 경우에 '벧엘의 수치거리'라는 말을 자연스럽게 쓸 수 있었을 것인데도 '사마리아의 수치거리'라고 언급한 것을 볼 때, 이 구문이 사마리아의 산당에 있었던 바알 신상과 아세라 목상들을 의미하는 것으로 간주할 수 있다(왕상 16:32~33).

이스라엘 백성은 바알 신상과 아세라 목상이 그들의 처지를 변화시켜 줄 힘을 가진 것으로 간주하여 일상 생활 속에서 그 신상들의 이름을 걸고 맹세하는 어리석음을 보였다. 뿐만 아니라 그들은 단(Dan)에 있었던 금송아지 우상을 두고 맹세하는가 하면, 브엘세바에 있는 우상을 섬기고 그의 도움을 얻기 위해 순례의 길을 떠나기도 했다.

"브엘세바의 위하는 것의 생존을 가리켜 맹세하노라"는 구절은 원어적으로 여러 가지 해석을 가능케 한다. 어떤 학자들은(Cyrus Gordon, Mitchell Dahood) 히브리어로 '길'(데레크)이라는 단어가 우가릿어의 '힘, 지배'라는 단어와 연관이 있다고 간주하여, 이 구절을 '브엘세바에 있는 능력자의 생존을 가리켜 맹세하다'라는 의미로 이해한다. 이렇게 볼 때, 그 능력자는 브엘세바 성소에 있었던 우상이 된다.

다른 학자들은(피터 애크로이드, 프랭크 뉴벅) 이 단어의 모음을 변화시켜 '모임'이라는 의미를 끄집어냈다. 그렇게 하면 이 구절은 "브엘세바에 있는 우상들의 모임의 존재를 두고 맹세한다"라는 의미가 된다. 이러한 견해에 대해 여러 학자들은 고대 이스라엘에서 행해진 우상 숭배의 모습들이 발전된 다신 숭배(pantheon)의 형태를 띠지는 않았다는 이유로 선호하지 않는다.

니하우스는 아랍인들이 비생명체를 두고 맹세하던 것을 예로 들면서, 이 구절을 "브엘세바로 다다르는 길이 존재함을 두고 맹세한다"라는 식으로 해석한다. 니하우스나 드라이버(Samuel Driver)에 따르면 아랍인이나 회교도들은 "이 불이 살아 있음을 두고 맹세한다"라는 말이나 "메카에 이르는 성스러운 길을 두고 맹세한다"라는 말을 사용해 왔다고 한다.

이와 유사한 문구가 고대 이스라엘에서도 사용되었을 것으로 추정한다면 이 구절은 필자가 위에서 언급한 것처럼, 성지 브엘세바에 있는 우상을 섬기고 도움을 요청하기 위해 순례를 떠나는 행위의 영적인 가치를 높이려는 백성들의 외침으로 간주할 수 있다. 이러한 견해를 따른다면 이 구절은 "브엘세바에 이르는 길이 존재함을(가치있음을) 두고 맹세한다"라고 번역될 수 있을 것이다.

이스라엘 백성이 우상들을 숭배하던 오랜 전통에서 벗어나지 못해 하나님의 심판을 당하면서도, 아직도 전통적으로 섬겨 온 우상들을 의지하려 하고, 성지 순례 자체를 영적인 행위로 간주하는 모습은 어리석음뿐만 아니라 측은함까지도 느끼게 한다. 왜냐하면 그들의 헛된 신앙적 노력에도 불구하고 그들이 경험하는 것은 엎드러짐과 죽음이기 때문이다:

설교를 위한 적용: 형식적 신앙인에 대한 경고

아모스 8장이 오늘날의 설교자들에게 제공하는 설교거리는 무엇인가? 먼저 이 장은 하나님의 백성이라는 신앙 공동체를 파괴하는 자들, 즉 하나님의 심판을 유발하는 장본인이 누구인지를 지적한다. 그들은 주일날 경건의 모양은 보이나 매일의 생활에서 경건의 능력은 나타낼 수 없는 형식적인 신앙인들이다. 그중에서도 물질적인 욕망을 충족시키기 취해 공동체에 속한 다른 이들의 인권까지도 쉽사리 유린하는 자들이다(4~6절). 아모스 8장은 바로 이들을 핵심 대상으로 하여 예언한다.

그러므로 이 장을 설교하는 자들은 설교의 일차적 대상을 교회는 성실하게 출석하지만 직장이나 사회에서는 공의롭거나 정직하게 살지 않는 그리스도인들로 삼아야 할 것이다. 특히 교회 내에서는 인정받는 신앙인으로 간주되지만 사업처나 직장에서는 부정한 방법들을 통해 돈을 벌어 부자가 되었다는 말을 듣는 자들이 그 대상이 되어야 한다. 교회에서는 높은 직분을 얻은 채 덕망 있는 자로 이해되지만 직장이나 사업처에서는 부하 직원이나 직공의 인권을 침해하는 자들이 그 대상이 되어야 한다. 그리하여 그들에게 죄를 회개하도록 요청하며, 이어서 예수 그리스도 안에 죄 용서와 삶의 새 출발이 있음을 소개해야 할 것이다. 그 결과 그들이 직장과 사업처에서 정당한 방법으로 이득을 취하도록 해야 하며, 그 이득을 하나님과 이웃을 위해 선하게 사용할 수 있도록 권해야 한다.

이 장의 일차적 대상이 형식적인 그리스도인이라고 해서, 하나님을 신실하게 섬기는 가운데 가난에 처한 자들이 이 말씀을 들을 필요가 없다는 말은 아니다. 그들에게는 하나님께서 의롭게 사는 가운데 가난하고 궁핍한 자들을 변호하시는 분이라는 기쁜 소식을 전할 수 있고 또 전해야 한다(4, 6절). 이러한 가르침이야말로 예수님과 초대교회의 가르침이기도 하다(눅 4:18~19; 6:20~26).

"예수께서 눈을 들어 제자들을 보시고 가라사대 가난한 자는 복이 있나니 하나님의 나라가 너희 것임이요 이제 주린 자는 복이 있나니 너희가 배부름을 얻을 것임이요 이제 우는 자는 복이 있나니 너희가 웃을 것임이요 인자를 인하여 사람들이 너희를 미워하며 멀리하고 욕하고 너희 이름을 악하다 하여 버릴 때에는 너희에게 복이 있도다 그날에 기뻐하고 뛰놀라 하늘에서 너희 상이 큼이라 저희 조상들이 선지자들에게 이와 같이 하였느니라 그러나 화 있을진저 너희 부요한 자여 너희는 너희의 위로를 이미 받았도다 화 있을진저 너희 이제 배부른 자여 너희는 주리리로다"(눅 6:20~25).

아모스 8장은 5:21~24에서처럼 하나님의 백성이 하나님 앞에서 거룩하게 나타나기 위해서는 전인적으로 바로서야 함을 가르친다. 다시 말해, 하나님 앞에서 의롭게 인정받는 백성이 되기 위해 신앙적 열심과, 일상 생활에서의 정직하고 의로운 윤리적 행위가 모두 필요함을 깨우쳐 준다. 하나님께서는 그의 백성들이 대중예배에서 얼마나 거룩한 모습을 보이는지 뿐만 아니라, 그들이 가정과 직장과 사업처 등에서 하나님의 말씀의 도리에 따라 얼마나 의롭고 정당하게 생활하는지에 관해서도 지대한 관심을 지니고 계신다.

그러므로 설교자들은 하나님께서 그의 백성들의 교회 내적 삶과 교회 외적 삶에 대해 양면적인 관심을 기울이고 계신다는 점을 강조하여 가르쳐야 한다. 또한 그들이 하나님과의 긴밀한 신앙적 체험을 통해 구축한 신앙 인격으로 이웃과 사회의 죄악된 면들을 뿌리뽑고 공의로운 사회를 구축하는 주역이 되도록 강조해야 한다. 이러한 가르침이야말로 예수님께서 그의 제자들에게 명하신 바, 세상의 빛과 소금이 되라는 가르침과 맥을 같이한다.

일천만이 넘는 한국의 그리스도인들이 신앙과 삶을 따로 생각하고, 주일을 위한 삶의 법칙과 평일을 위한 삶의 법칙을 따로 세워 두며, 신앙 윤리와 사업을 위한 윤리를 따로 두는 모습에서 벗어나, 하나님과 사람들 앞에서 항상 거룩하고 정의롭게 살아간다면 우리 사회는 지금보다 훨씬 살기 좋은 곳으로 변할 것이다. 그들이 가정과 교회, 그리고 사회에서의 책임을 망각하고 다가올 종말이나 기다리는 신앙 스타일에서 벗어나, 또 개인의 물질적 축복이나 건강의 축복, 마음의 평안 등을 간구하는 기복신앙적 모습에서 벗어나 사랑과 정의를 이 땅에서 실천하도록 도전하는 복음과 신앙의 참된 위력을 교회와 사회 전역에 나타내 보일 때 우리 사회는 하나님 나라의 일면을 갖출 수 있게 된다.

현재의 그리스도인들 각자에게서 이러한 의식의 변화가 일어날 때 비로소 하나님의 축복이 우리에게 임할 것이다. 이러한 의식의 변화를 주도하는 자들이 바로 설교자들이다. 끝으로 11절에서 언급한 바, 여호와의 말씀이 사라져 버리는 때가 도래할 수 있다는 사실은 현재 하나님의 말씀을 자유롭게 대할 수 있으면서도 말씀 연구를 등한시하는 자들에게 경종을 울린다. 우리가 하나님의 말씀을 시시때때로 연구하면서 그 말씀의 도리대로 삶을 조율해 가는 신앙적 모습에서 벗어날 때, 우리의 삶은 죄악에 빠질 수밖에 없다. 그 결과 우리 사회는 혼란으로 치닫게 되고 이윽고 국가적 재난이 도래한다.

그러한 와중에 불신앙의 세력이 나라를 통치하게 되면 그들의 핍박으로 말미암아 하나님의 말씀인 성경은 불타고, 하나님의 신실한 대변자들은 고난 가운데 형장에서 사라지며, 삯꾼 목자들은 목숨을 이어 나가기 위해 침묵하게 된다. 일제시대나 한국전쟁 때 경험하였던 이러한 현상이 바로 아모스가 말하는 '여호와의 말씀이 기갈된 현상'이다. 그러므로 현재 하나님의 말씀을 자유롭게 접할 수 있는 우리나라의 그리스도인들이 하나님의 말씀의 고귀함을 인정하는 가운데 그 말씀대로 자신과 교회 그리고 사회를 향해 거룩하고 공의롭게 살아간다면, 여호와의 말씀이 기갈되는 비참한 상황은 도래하지 않을 것이다. 수십 년 전에 있었던 것처럼 한국의 모든 교회들에서 다시금 하나님의 말씀을 연구하는 사경회의 불길이 거국적으로 일어나기를 간절히 기도한다.

12

하나님의 심판과
국가적 회복

아모스 9장 주해와 적용

아모스 9장은 앞의 여러 장들과 마찬가지로 죄악에 빠진 백성들을 심판하시는 하나님의 활동을 보여 준다. 특히 하나님의 심판이 확실하고도 철저하게 이루어질 것을 강조한다. 그러나 이 장은 하나님께서 죄인들을 반드시 심판하신다는 어두운 소식으로 끝나지 않는다. 오히려 하나님께서 죄인들을 심판하시는 와중에도 소수의 의인들을 보존하시며, 또한 그분의 백성들에게 은혜를 베푸셔서 나라를 새롭게 재건하도록 하신다는 밝은 예언으로 끝을 맺는다. 이러한 양면적 메시지를 전하는 아모스는 그 메시지의 주체가 되시는 하나님의 성품과 능력을 이 장에서 두드러지게 묘사한다. 그러므로 독자들은 이 장을 통해서 아모스가 이해하고 있는 하나님에 관해 명확하게 깨달을 수 있을 것이다. 아모스 9장을 내용에 따라 다음과 같이 나눌 수 있다.

죄악된 백성을 향한 하나님의 확실한 심판(1~10절)

　아모스가 본 환상(1~4절)

　자연의 주관자가 되시는 하나님(5~6절)

　만백성에게 공평하신 하나님(7~10절)

자신의 백성들을 국가적으로 재건시키시는 은혜로우신 하나님(11~15절)

　하나님으로 말미암은 국가의 재건(11~12절)

　땅을 통한 축복(13~15절)

본문 주해

1. 죄악된 백성을 향한 하나님의 확실한 심판(1~10절)

1) 아모스가 본 환상(1~4절)

이 부분은 7장과 8장에서 소개된 바, 아모스가 본 네 가지 환상에 이어 다섯 번째 환상이 된다. 앞장들에서 언급된 환상들과는 구조상 차이가 있다. 앞의 환상들에서는 하나님과 아모스의 대화가 언급되지만, 이 환상에서는 하나님의 일방적인 명령이 소개된다. 뿐만 아니라 앞의 환상들이 아모스가 무엇인가 직접 본 것을 소개함으로써 시각적인 요소를 강하게 부각시킨다면, 이 환상은 악한 백성을 심판하시려는 하나님의 단호한 의지를 표명하는 연설 내용을 소개함으로써 청각적인 요소를 부각시킨다.

그렇다고 해서 이 환상에 시각적인 요소가 없는 것은 아니다. 하나님의 말씀 속에 나타나는 다양한 시각적인 이미지들은 하나님께서 위엄 있고 능력 많으신 심판자라는 점을 독자들의 뇌리에 깊이 새기게 만들며, 그분의 심판이 확실하다는 사실을 효과적으로 보여 준다.

1절에 의하면 하나님께서 단 곁에 서 계신 것으로 보아 성소 안에 계신 것으로 보인다. 이 성소에서 행해진 여러 가지 죄악과 우상숭배의 모습들, 그리고 형식적인 예배 행위 때문에 하나님께는 그곳을 파괴하기로 작정하셨다(4:4~5). 하나님께서 아모스로 하여금 소의 기둥머리를 쳐서 문지방이 움직이도록 명령하신 것은 그곳이 위에서 아래에 이르기까지 완전히 파괴되기를 원하셨음을 강조한다. 성소의 파멸로 말미암아 그 속에 있던 예배자와 사제들까지도 죽도록 계획하신 것이다.

성소 안에 있던 자들이 성소가 파괴될 때 죽는다는 사실은 이 성소에서의 예배와 제사 행위가 가나안 인의 예배 형태를 따랐을 것이라고 추정하게 만든다(삿 9:27, 46, 49). 왜냐하면 이스라엘의 전통적인 예배와 제사 행위는 성소 밖의 마당에서 이루어졌기 때문이다. 이러한 추정이 합당하다면 이방인의 풍습에 따라 우상숭배에 빠졌던 하나님의 백성들을 심판하시고 멸하시려는 하나님의 의도가 정당화될 수 있다.

1하절에서는 하나님의 심판이 빈틈없이 진행될 것임을 보여 준다. 성소가 파괴될 때 죽지 않고 살아남은 자들을 모두 칼로 멸하셔서, 그중에 있던 자들이 하나도 살아서 도망하거나 피하지 못하게 하시겠다는 하나님의 다짐이 이 사실을 입증한다. 2~4절에서는 죄악에 빠진 백성들을 확실하게 심판하시려는 하나님의 의지가 "만약 … 하면, 내가 … 하겠다"는 조건절과 귀결절의 형식을 통해 다섯 번에 걸쳐 반복, 강조되고 있다. 그러므로 이 부분의 문학적 기교(반복법과 대조법)에 심취되어 이 부분을 흥미롭게 읽어 나가는 독자들은 하나님의 단호하신 심판 의지를 깨닫고 그분에 대한 두려움을 피부로 느끼게 된다. 아울러 땅 속 깊은 곳과 하늘, 갈멜산 꼭대기와 바다 밑까지도 주시하시며 관할하시는 하나님의 주권적인 활동을 접하면서 창조주되신 하나님을 경외하려는 마음을 갖게 된다. 뿐만 아니라 독자들은 이렇게 위엄 있는 하나님의 심판을 피해 도망하려는 자들의 노력이 번번이 허사가 되는 장면들을 연상하면서 죄인은 결코 하나님 앞에서 심판을 피할 수 없다는 엄연한 진리를 새삼 실감한다.

2절의 '음부'는 고대 이스라엘 백성들이 땅 밑에 존재할 것으로 생각한 또 다른 세계를 의미하는데, 무덤이나 죽은 자들이 거하는 곳으로도 이해되었다. 본문에서는 이 용어가 높은 하늘의 반대 개념으로 사용되면서(욥 11:8; 시 139:8), 인간이 하나님의 간섭을 벗어날 수 있을 것이라고 생각하는 곳으로 사용된다. 그러므로 2절은 죄악에 빠진 인간들이 하나님의 의로운 심판을 피해 땅 속 깊이 내려가거나 하늘 높이 올라가도 헛되다는 점을 분명히 밝힌다. 이러한 가르침은 신명기 32:22에서도 소개된다. "내 분노의 불이 일어나서 음부 깊은 곳까지 사르며 땅의 그 소산을 삼키며 산들의 터도 붙게 하는도다."

3절의 "갈멜산"은 지중해를 내려다볼 수 있는 아주 높고 숲이 우거진 산으로, 이스라엘 백성들은 이 산을 바알에게 속한 것으로 이해하였다(왕상

18:17~36). 그리하여 죄인들이 이곳에 숨으면 하나님께서 그들을 찾지 못할 것으로 생각할 수도 있었다. 그러나 본문은 이곳도 하나님의 주권 아래 있기에 인간들이 이곳에 숨어도 소용없다고 밝힌다. 하나님께서 거기서 죄인들을 찾아내실 것이라는 말에는 하나님의 강한 의지와 성실한 노력이 동반된다는 점이 부각된다. 왜냐하면 "찾다"라는 동사가 스바냐서 1:12에서 사용된 것처럼 죄인들을 찾으시려는 하나님의 적극적인 의지와 행위를 함축하고 있기 때문이다. "그때에 네가 등불로 예루살렘에 두루 찾아 무릇 찌끼같이 가라앉아서 심중에 스스로 이르기를 여호와께서는 복도 내리지 아니하시며 화도 내리지 아니하시리라 하는 자를 벌하리니."

갈멜산 꼭대기에 대조되어 언급된 "바다"도 인간들이 하나님의 눈을 피해 도망하는 처소로 간주되어 왔다(시 139:9; 욘 2:6~7). 그러나 사실 이곳도 하나님의 간섭하에 있기에 죄인들이 피할 곳이 되지 못한다. 3절에 의하면 하나님께서는 이곳에 숨은 자들에게 바다뱀이나 바다괴물(사 27:1)을 보내어 그들을 물게 하신다. 출애굽한 이스라엘 백성들이 광야에서 먹을 것과 마실 것이 없다며 불평했을 때, 하나님께서 그들에게 불뱀을 보내셔서 심판하신 사실을 기억하는 독자들은, 하나님께서 바닷속에도 바다뱀을 보내어 죄인을 심판하실 것이라는 이 예언의 실현 가능성을 의심하지 않을 것이다.

4절에 의하면 하나님께서는 죄악에 빠진 백성들이 전쟁 포로로 잡혀가는 비참한 신세가 되어도 만족하지 않으시고 그들을 칼로 죽이기를 원하신다(4:10; 7:9, 11, 17). 그리하여 하나님의 심판이 철저하게 이루어짐을 강조함으로써 독자들의 죄악된 삶에 대한 경각심을 더하여 준다. 그런데 하나님의 이러한 활동은 모세를 통하여 맺어진 계약에 근거한 것이다(레 26:17, 24, 28, 41; 신 4:26~27; 31:17~18, 52:19~20). 구약성경에서는 하나님께서 사람들에게 '주목하실 때' 그들을 축복하시는 것이 일반적이다(창 44:21; 렘 24:6; 39:12). 그러나 본문에서는 하나님께서 죄악에 빠진 백성들에게 화를 내리시기 위해 주목하신다고 언급함으로써, 독자들의 보편적인 인식을 뛰어넘어 활동하시는 하나님의 모습을 부각시킨다(렘 21:10).

1절부터 4절에 걸쳐 강조된 사항은 하나님께서 우상 숭배를 비롯한 여러 가지 죄악에 빠진 백성들을 모두, 그리고 반드시 심판하신다는 점이다. 또한 하나님의 심판을 피하려는 인간들의 노력은 항상 헛되다는 점도 언급된다. 이러한 사실을 소개하기 위해 뒷받침되고 있는 근본적인 신학은 하나님께서 온 세상 만물의 창조주시요 주관자시라는 점과(2~3절) 만백성의 역사를 이끄시는 분이라는 점이다(4절).

2) 자연의 주관자가 되시는 하나님(5~6절)

아모스는 하나님께서 죄악에 빠진 백성을 심판하실 능력이 있으신 분이라는 점을 상기시킬 필요를 느낄 때마다 자연을 주관하시는 하나님의 활동을 노래한다(4:13; 5:8~9). 하늘의 천군 천사를 다스리시는 "만군의 여호와"께서는 이 땅에서 지진과(5절) 해일도(6절) 일으키실 수 있는 분이라고 아모스는 밝힌다. 만군의 여호와께서 땅을 만지시자 그것이 녹게 되었다는 구절은 구약성경의 다른 곳들에서도 유사하게 언급된다. "저가 땅을 보신즉 땅이 진동하며 산들에 접촉하신즉 연기가 발하도다"(시 104:32). "저가 소리를 발하시매 땅이 녹았도다" (시 46:6). "그로 인하여 산들이 진동하며 작은 산들이 녹고 그의 앞에서는 땅 곧 세계와 그 가운데 거하는 자들이 솟아오르는도다"(나 1:5).

이러한 구절들은 모두 하나님께서 화산이나 지진 등의 자연 현상들을 주관하고 계신 분임을 선포한다. 특히 지진으로 말미암아 죽거나 부상을 당하여 애통하는 자들이 많아진다는 사실은 독자들로 하여금 지진을 야기하시는 하나님께 더욱 큰 경외심을 느끼도록 만든다.

5절의 "하수"는 보통 나일 강으로 이해된다. 그러므로 아모스는 나일 강이 범람하는 모습과 말라 버리는 모습을 대조적으로 보여 줌으로써 독자들로 하여금 지진으로 인하여 땅의 높낮이가 급격하게 변하는 장면을 쉽게 연상하게 만든다(8:8). 이어 이렇게 땅을 쉽게 변화시킬 수 있는 자도 여호와 하나님이심을 강조한다.

6절은 하나님께서 자연 만물의 창조주가 되시며 주관자가 되신다는 점을 보다 구체적으로 밝힌다. 개역성경에서 "전"(temple)으로 번역된 단어는 원래 '계단'이라는 의미를 지니는 단어다. 어떤 학자들은 후자에서 '윗방들'(upper rooms)이라는 의미를 유추해 낸다. 고대 이스라엘 백성들의 우주관에 따른다면 본문의 "전"이란 하나님께서 거하시는 하늘 위의 하늘(하늘 위에 하나님께서 거하시는 방)을 의미하는 것으로 볼 수 있다. 하나님께서 땅에 두신 '궁창의 기초'는 우리가 볼 수 있는 하늘을 의미한다. 창세기 1:7에 의하면 고대 이스라엘 사람들은 하늘에 궁창(창문)이 있어 궁창 위의 물과 궁창 아래의 물을 나누고 있다고 간주했다.

본문은 하늘 위의 신적인 처소와 하늘의 궁창을 만드신 자가 바로 여호와 하나님이시라고 밝힌다. 아울러 그분은 바다의 물을 불러 육지에 쏟으실 수 있는 자로 묘사된다. 이렇게 하늘과 땅을 조성하시고 지진과 해일, 화산과 해풍 등을 일으킬 수 있는 자연 만물의 창조주가 되시며 주관자가 되신 능력 많으신 분이 바로 유일하신 여호와 하나님이라는 점을 아모스는 이 절에서 노래한다. 이러한 노래를 들은 독자들은 하나님께서 죄악에 빠진 백성을 자연 현상이나 이방 백성을 통하여 심판하실 수 있다는 점에 대해 의심할 수가 없다.

하나님 앞에서 죄악된 행위를 하고 살아가는 자들에게 모세의 율법에서 제시된 심판의 종류를 소개하는 것은 중요하다. 그러나 모세에게 제시하신 율법에 근거하여 그분의 백성들에게 계약을 맺으신 하나님께서 바로 자연 만물을 주관하시는 분이라는 점을 시시때때로 상기시켜 주는 것도 매우 중요하다. 왜냐하면 모세의 율법에 무지한 자들이나 이방 백성이라 할지라도 자연 현상을 통해 나타나는 하나님의 역사에는 쉽게 경외심을 느끼기 때문이다.

온 자연 만물을 창조하시고 자연 현상을 주관하시는 분이 바로 여호와 하나님이시라는 사실은 특히 선교사들이 이방 신을 믿고 있는 백성들에게 예수 그리스도의 복음을 전하는 데에 중요한 시발점이 된다. 죄악에 빠져 살아가는 자들에게 임하는 하나님의 심판 내용이 천재지변적인 자연 현상들을 통해서 가시적으로 잘 나타나기 때문이다. 오늘날 우리의 강단에서 출애굽의 하나님, 구원자 하나님, 삼위일체 되신 하나님 등은 강조되지만 창조주나 자연의 주관자가 되신 하나님을 소개하는 면은 약한 것으로 평가된다. 이러한 시점에서 아모스는 우리로 하여금 하나님의 능력과 활동에 관해 보다 폭넓게 설교하도록 한다.

3) 만백성에게 공평하신 하나님(7~10절)

1~6절에서 아모스는 하나님에 대해 자연 만물을 주관하는 능력을 지니신 분으로, 죄악된 백성들을 확실하게 심판하실 수 있는 분으로 부각시킨다. 이어서 7~10절에서 그는 만백성의 역사를 주관하시는 하나님의 능력을 소개함으로써 그분의 심판 활동의 정당성과 확실성을 강조한다. 특히 후자의 가르침은 이스라엘 백성이 지녔던 민족적 자만심을 타파하는 결정적인 역할을 한다.

7절에서 언급되는 두 개의 수사학적 질문은 하나님의 관심이 만백성에게 향하고 있다는 점과, 이스라엘 백성들의 선민사상으로 생긴 민족적 자만심이 의미가 없다는 점을 단적으로 보여 준다. 구스족은 에티오피아인을 뜻하는데, 그들은 흑인들로서 주변 민족들로부터 경멸을 받아 왔다. 아모스는 이스라엘 백성을 구스족과 동등한 위치에 놓음으로써 그들이 하나님 앞에 자랑할 만한 것이 하나도 없음을 지적한다. 모세의 율법을 통한 계약 관계나 족장들에게 제시된 선민사상 등도 이스라엘 백성들로 하여금 하나님의 특별한 관심을 끌 수 있도록 하지 못한다.

이스라엘 백성들이 선민의식을 지니는 데 지대한 영향을 끼쳤던 출애굽 사건도 그들이 하나님 앞에서 특권 의식을 가지게 하지는 못한다. 왜냐하면 하나님께서는 다른 민족이 국가적 어려움에 처해 있을 때에도 구출해 주셨기 때문이다. 그중에서도 이스라엘이 가장 적대시하는 블레셋인이나 아람인들까지도 하나님께서 구출해 주셨다는 사실은 이 점을 더욱 명확히 해 준다. '갑돌'(Caphtor)은 보편적으로 '크레테'(Crete) 지역으로 이해되는데, 70인역은 이곳을 '갑바도기아'(Capadocia)로 번역한다. '길'(Kir)의 위치는 불명확하지만 동메소포타미아 지역에 위치한 것으로 추정된다.

8절에서는 만백성의 역사를 주관하시는 하나님께서 그들의 죄악된 삶을 묵과하지 않겠다는 단호한 의지를 표명하신다. 주께서 범죄한 나라의 백성을 주목하여 지면에서 멸하실 것이라는 표현은 "내가 저희에게 주목하여 화를 내릴 것이라"(4절)는 구절과 맥락을 같이한다. 어떤 이들은 "범죄한 나라"가 북왕국 이스라엘을 의미한다고 한정한다. 그러나 전후 문맥을 고려할 때 만백성 중의 죄악된 백성을 모두 포함할 수 있다. 만백성을 공의롭게 심판하시려는 하나님의 의도가 아직도 변함이 없을진대, 오늘날의 설교자들은 우리 백성들이 사회 전반적으로 공의롭게 행하도록 권유하는 일을 게을리 해서는 안 된다. 뿐만 아니라 지구촌 여러 곳에서 일어나고 있는 민족 말살 행위나 인권 탄압 행위, 그리고 생태계 파괴 행위 등에 대해서도 경종을 울릴 수 있어야 할 것이다. 지금은 수많은 삶의 문제를 안고 있는 세계 정세 속에서 우리 민족도 유엔을 중심으로 세계 평화를 위해 적극적으로 기여하려는 때이다. 이러한 시점에서 볼 때, 공의로우신 하나님께서 세계 만민의 역사 속에서 공의로움을 찾고 계신다는 사실과, 어떤 근거에 준하였든 민족적 자만의식은 하나님 앞에서 헛되다는 사실을 가르치는 아모스의 신학적 교훈은 오늘날 지구촌의 여러 문제들을 해결해 줄 근원적인 해답 중 하나가 될 수 있다.

이러한 신학적 맥락에서 볼 때, 8하절은 이스라엘을 향한 하나님의 특별한 관심을 보여 주는 구절이라기보다는 의로운 소수를 보존하시려는 하나님의 의도를 나타내는 구절로 이해해야 한다. 죄악에 빠져 회개할 줄 모르는 백성들은 민족적인 차이를 막론하고 모두 벌하시지만, 그 가운데서도 의롭게 살아가는 소수의 사람들은 반드시 남겨 두시겠다는 하나님의 의지는 모세의 율법과 예언자들의 가르침에서 거듭 강조된다(레 26:44; 신 4:31; 30:3; 32:36~43; 욜 2:18~19; 미 2:12~13; 사 11:10~11).

9절에서 아모스는 이스라엘을 향한 하나님의 심판 활동을 농부가 곡식을 체질하는 행동에 비유하여 설명한다. 그런데 이 절은 '알맹이'(tseror)로 번역되는 단어의 원어적 의미에 따라 해석이 달라진다. 개역의 번역을 따른다면, 하나님께서 심판하실 때 쭉정이 같은 죄인들은 이방 족속들에 섞여 살게 하시지만, 알맹이 같은 의인들은 귀하게 보존하신다는 뜻으로 이해할 수 있다. 그러나 RSV 역본(Revised Standard Version)이나 고대 아람어 역본(Targum), 고대 라틴어 역본(Vulgate), 그리고 고대 헬라어 역본 중의 하나인 아퀼라 역본(Aquila) 등에서는 알맹이보다 '자갈'(Pebble)이라는 번역이 선호되고 있다. 후자에 따르면, 하나님 앞에서 의롭게 살지 못한 자들은 체에 걸린 자갈들처럼 모여 있다가 심판을 당할 수밖에 없다.

어느 해석이 더 정확한지를 분간하기란 쉽지 않다. 만약 조그마한 체를 가지고 체질하여 쭉정이를 날려 보내고 알맹이만 모으는 상황을 생각한다면 전자의 해석이 합당하다. 그러나 커다란 체를 가지고 알곡을 통과시키며 자갈을 걸러내는 상황을 생각한다면 후자의 해석이 적합하다. 문맥적으로 볼 때 하나님께서 심판하시는 가운데서도 의로운 소수를 보존하신다는 내용을 담고 있는 8절 후반절과의 연관성을 고려한다면 전자가 합당하지만, 모든 죄인은 칼에 죽으리라는 내용의 10절과의 연관성을 고려한다면 후자의 해석이 선호된다.

필자는 앗수르 군대가 이스라엘을 비롯하여 여러 주변 민족들을 침공하여 그들을 포로로 잡아가서는 여러 민족들을 섞어 놓았던 사실을 고려할 때, 9절 전반부에 언급되는 바 "이스라엘 족속을 만국 중에 체질하기를 곡식을 체질함같이 하려니와"라는 구절의 의미와 잘 부합된다고 본다. 아울러 9장 전체에서 강조되는 하나님의 심판 활동을 이해하는 데 '알맹이'라는 번역이 도움을 준다고 본다. 그와 아울러 8절 후반부에 언급되는 '남은 자' 사상이 이 구절에서도 계속 이어지게 하려면 '알맹이'라는 번역이 더욱 합당할 것으로 생각된다.

10절은 하나님의 심판을 받을 대상과 심판 방법, 그리고 심판의 구체적인 결과를 명시한다. 첫째로, 하나님의 심판을 받을 대상은 "화가 우리에게 미치지 아니하며 임하지 아니하리라"라고 말하는 모든 죄인들이다. 그들은 이스라엘 백성 중에서 전통적으로 강조되어 온 선민사상을 오해하여, 하나님께서 그들의 적만 심판하시고 자신들은 무슨 행동을 하든지 심판하시지 않는다고 믿었다. 그리하여 그들은 이기적으로 살거나, 안일하게 살거나, 불경건하고도 불의하게 살아가면서도 하나님께서 구원하여 주실 밝은 미래를 고대한 것이다(5:18, 19).

아모스는 백성들의 보편적인 오해를 깨뜨린 채, 하나님께서 이러한 자들을 죄인으로 규명하시고 심판하신다는 점을 분명히 하고 있다. 그는 잘못된 다수의 목소리에 굴하지 않고 외롭고도 용기 있는 외침을 한 것이다. 오늘날에도 많은 그리스도인들이 예수 그리스도 안에 있다고 하면서, 그분의 뜻과 상관없는 일을 하거나 그분의 뜻을 거스르면서 "화가 우리에게 미치지 아니하며 임하지 아니하리라"라고 외치고 있다. 그러므로 그들이 하나님의 공의로운 심판에서 결코 제외될 수 없다는 점을 오늘의 설교자들은 강조해야 할 것이다. 이것이 예수님의 가르치심이기 때문이다(마 7:21~24).

둘째로, 10절에서 소개되는 하나님의 심판의 도구는 칼이다. 이것은 하나님의 심판이 적들의 침입을 통해 구체화되었다는 점을 고려할 때 쉽게 이해가 간다. 셋째로, 하나님의 심판의 결과로 나타나는 것은 죄인들의 죽음이다. 이리하여 하나님의 심판 활동은 확실하게 끝을 맺는다.

2. 이스라엘을 재건하시는 은혜로우신 하나님(11~15절)

1) 하나님으로 말미암은 국가의 재건(11~12절)

11~15절의 기록 연대에 관해 학자들이 열띤 논의를 해 왔다. 죄악에 빠진 이스라엘 백성들을 확실하게 심판하여 그 국가를 멸망시킬 것이라는 내용으로 일관하던 아모스서가 갑자기 그 이후에 있을 국가적 재건과 회복의 메시지로 끝나기 때문에, 학자들은 이 부분이 아모스의 기록이 아니라 포로

기 이후에 존재했던 어떤 편집자의 작품으로 간주한다. 그러나 8절이나 9절에서 이미 남은 자 사상이 심판의 주제와 아울러 소개되는 점이나, 일반적으로 예언자들의 메시지가 단순히 심판과 멸망을 소개하는 것이 아니라 심판을 예견하게 하는 가운데 회개를 요청하는 내용이 많고, 또 하나님의 은혜로 말미암아 이상적인 미래가 도래할 것을 소개하는 경우가 많기 때문에 이 부분 역시 아모스의 기록으로 간주할 수도 있다.

성서를 연구할 때 저자가 누구인지 그리고 본문이 언제 기록되었는지에 대해 관심을 기울이기보다, 정경에 포함되어 있는 본문 자체가 그 책의 전반적인 구조 속에서 어떤 기능을 하는지를 집중적으로 연구하는 자들은 원저자가 누구이든 이 부분이 독자들에게 제공하는 신학적 교훈은 두드러진다고 입을 모은다.

11~15절에서 소개되는 이스라엘 국가의 재건과 회복에 관한 예언은 하나님께서, 죄악으로 향하는 죄인 된 백성들의 마음보다 훨씬 크고 넓은 은혜를 보이시는 분임을 증명한다. 왜냐하면 죄악에 빠진 이스라엘 백성이 하나님의 공의로우신 심판 후에 국가적으로 재건될 수 있었던 유일한 이유는 그들에게 하나님의 뜻대로 다시 살아 보도록 새 출발을 허락하시는 하나님의 은혜가 있었기 때문이다(신 4:29~30; 30:1~3). 이러한 사실은 아담과 하와가 죄를 범한 이후에 그들에게 합당한 저주를 내리신 하나님께서 그들을 위하여 가죽옷을 지어 입히시는 모습을 통해서 입증된다(창 3:21). 뿐만 아니라 동생을 죽인 가인이 하나님의 저주를 받았으면서도 그를 죽이는 자가 일곱 배나 벌을 받게 된다는 보호의 음성을 하나님에게서 얻게 되는 사건에서도 나타난다(창 4:15).

또한 하나님의 공의로운 심판 활동 이후에 은혜가 베풀어진다는 사실은 노아 시대의 죄악된 백성들을 멸하신 후에 노아의 가족을 비롯하여 모든 생물들과 새로운 언약을 맺으시는 하나님의 모습에서도 발견할 수 있다. 아모스 시대뿐만 아니라 예레미야 시대에도 죄악된 백성들의 심판 이후에 있을 은혜로운 언약을 제시하신 하나님께서는(렘 31:31~34), 예수 그리스도의 십자가 사건과 부활 사건을 통하여 하나님의 은혜로우심을 최종적으로 나타내 보이신다. 그러므로 인간의 죄악에 대해 반드시 공의롭게 심판하시면서도 그 이후에 하나님을 신뢰하는 가운데 새로운 삶을 살아갈 수 있는 길을 열어 주시는 하나님의 은혜를 전하는 것이 설교자들의 책임일 것이다.

11절은 이스라엘 백성의 가까운 미래에, 자신들의 죄악으로 말미암아 나라가 초토화된 시점에서 아무것도 할 수 없는 그들에게 하나님의 은혜로우신 행동이 우선적으로 나타날 것을 예언한다. 하나님께서 직접 다윗의 천막을 일으키고 그 틈을 막으며 그 퇴락한 것을 일으키셔서 옛날(다윗 시대)의 번성기처럼 재건하신다. 특히 오랜 적대국가인 에돔뿐만 아니라 주위의 여러 국가들까지도 이스라엘의 수하에 있게 될 정도로 번창하는 모습을 보임으로써 그 백성들이 하나님 안에서 소망을 갖게 한다.

2) 땅을 통한 축복(13~15절)

13~15절에 의하면 하나님께서는 그 백성들의 국가를 재건함과 동시에 그 땅을 축복하신다. 그리하여 농사를 짓는 백성들이 풍성한 수확을 얻을 수 있도록 하신다. 땅을 축복하시는 하나님의 활동은 두 개의 농경적 이미지를 통해 영상화되고 있다(13절). 그 하나는 추수 때가 지나 제 밭을 갈아야 하는 지경이 되었는데도 아직 추수할 것들이 남아 있어서, 추수를 하고 바로 뒤를 이어 밭을 갈아야만 하는 농부의 모습이다.

또 하나는 수확기가 벌써 지나고 씨 뿌릴 때가 되어서 농부가 밭에서 씨를 뿌리는데, 그의 곁에서는 풍성한 수확으로 말미암아 아직도 포도즙을 만드는 자들이 포도 열매들을 밟고 있는 모습이다.

13하절 역시 하나님께서 제공하시는 땅을 통한 풍성한 수확의 축복을 과장법을 사용하여 소개한다. 포도나무가 심어져 있는 산에서 잘 익어 떨어진 포도 열매들로 말미암아 포도즙이 땅에 흐르는 모습 역시 수확의 풍성함을 인상적으로 묘사한다.

14~15절에서는 하나님께서 죄악으로 말미암아 포로로 잡혀간 자들을 고

국으로 돌아오게 하실 것을 예언한다. 이어서 그들이 성읍을 건축하고 새롭게 농사를 지어 하나님께서 제공하시는 풍성한 수확을 맛보며 살게 될 것이라고 예언한다. 하나님께서 백성들에게 은혜를 베푸셔서 그들이 삶의 새로운 출발을 시도할 때 그들의 마음속에 잠재하고 있을, 또다른 심판의 두려움을 해소시키기 위해 그분께서는 15절의 표현을 사용하신다. "내가 저희를 그 본토에 심으리니 저희가 나의 준 땅에서 다시 뽑히지 아니하리라."

설교를 위한 적용: 공의를 선포하는 설교자

설교자를 위한 아모스서 강해를 마감하는 시점에서 오늘의 설교자들은 아모스가 삶과 목회에 임하는 모습을 전반적으로 다시 한 번 되새겨 보는 시간을 가져야 할 것이다. 뿐만 아니라 그가 성령님의 영감 가운데 제시한 신학, 즉 하나님의 성품과 활동이 무엇인지를 정리해 보고, 그것들을 뇌리에 영상화하도록 노력해야 할 것이다. 그리하여 설교를 할 때에, 그 하나님의 다양한 활동을 청중들에게 보여 줄 수 있어야 한다.

아모스서는 전반적인 면에서 부정과 부패로 가득한 우리 사회를 하나님의 주권이 실현되며 더불어 살기에 좋은, 공의롭고도 거룩한 사회로 변화시키기 위해 그리스도인들이 실천해야 하는 삶의 도리를 많이 제시하고 있다. 이러한 도리들을 우리의 실존적인 상황에 부합되게 전파하는 것이 설교자의 책임이다.

주(註)

1부

1장

1. 예를 들면 김정준은 아모스를 '농촌에서 천업을 하고 있었던 평민'으로 이해하였다. 김정준, 「정의의 예언자: 아모스 주석」(서울: 한국신학연구소, 1981), 53.
2. H. Weippert, "Amos: Seine Bilder und ihr Milieu", in H. Weippert, K. Seybold and M. Weippert., *Beitraege zur prophetischen Bildsprache in Israel und Assyrien*, OBO 64 (Freiburg; Goetting: Vandenhoeck & Ruprecht, 1985), 2.
3. M. Schwantes, *Amos: Meditacoes e estudos* (Sao Keopoldo; Petropolis, 1987), 30~31; 인용·H. Reimer, 앞의 책, 226.
4. K. Koch, Die Profeten I : *Assyrische Zeit* (Stuttgart: Kohlammer Verlag, 1995³), 114.
5. L. Markert, "Amos/Amosbuch", *Theologische Realenzyklopoedie* 2 (1978), 471~487. 특히 471.
6. L. Markert, "Amos/Amosbuch", *Theologische Realenzyklopoedie* 2 (1978), 471~487. 특히 471~472; W. Schottroff, "Der Prophet Amos: Versuch der Wuerdigung seines Auftretens unter sozialgeschichtlichem Aspekt", in W. Schottroff and W. Stegemann(Hrsg.), Der Gott der kleinen Leute: Sozialgeschichtliche Auslegung, Bd. 1. AT (Muenchen: Kaiser, 1979), 39~66. 특히 41; [W. Schottroff and others, 「작은 자들의 하나님: 사회사적 성서해석-구약」편, 백철현 옮김 (서울: 기민사, 1986), 49~83. 특히 53~54]; 서인석, 「하느님의 정의와 분노: 예언자 아모스」(서울: 분도출판사, 1982), 58; B. Lang, "Prophetie und Oekonomie im alten Israel", in G. Kehrer(Hrsg.), *Vor Gott sind alle gleich* (Duesseldorf, 1983), 53~73. 특히 66; 임승필, "정의를 시내처럼 흐르게 하라: 부정과 부패에 대한 아모스 예언자의 질타", 「가톨릭 신학과 사상」 10호 1993(12월): 35~65. 특히 56 각주 60; 차준희, 「구약성서의 신앙」(천안: 한국신학연구소, 1997), 72~82. 특히 72~73; 류호준, 「아모스: 시온에서 사자가 부르짖을 때」(서울: 크리스챤 다이제스트, 1999), 80~81; 차준희, 「구약신앙과의 만남」(서울: 대한기독교서회, 2002), 221~240. 특히 222~223 등.
7. W. H. Hallo and W. K. Simpson, *The Ancient Near East: A HIstory* (New York: Harcourt Brace & Company, 1998²), 287~289.
8. D. E. Gowan, 「구약 예언서 신학」, 차준희 옮김 (서울: 대한기독교서회, 2004), 70.
9. A. Weiser and K. Elliger, 「호세아/요엘/아모스/즈가리야」(천안: 한국신학연구소, 1992), 226.
10. J. Jeremias, 「아모스」 채홍식 옮김 (서울: 성서와함께, 2006), 74.
11. 이 부분은 차준희, "공법을 물같이 정의를 하수같이(암 5: 21~27)", 「성서마당」 58, 2003(1

월): 15~18의 내용을 요약한 것임을 밝혀 둔다.

12. J. Jeremias, 「아모스」, 채홍식 옮김 (서울: 성서와함께, 2006), 170.

13. M. G. M. Williamson, "The Prophet and Plumb-Line: A Redaction-Critical Study of Amos 7", *OTS* 26 (1990), 101~122, 특히 111~112.

14. J. Jeremias, 「아모스」, 채홍식 옮김 (서울: 성서와함께, 2006), 179.

15. J. Jeremias, 「아모스」, 채홍식 옮김 (서울: 성서와함께, 2006), 180.

16. 이 부분은 차준희, 「구약성서의 신앙」(천안: 한국신학연구소, 1997), 72~82를 축약한 것임을 밝혀 둔다.

4장

1. J. L. Mays, "Words about the Words of Amos", Int 13 (1959), 259.

2. 하셀(Hasel)은 아모스서의 연구를 주요 주제별로 나누어 정리하여 그동안의 연구들이 얼마나 풍부하고 다양한가를 잘 나타내 주고 있다. Gehard F. Hasel, *Understanding the Book of Amos: Basic Issues in Current Interpretations* (Grand Rapids: BaKer, 1991).

3. 이 단어는 2:8, 5:26, 8:14 등에서도 소유대명사와 더불어 나타나고 있으나 이들은 모두 이 방신에 대한 호칭이므로 계수에서 제외한다.

4. 상기의 하나님의 명칭의 대별과 총 회수의 계수에 대하여 다음을 참고하라. Stephen Dempster, "The Lord is His Name: a Study of the Distribution of the Names and Titles of God in the Book of Amos", RB 1991 ~ T 98.2.

5. C. J. H. Wright, "God, Names of", in *the International Standard Bible Encyclopedia*, vol. two E~J, fully revised, ed. Geoffrey W. Bromilley, et al (Grand Rapids: Eerdmans, 1982), 506.

6. 1:3, 5~다메섹; 1:6~가자; 1:9~두로; 1:11~에돔; 1:13, 15~암몬; 2:1, 3~모압.

7. 필자의 논문, "아모스의 메시지 연구", 논문집 제11집 (서울: 총신대학교출판부, 1992), 36~37과 여기에 대한 학자들의 논란의 역사를 위해 다음 자료들을 참고하라. A.S. van der Woode, "Three Classical Prophets: Amos, Hosea and Micah", in Israel's Prophetic Tradition: Essays in Honoour of Peter Ackroyd, ed. by Richard Coggins, Anthony Phillips and Michael Knibb, Cambridge: Cambridge University Press, 1982), 32~57. Gerhard F. Hasel, Understanding the Book of Amos, 71~75.

8. 아모스는 그의 전체 메시지 가운데 언약(베리트)이라는 단어를 1:9에서 두로에 대한 범죄를 지적할 때 단 한 번만 사용한다.

9. 아모스의 메시지가 본질상 언약적인 것에 대하여 필자가 발표한 논문, "아모스의 메시지 연구", 34~39를 참고하라. 이미 발표된 논문과의 중복을 피하기 위하여 여기에서는 이 문제에 관한 언급을 생략한다.

10. 니하우스는 고대 근동에서 흔히 사용되는 언약의 문서와 언약의 고소(covenantlawsuit)의 문서 사이의 요소상의 특징을 서로 비교 검토하였다. 그리고 아모스서의 메시지의 요소는 언약의 고소 문서를 그대로 반영하고 있다고 결론지었다. Jeffrey Niehaus, "Amos", in *The Minor Prophets: An Exegetical & Expository Commentary, vol. one, Hosea, Joel*

and Amos, ed. by Thomas Edward McCmomiskey (Grand Rapids: Baker, 1992), 318~23.

11. 니하우스는 그의 주석에서 아모스가 오경의 내용을 얼마나 많이 반영하고 있는지 도표로 잘 보여 주고 있다. 상기의 그의 주석 322를 참고하라. 이러한 자료에도 불구하고 아모스가 오경에 기초하고 있다는 사실을 부인하는 자들의 근거는 아모스 시대에 오경과 같은 기록된 율법책이 존재하지 않았다는 그들의 가설이다. van der Woode는 이 가설에 기초하고 또 전승 역사적(traditio-historical) 입장에 서서 주장하기를 "전승 역사적 안목에서 볼 때 우리가 아모스서에서 발견하는 것은 의식적으로 혹은 무의식적으로 그가 살던 시대의 문화 전반에서 빌려온 전통과 영향들의 아말감이다"(What we find in the book of Amos is, from a traditio-historical point of view, an amalgam of traditions and influences, which the prophet borrowed, consciously or unconsciously, from the total culture in which he lived.)라고 하였다. van der Woode, "Three Classical Prophets", 38~39.

12. 이에 대한 구체적 논증과 자료는 R. E. Clements, "The Election of Israel in the Pre~Exilic Prophets", in Prophecy and Covenant (Naperville: SCM Press, 1965), 45~68를 참고하라.

13. Donald L. Williams, "The Theology of Amos", Review and Expositor 63 (1966), 394.

14. 다음은 더글러스 스튜어트(Douglas Stuart)가 분석한 오경의 언약의 축복과 저주의 항목을 참고하여 아모스의 메시지와 비교한 것이다. #은 스튜어트의 저주의 항목을 그대로 반영하므로 그의 주석을 참고하라. Hosea-Jonah, WBC, v. 31 (Waco, Texas : Word Books, 1987), xxxiii~xlii.

저주
2:13이하//#19, 특히
레 26:36~39;
3:11/#3, 신 28:52; #5, 신 28:47~57; #9b, 신 28:43과 레 26:19; #17, 혹은 #15. 331.
3:14//#2, 레 26:31
4:2//#24, 신 28:20, 32:35
4:7~8//#6a, 레 26:19; 신 28:22~24
4:10//#8(염병), #3(전쟁), 레 26:25, 신 28:49~57
4:11//#23, 신 28:23
5:2//#24, #3, #22(신 28:26)
5:3//#12, 신 28:62; #3, 레 26:17, 37; 신 28:25
5:5//#13(포로로 잡혀감), #4(일반적 두려움), #2
5:6//#10, 신 4:24
5:11//#15 와 #5
5:13//#4
5:16~17//#24,
5:20//#19
5:21//#2

5:27//#13a, 신 29:28
6:7//#13
6:9//#12, 레 26:22, 36; 신 4:27; 28:62
6:10//#1, 신 31:17; #4, 신 28:66~67, 신 32:25
6:11//#9b
6:14//#5
7:9//#9a, 레 26:30~31; #9b; #18, 신 32:25
7:17//#18(가족을 잃음), 신 28:30, 신 32:25, 28:41; #5, 레 26:32; #13, 레 26:38~39.
8:2~3//#24, 신 4:26
8:8//#24, 신 28:20, 30:15; #25, 신 29:19, 31:17
8:9//#19, 신 28:29
8:10//#24(멸절), #15,
8:11~12//#1, 신 31:17, 18, 32:20; #7, 레 26:26~29
8:13//#7,
9:1//#24
9:2//#19, 신 28:29, 32:39
9:3//#24
9:4상//#13
9:4하//#1, 레 26:17, 24, 28, 41, 신 31:17~18, 32:19~20
9:8//#24
9:9~10//#3, 레 26:25, 33, 신 32:24, 41, 42.
　　축복
5:14~15//#1(회복), 신 4:31; 30:3)
9:8//레 26:44, 신 4:31, 30:3, 32:36~43
9:11//#8, 신 30:3, 14
9:12//#9, 신 30:7
9:13//#5, 레 26:42, 신 30:9
9:14//#7, 신 30:3~5

15. Williams, "The Theology of Amos", 395.
16. 구약에서 흔히 하나님의 징치로 그 나라의 완전한 파멸을 강조할 때 소돔과 고모라의 파멸을 언급한다. 다음은 성경에서 사용한 용례이다. 이스라엘–신 29:22; 사 1:9; 에돔–렘 20:16; 49:18; 바벨론–렘 50:40; 호 11:8; 모압과 암몬–습 2:9.
17. Delbert R. Hillers, *Treaty Curses and the Old Testament Prophets*, Biblica et Orientalia 16 (Rome: Pontifical Biblical Institute, 1964), 74~76. M. Weinfield, *Deuteronomy and the Deuternomic School* (Oxford: Clarendon, 1972), 111.
18. 이삭–7:9, 16;
　야곱–3:13, 6:8, 7:2, 5, 8:7, 9:8;
　요셉–5:6, 15(요셉의 남은 자); 6:6.
19. 브엘세바는 남방 유다에 있는 이스라엘의 족장 아브라함과 이삭이 관계된 장소이다. 브엘

세바(맹세의 우물)라는 이름은 이곳에 있는 우물로 말미암아 생긴 분쟁을 조정하기 위하여 아브라함과 아비멜렉 사이에 언약이 맺어지므로 붙여졌으며 후일 이삭이 블레셋의 시기 때문에 피해 다니다 마침내 정착한 곳으로서 여기에서 하나님을 만나 그로부터 아브라함의 언약을 재확약받은 곳이다(창 26:23~25). 그러므로 이곳은 하나님과 이스라엘의 족장 아브라함 및 이삭 사이에 맺어진 언약과 불가분의 관계에 있는 유서 깊은 장소이다.

20. 벧엘은 아브라함이 가나안 땅에 정착하여 최초로 하나님께 제사를 드린 곳이지만 이 이름 역시 야곱과 직접적으로 관계가 있다. 형 에서를 피하여 하란으로 도망하던 야곱은 이곳에서 하나님을 환상중에 만나 언약을 체결하였으며 하나님께 맹세하였던 곳이다(창 28:11~22). 후일 가나안 정복시 에브라임에 의하여 정복되므로 그 지파에게 할당된 지역이다. 이곳은 그들의 족장 야곱의 생활과 제사의 중심지였으므로 이스라엘의 전통적인 제사의 중심지로 이어져 왔다.

21. David A. Hubbard, Joel and Amos: an Introduction and Commentary, TOTC (Downers Grove, IL: Inter~varsity, 1989), 210~11.

22. Robertson, The Christ of the Covenants, 33~34.

23. Hubbard, Joel & Amos, 236; Niehaus, Amos, 490~92; V. Kerry Inman, Amos 9: a Textual, Literary, and Theological Study, 미간행 Th.M 학위 논문, Westminster Theological Seminary, 1979, 102.

24. 그 상관관계에 대한 자세한 논증은 John Bright, Covenant and Promise: the Prophetic Understanding of the Future in Pre-Exilic Israel (Philadephia: Westminster, 1976), 49~69을 참고 할 것.

25. 자세한 논증은 필자의 졸고 "아모스의 메시지 연구", 35, Francis I. Andersen & David Noel Freedman, Amos, Anchor Bible (New York: Doubleday, 1989), 219~22 를 참고 할 것.

26. Ronald E. Clements, Abraham and David: Genesis 15 and its Meaning for Israelite Tradition, Studies in Biblical Theology Second Series 5 (London: SCM, 1967), 47~60. Bernhard W. Anderson, Creation versus Chaos: the Reinterpretation of Mythical Symbolism in the Bible (Philadelphia: Fortress, 1987), 43~77.

27. O. Palmer Robertson, The Christ of the Covenants (Philipsburg, NJ: Presbyterian and Reformed Publishing Co., 1980), 27~52, 244~245. John Bright, Covenant and Promise, 70~72.

28. 사 44:24~28; 함무라비 법전 서언 col.1, line 50; Annals of the Kings of Assyria, col. 2, lines 85~88, col. 3, line 32~34 등등. Niehaus, Amos, 392, 407, 483 등을 참고할 것.

29. Meredith G. Kline, Kingdom Prologue, vol. I, 28.

30. Andersen and Freedman, Amos, 456.

31. 비록 Bruggenmann은 이것을 언약의 갱신을 위한 호소로 보지만 전체적인 문맥을 통해서 볼 때 임박한 심판에의 대비를 강조하는 의미를 갖는 것으로 봄이 더욱 타당하다. Bruggenmann, "Amos IV 4~13 and Israel's Covenant Worship", VT 15 (1965), 6; Marjorie O'Rourke Boyle, "The Covenant Lawsuit of the Prophet Amos: III 1~ IV 13", VT 21 (1971), 357; George Snyder, "The Law and Covenant in Amos", ResQ 25

(1982), 164.

32. William Harper, Amos and Hosea, ICC (Edinburgh: T & T Clark, 1905), cxiv~cxix.

33. 이 문제에 대한 정보는 Johan Barton, Amos's Oracles against the Nations: a Study of Amos 1.3~2.5 (Cambridge: Cambridge University Press, 1980)과 Hasel, "Amos' Oracles against the Nations", in Understanding the Book of Amos, 57~69를 참고할 것.

34. 이러한 입장을 취한 학자들의 자세한 논증을 위해 G. Earnest Wright, "The Nations in Hebrew Prophecy", Encounter 26 (1965), 225~37; Duane Christensen, Transformations of the War Oracle in the Old Testament (Missoula, MT: Scholars Press, 1975); Michael L. Barre, "The Meaning of in Amos 1:3~2:6", JBL 105 (1986), 611~31; G. Snyder, "The Law and Covenant in Amos", Douglas Stuart, Hosea-Jonah 등의 자료를 참고할 것.

35. C. J. Labuschagne, "Amos' Conception of God and the Popular Theology of His Time", OTWSA 7 (1966), 123.

5장

1. A. Kuhrt, The Ancient Near East: c. 3000~330 B.C. II (New York: Routledge, 1995), 490~93.

2. Ibid., 628.

3. 자세한 논의를 위해서는 김태훈, "아다드니라리 III의 서방원정, 샴시일루 그리고 여로보암 II의 군사-경제적 성공", 「구약논단」 13/4 (2007년 12월): 129~46을 보라.

4. 우리나라의 돌절구처럼 암석을 절단하여 만든 올리브기름과 포도 처리 시설들은 팔레스타인에서의 농경 그 자체만큼이나 오래 된 것이긴 하지만, 고고학적 탐구는 주전 8세기에 그런 시설들이 급속히 늘고 개량되었다는 것을 보여 준다. 산을 깎아 만든 계단식 지형도 이 시기의 농경 집약화와 관계있다. M. Chaney, 우택주 등 옮김, "누구의 신포도인가?" 「농경사회 시각으로 바라본 성서 이스라엘」(서울: 한들출판사, 2007), 108.

5. 랭(Bernhard Lang)의 임대 자본주의를 통한 지배계층의 농민 착취에 대한 설명한다. 요약하면 다음과 같다. (1) 도시 거주민들은 부유하여 술 마시기에 탐닉되었고 부끄러운 줄 모르는 호화스런 삶을 살았다. (2) 토지는 소작농민들에 의해 경작되었으며 그들에게는 세금이 부과되었고 그들의 지주들에 의해 가혹하게 착취되었다. (3) 농민들은 빚을 지나치게 많이 지게 되어 그들의 의무(liabilities)를 해소하기 위해 자신들을 팔아야 했다. 그들은 매매되기도 했으며 진정한 의미의 영구적 노예가 되기도 했다. (4) 상류층 사람들은 곡식 거래와 소작료, 그리고 이자로 수입을 증대시켰으며 그들의 경제적 위치를 강화해 갔다. Bernhard Lang, "The Social Organization of Peasant Poverty in Biblical Israel", in Monotheism and the Prophetic Minority: An Essay in Biblical History and Sociology, SWBA 1 (Sheffield: Almond, 1983), 121~26.

6. 자세한 논의를 위해서 다음 자료를 참고하라. M. Chaney, "Latifundialization and Prophetic Diction in Eighth~Century Israel and Judah". Colloquium on Reformed

Faith and Economics (Ghost Ranch August, 1987). Unpublished Manuscript; idem, "Bitter Bounty: The Dynamics of Political Economy Critiqued by the Eight~Century Prophets", 우택주 등 옮김, "한 맺힌 추수: 8세기 예언자들이 비판한 정치 경제 역학", 「농경사회 시각으로 바라본 성서 이스라엘」, 190~91.

7. 히브리 단어 '게베르'는 보통 '남자'를 뜻한다. 그러나 다른 행에 '사람'(이쉬)이 나오므로 여기서는 '가장'으로 해석하는 것이 나을 듯하다. NRS도 '게베르'를 'householder'(집주인)로 번역한다. 스테이거(Stager)는 '게베르'를 부모와 자녀로 이루어진 핵가족의 가장으로 본다. L. E. Stager, "The Family in Ancient Israel", *BASOR* 260 (1985), 51. 이스라엘의 가족 구성에 대한 논의를 위해서는 우택주, 「새로운 예언서 개론」(대전: 침례신학대학교, 2005), 60을 보라.

8. John H. Hayes and Stuart A. *Irvine, Isaiah, the Eighth~Century Prophet: His Time and Preaching* (Nashville: Abingdon, 1987), 103.

9. 대부분의 고대 역본들과 현대의 몇 번역들은 '아이'와 '여자' 대신 '백성을 억압하는 사람들'로 번역한다. NJB-O my people, their oppressors pillage them and extortioners rule over them!(내 백성이여, 그들의 억압자들이 그들을 약탈하며 강탈자들이 그들을 다스리도다!); 70인역-내 백성이여, 너의 착취자가 너를 벗기고, 강탈자들이 너를 다스리도다; Chaney-내 백성이여 그들의 징세리(徵稅吏) 모두가 이삭 줍는 자요, 채권자가 그들을 다스리는도다. Chaney, "누구의 신포도인가?", 256.

10. 바산은 요단강 동편, 야르묵강 중상류의 양안 지역으로 해발 500~600 미터 높이에 위치하는 돌이 없는 비옥한 평야지대이다. 바산은 울창한 숲과 목초(사 2:13; 겔 27:6; 슥 11:2), 그리고 질 좋고 힘센 가축 떼가 길러지는 곳으로 알려진다(신 32:14; 시 22:12; 렘 50:19; 겔 39:8; 미7:14). 바산은 고품질 비육우의 생산지이기 때문에 바산에서 길러진 가축들을 먹는다고 하는 표현은 전쟁에서의 승리와 안락한 삶을 대변한다(겔 39:18). 신명기 32장의 모세의 마지막 노래는 하나님이 이스라엘을 위해 행하신 일과 이스라엘의 배은을, 바산에서 나온 가축 떼의 행태로 묘사한다(신 32:13~15).

11. Philip J. King, *Amos, Hosea, Micah: An Archaeological Commentary* (Philadelphia: Westminster, 1988), 137.

12. J. L. McLaughlin, *The marzēaḥ in the Prophetic Literature: References and Allusions in Light of the Extra~Biblical Evidence*. SVT 86 (Leiden: Brill, 2001)은 '마르제아흐'를 언급하는 성서와 성서 외 자료들을 소개해 주며, '마르제아흐' 관행의 절차와 기능에 대한 개론적 지식을 전해 준다.

13. Robert B. Coote, *Amos Among the Prophets* (Philadelphia: Fortress Press, 1981). 37.

14. '마르제아흐' 성격에 대해 여러 의견이 제시된다. (1) 마술적 제사: '마르제아흐'란 악한 날이 그들에게 임하는 것을 막기 위해 지도자들이 시행한 마술적 제사 행위이다[James L. Mays, *Amos*. OTL (Philadelphia: Westminster Press, 1969). 117]. 이사야 65:11이 유사 본문으로 인용된다. "오직 나 여호와를 버리며 나의 성산을 잊고 갓에게 상을 베풀어 놓으며 므니에게 섞은 술을 가득히 붓는 너희여." (2) 장례식: 아모스 6:9~10에서 사마리아 부유층의 죽음과 친척들에 의한 매장이 예상되기 때문에 장례 제의와 관련된다 [J. C. Greenfield, "The Marzeah as a Social Institution", *Acta Antiqua Academiae*

Scientiarum Hungaricae 22 (1974), 453]. 그러나 슈미트(Brian B. Schmidt)는 아모스 6:1~7을 죽은 자와 연관시키는 해석을 거부한다. 시신과의 연관성이 6:1~7에는 나오지 않기 때문이다. 뒤에 나오는 친척들의 매장은 '마르제아흐'와 연관된 것이 아니라 죄의 결과로 심판받아 죽는다는 뜻이다. 그러므로 친척들의 매장은 '마르제아흐'와의 연관이 아니라 '마르제아흐'와 관련된 삶의 결과라는 것이다. Brian B. Schmidt, *Israel's Beneficent Dead: Ancestor Cult and Necromancy in Ancient Israelite Religion and Tradition* (Tübingen: J. C. B. Mohr, 1994), 146. (3) 죽은 조상을 위한 제의: 참여자들은 '마르제아흐'에서 죽은 자들과 산 자들이 함께 '장례식 연회'(funerary banquet)를 베푼다[M. H. Pope, "The Cult of the Dead at Ugarit", in *Ugarit in Retrospect: Fifty years of Ugarit and Ugaritic*, ed. G. D. Young (Winona Lake: Eisenbrauns, 1981), 176.] 그러므로 '마르제아흐'는 '죽은 자를 위한 연회에 헌신하는 조합'(sodality devoted to feasts for the dead)이다[Pope, "Notes on the Rephaim Texts from Ugarit", in Essays of the Ancient Near East in Memory of J. J. Finkelstein. *Connecticut Academy of Arts and Sciences*, Memoir, 19 (Hamden: Connecticut Academy of Arts and Sciences, 1977), 166.]. 이 모임의 목적은 죽은 자 제사가 우선이나, 동시에 회원 간의 결사가 이루어지고 연회가 열리며 만취가 동반되었다. 죽은 자에 대한 제의와 '마르제아흐'의 관련성은 여전히 논쟁거리이다. 슈미트는 조상 예배(혹은 숭배)와 강령술(necromancy)에서 표현되는 죽은 자의 초자연적인 시혜적 능력에 대한 신앙이 우가릿 문서들에는 나오지 않음을 주목하면서 '마르제아흐'를 죽은 조상을 위한 제의와 연관시키는 것을 반대한다. Schmidt, 121. 이 논쟁에 대한 최근의 평가를 위해서는 다음 자료를 참고하라. McLaughlin, 77~79. (4) 술 축제: '마르제아흐'의 일차적 기능은 술 축제와 관련된 제도이며 부차적으로 가끔 장례연과 관련된다[Theodore J. Lewis, *Cults of the Dead in Ancient Israel and Ugarit*, HSM 39 (Atlanta: Scholars Press, 1989), 94. 96~7.]. 음주의 이유는 죽은 자와 교통하기 위한 수단이었을 가능성을 배제하지 않는다. (5) 이교적 제의: Greer는 '마르제아흐'에서 종교적인 성격을 본다(Jonathan S. A Greer, Marzeaḥ and a Mizraq: A Prophets's Mêlée with Religious Diversity in Amos 6.4~7. *JSOT* 32.2 [2007], 246~47).

15. 아모스 6:1~7은 '마르제아흐'때 행해지는 모습들을 보여준다. Shalom Paul, *Amos: A Commentary on the Book of Amos* (Minneapolis: Fortress, 1991), 212. '마르제아흐' 결사에서 술과 기름 외에 화관이나 화환이 사용되었다는 주장이 Bernhard Asen에 의해 제기된다. Bernhard A. Asen, "The Garlands of Ephraim: Isaiah 28:1~6 and the Marzēaḥ." *JSOT* 71 (1996), 73~81. 많은 주석가들이 이사야 28:1~6을 가나안 봄 축제와 연결시키거나 혹은 에브라임 정치 지도자들의 만취와 유흥(debauchery)에 대해서만 강조하는 것과는 달리, 만취와 에브라임의 화관의 관계를 '마르제아흐' 결사의 배경에서 그는 설명한다. 꽃 소비가 호화로운 삶의 여부를 추정할 수 있는 한 시료가 된다고 보면서, 이사야 28:1~6에서의 예언자의 말씀은 화관, 꽃, 향수, 기름 독주 등이 소비되었던 '마르제아흐'에 참석한 에브라임 지도자들에 대한 비난으로 추정한다.

16. King, 149.

17. Paul, 209; King, 159.

18. Hans Walter Wolff, *Joel and Amos, Hermeneia* (Philadelphia: Fortress Press, 1977),

276b.

19. M. Pope, "A Divine Banquet at Ugarit", in *The Use of the Old Testament in the New and Other Essays: Studies in Honor of W. F. Steinspring*, ed. J. Efrid (Durham: Duke University Press, 1972), 195; J. Niehaus, "Amos", in *The Minor Prophets: An Exegetical and Expository Commentary I*. ed. T. E. McComiskey (Grand Rapids: Baker Book House, 1992). 441. 이에 대한 비평에 대해서는 다음 자료를 참고하라. H. Barstad, *The Religious Polemics of Amos*. VTSup 34 (Leiden: E. J. Brill, 1984), 141~42.

20. 예를 들면 바스타드(Barstad)의 위의 책과 폴(Paul)의 아모스 주석이 그들이다.

21. Greer, 248.

22. Ibid., 249. 그리어는 고대 근동의 문서와 그림 분석을 통해 '미즈라크' 그릇이 제의적 상황에서 사용되었다는 것을 보여 준다.

23. Ibid., 250.

24. 그러나 슈미트는 우가릿 문서에 대한 연구에서, 아모스 6:1~7은 이스라엘의 불법적이며 혼합적 그리고 종교적 관행이 아니라 가난한 자에 무관심하며 사치스런 삶의 스타일로 살아가는 부유층 사람들의 비윤리적 행동거지를 비난하고 있다고 본다. Schmidt, 146~47.

참고문헌

1. 김태훈. "아다드니라리 III의 서방원정, 샴시일루 그리고 여로보암 II의 군사-경제적 성공." 구약논단」13/4 (2007년 12월), 129~46.

2. 우택주. "아모스의 난해 구절(2:6b, 2:7c, 4:3b, 8:5)의 새로운 번역을 위한 주석적 고찰." 「성서원문연구」15 (2004), 331~41.

3. 우택주. 「새로운 예언서 개론」. 침례신학대학교, 2005.

4. Asen, Bernhard A. "The Garlands of Ephraim: Isaiah 28:1~6 and the Marzēaḥ." *JSOT 71* (1996), 73~81.

5. Barstad, H. *The Religious Polemics of Amos*. VTSup 34. Leiden: E. J. Brill, 1984.

6. Chaney, Marvin L. "Latifundialization and Prophetic Diction in Eighth~Century Israel and Judah". *Colloquium on Reformed Faith and Economics*. Ghost Ranch August, 1987. Unpublished Manuscript. 우택주, 조은석, 홍성혁, 천사무엘, 김태훈, 배정훈, 김영혜 옮김. "한 맺힌 추수: 8세기 예언자들이 비판한 정치 경제 역학." 「농경사회 시각으로 바라본 성서 이스라엘」. 서울: 한들출판사, 2007. 171~91.

7. Chaney, "Bitter Bounty: The Dynamics of Political Economy Critiqued by the Eight~Century Prophets". In *Reformed Faith and Economics*, ed. Robert L. Stivers. Lanham, MD: University Press of America, 1989. 15~29.

8. Chaney, "Whose Sour Grapes? The Addressees of Isaiah 5:1~7 in the Light of Political Economy". *Semeia 87* (1999), 105~22. 우택주, 조은석, 홍성혁, 천사무엘, 김태훈, 배정훈, 김영혜 옮김. "누구의 신포도인가?" 「농경사회 시각으로 바라본 성서 이스라엘」. 서울: 한들출판사, 2007. 249~69.

9. Coote, Robert B. *Amos Among the Prophets*. Philadelphia: Fortress Press, 1981.

10. Greenfield, J. C. "The Marzeah as a Social Institution". *Acta Antiqua Academiae Scientiarum Hungaricae 22*. 1974.

11. Greer, Jonathan S. A *Marzeaḥ and a Mizraq: A Prophets's Mêlée with Religious Diversity in Amos 6.4~7*. JSOT 32/2. 2007. 243~62.

12. Hayes, John H. and Stuart A. Irvine. *Isaiah, the Eighth~Century Prophet: His Time and Preaching*. Nashville: Abingdon, 1987.

13. King, Philip J. *Amos, Hosea, Micah: An Archaeological Commentary*. Philadelphia: Westminster, 1988.

14. Kuhrt, A. *The Ancient Near East: c. 3000~330 B.C. II*. New York: Routledge, 1995.

15. Lang, Bernhard. "The Social Organization of Peasant Poverty in Biblical Israel". In *Monotheism and the Prophetic Minority: An Essay in Biblical History and Sociology*, SWBA 1. Sheffield: Almond, 1983. 114~27.

16. Lewis, Theodore J. *Cults of the Dead in Ancient Israel and Ugarit*. HSM 39. Atlanta: Scholars Press, 1989.

17. Mays, James L. *Amos*. OTL. Philadelphia: Westminster Press, 1969.

18. McLaughlin, J. L. *The marzēaḥ in the Prophetic Literature: References and Allusions in Light of the Extra-Biblical Evidence*. SVT 86. Leiden: Brill, 2001.

19. Niehaus, J. "Amos". In *The Minor Prophets: An Exegetical and Expository Commentary I*. Ed. T. E. McComiskey. Grand Rapids: Baker Book House, 1992. 315~494.

20. Paul, Shalom. *Amos: A Commentary on the Book of Amos*. Minneapolis: Fortress, 1991.

21. Pope, Marvin H. "The Cult of the Dead at Ugarit". In *Ugarit in Retrospect: Fifty years of Ugarit and Ugaritic*, ed. G. D. Young. Winona Lake: Eisenbrauns, 1981.

22. Pope, "Notes on the Rephaim Texts from Ugarit". In *Essays of the Ancient Near East in Memory of J. J. Finkelstein. Connecticut Academy of Arts and Sciences, Memoir, 19*. Hamden: Connecticut Academy of Arts and Sciences, 1977.

23. Pope, "A Divine Banquet at Ugarit". In *The Use of the Old Testament in the New and Other Essays: Studies in Honor of W. F. Steinspring*. Ed. J. Efrid. Durham: Duke University Press, 1972. 170~205.

24. Schmidt, Brian B. *Israel's Beneficent Dead: Ancestor Cult and Necromancy in Ancient Israelite Religion and Tradition*. Tübingen: J. C. B. Mohr, 1994.

25. Stager, L. E. "The Archaeology of the Family in Ancient Israel". *BASOR* 260 (1985), 51.

26. Wolff, Hans Walter. *Joel and Amos. Hermeneia*. Philadelphia: Fortress Press, 1977.

6장

1. 우가릿에서는 '제사장－서기관'(priest－scribe)에 대한 호칭으로 쓰이며, 아카드어에서는 '양치는 사람/목동'(herdsman)의 의미로 쓰인다. *Dictionary of Old Testament Theology &*

Exegesis, vol. 3, 151.

2. Philip J. King, *Amos, Hosea, Micah-An Archaeological Commentary* (Philadelphia: The Westminster Press, 1988), 116.

3. 8세기의 유다와 이스라엘의 농업 정책에 관해서는 다음 자료를 참고하라. 우택주, 「새로운 예언서 개론」(대전: 침례신학대학교출판부, 2005), 75~83.

4. Douglas Stuart, *Hosea-Jonah* (Waco, TX: Word Books, 1987), 373.

5. Rainer Albertz, *A History of Israelite Religion in the Old Testament Period*, vol. I (London: SCM Press, 1994), 149~150.

6. 북이스라엘에서 섬겨진 신들(암 8:14)에 관한 논의를 위해서는 다음 자료를 참고하라. Hans M. Narstad, *The Religious Polemics of Amos* (VTSup.34; Leiden: Brill, 1984), 155~158.

7. James L. Mays, *Amos* (London: SCM Press, 1969), 136.

2부

3장

1. James K. West, *Introduction to the Old Testament* (New York: Macmillan Publishing Co., inc., 1981), 295~296.

2. Roy L. Honeycutt, *Amos and His Message* (Nashville: Broadman Press, 1963), 19.

3. Thomas E. McComiskey, ed., *The Minor Prophets*, Vol. 1 (Grand Rapids: Baker Book House, 1992), 341.

4. D. David Garland, *Amos* (Grand Rapids: Lamplighter Books, 1966), 26.

5. Honeycutt, 24.

원어 일람표(히브리어/헬라어)

P. 12, 101, 102, 121
노케드 נֹקֵד

P. 16
사가르 סָגַר

P. 19, 174
야다 יָדַע

P. 21
사네 שָׂנֵא
마아스 מָאַס
라바흐 רוּחַ

P. 22, 23, 60, 201
미쉬파트 מִשְׁפָּט
체다카 צְדָקָה
나할 נַחַל

P. 25, 26, 106, 232
아나크 אֲנָךְ

P. 26, 240
카이츠 קַיִץ
케츠 קֵץ

P. 28, 108
카샤르 קָשַׁר

P. 29, 108, 109
호제 חֹזֶה

P. 30, 108
나비 נָבִיא
벤 나비 בֶּן־נָבִיא

P. 61
코 아마르 아도나이 כֹּה אָמַר יְהוָה

P. 63, 248
데레크 דֶּרֶךְ

P. 67
아도나이 아도나이 אֲדֹנָי יהוה
아도나이 엘로헤이 체바오트
יהוה אלהי צבאות
아도나이 אֲדֹנָי
엘로힘 אלהים
아도나이 엘로헤이 체바오트 아도나
이 יהוה אלהי צבאות אדני
아도나이 엘로헤이 하체바오트
יהוה אלהי הצבאות
아도나이 아도나이 하체바오트
אדני יהוה הצבאות
아도나이 아도나이 엘로헤이 하체바
오트 אדני יהוה אלהי הצבאות
아도나이 엘로힘 יהוה אלהים

P. 216
케리 כְּלִי
콜 כָּל

P. 225
마샤흐 מָשַׁח

P. 232
아나흐 אנח

* ח, ס, צ, ו는 원칙적으로 'ㅎ', 'ㅆ', 'ㅊ', '브'로 음역했으나, 필자가 'ㅋ', 'ㅅ', 'ㅉ', '우'를 선호한 경우 필자의 의견을 존중했습니다.
* יהוה는 필자에 따라 '야웨'(혹은 '야훼')나 '아도나이'로 표기했습니다.